동사강목의 탄생

# 동사강목의 탄생

박종기 지음

순암과 성호, 두 역사가의 편지로 만든
조선 최고의 역사책

Humanist

▪ **일러두기**

1 이 저서는 2013년 정부(교육부)의 재원으로 한국연구재단의 지원을 받아 수행된 연구임(NRF-2013S1A6A4017862).

2 중국 고전문헌과 인명 등은 한자 독음대로 표기했다. 또한 옛 문헌을 인용하는 경우, 일부 띄어쓰기와 맞춤법은 문체부 고시 '한글맞춤법'을 따랐다.

3 인물의 한자명과 생몰년은 본문에서 처음 나오는 곳에 괄호로 병기했다.

나는 1987년 한적본(韓籍本)《고려사(高麗史)》(1451년, 정인지 찬) 한 책을 우연히 입수했다. 이 책은 순암(順庵) 안정복(安鼎福, 1712~1791. 이하 순암)이《동사강목(東史綱目)》의 고려시대사 부분을 집필하기 위해 다른 자료에서 뽑아낸 내용을 책의 여백에 붓글씨로 일일이 써넣은 책으로, 순암의 손때가 묻은 수택본(手澤本)이었다. 순암이 직접 찾아낸 자료를 요즘 표현으로 각주(footnote), 즉 주기(註記) 형식으로 여백에 기록한 것이다. 실제로 그 내용이《동사강목》에 반영되어 있다. 이렇게 순암 안정복과《동사강목》을 처음으로 대면하고 관심을 갖기 시작했다. 나는 2006년에 수택본 주기 내용과 수택본과 그 원본을 찾은 경위, 순암이《동사강목》을 편찬한 과정을 담은 대중서《안정복, 고려사를 공부하다》를 펴냈다.

그로부터 10여 년이 지나 이제《동사강목》연구서를 세상에 내놓는다. 순암이《동사강목》집필에 착수한 해는 1754년이다. 선생의 나이 43세 때다. 지금으로부터 약 260년 전이다. 260년 전 역사가를 지금 새삼 주목하는 것이 최첨단의 시대를 사는 우리에게 무슨 의미가 있을까 하는 회의도 있었다. 그렇지만 되돌아보건대 개인적으로 조선 최고의 역사가 순암 선생을 만나 그의 글을 통해 선생과 대화를 나누었던 지난날의 연구여정은 나에게 새로운 지적 호기심은 물론, 일상의 삶에 활력과 용기까지도 불러일으켜 주었다. 선생이 추구한 철저한 고증 정신과 진지하면서도 경건하기까지 한 역사의식과 서술 태도는 지금의 우리들에게도 큰 스승으로 받아들여질 만한 가치가 있다. 덧붙여 역사에 관심을 가진 일반 독자들도 이 책을 통해 역사연구의 참된 맛을 느낄 수 있을 것이다.

스승 성호(星湖) 이익(李瀷, 1681~1763. 이하 성호)의 권유와 격려는 순암이《동사강목》을 저술하는 데 커다란 자극이 되었다. 순암은 35세 때인 1746년(영조22) 10월 처음 성호 선생을 뵙고, 평생 스승으로 모시게 된다. 이듬해 9월에 다시 성호 선생을 만나고, 이후 1748년(영조24) 12월, 1751년(영조27) 7월 등 모두 네 차례 선생을 직접 만난다. 5년간 순암이 성호와 직접 대면한 것은 네 번에 불과하다. 비록 직접 대면한 기회는 많지 않았지만, 순암은《동사강목》편찬에 착수한 이후 역대 왕조의 강역(疆域) 및 지리 고증, 사료 해석 등 많은 부분에 대해 성호에게 편지를 보내 질문했고, 병석에 있던 노구(老軀)의 성호는 일일이 답변을 한다. 성호의 조언과 협력을 얻어《동사강목》서술의 방향과 내용이 확정된 부분이 적지 않았다.

편지가 집중적으로 오간 1754년부터 1760년까지는 순암이《동사강목》을 집필하던 때였다. 조선시대 최고 수준의 역사서인《동사강목》은 순암이 저술했지만, 순암 혼자의 힘으로 완성되지 않았고 서술 내용과 방향에 성호의 의견이 크게 반영되어 있다.

《동사강목》은 두 사람의 공동 작업으로 완성된 역사서라 해도 과언이 아니다. 물론 이러한 얘기가 《동사강목》 편찬에서 순암의 노력과 역할을 폄하하는 것은 아니다. 역사연구는 자료와 기억의 거대한 창고에서 그것들을 끄집어내 새롭게 다듬는 작업이다. 결코 혼자서 이루어낼 수 없는, 인식과 경험의 공유가 필요하다. 앞선 세대의 인식과 경험을 공유하는 일이야말로 창조적 역사연구의 첫걸음이다. 순암은 스승 성호의 경험과 인식을 온전히 받아들여 이를 자신의 역사서술과 편찬에 내면화했다.

한 권의 역사서를 편찬하기 위해 노력한 흔적이 두 사람의 편지 속에 고스란히 담긴 경우는 《동사강목》이 유일하다. 편지 속에는 《동사강목》의 편찬 과정, 역사서술과 인식의 중심문제 등이 고스란히 담겨 있다. 이 책은 두 사람의 문집에 각각 따로 실려 있는 편지를 시기별로 묶고, 내용에 따라 문답 형식으로 재구성해 역사서 탄생 과정을 복원했다. 두 사람이 주고받은 편지를 분석해 《동사강목》 서술의 특징적인 내용을 복원하고, 《동사강목》 편찬에서 쟁점이 된 문제를 파악할 수 있었던 것은 연구자로서 큰 행운이 아닐 수 없다. 창조적인 역사연구의 구체적인 현장을 보여주고 《동사강목》의 학술적 가치를 돋보이게 한 것은 두 사람의 편지 덕분이다.

《동사강목》을 순암 안정복의 저서로 알고 있는 독자들은 이와 같은 나의 주장에 대해 적지 않은 혼선과 의문을 가질 수 있다. 순암의 저서이지만, 스승 성호의 가르침을 배제하고는 《동사강목》의 가치를 제대로 평가할 수 없다는 것이 이번 책의 새로운 주장이다. 또 두 사람의 편지로 《동사강목》 집필과 편찬 과정을 접근하는 것은 기존의 《동사강목》연구서가 단순히《동사강목》의 범례와 사론(史論) 분석에 치중했던 것과는 다른 방법론이다.

순암은 성호의 도움으로 1760년 일차적으로《동사강목》을 완성했다. 그러나 순암은 성호의 사후 약 30년간 수정 보완 작업을 계속해 현재의《동사강목》을 완성했다. 이러한 고단한 작업 끝에 순암 특유의 역사인식이 서술에 반영되어, 역사가 순암의 독창성이 새롭게 꽃피울 수 있었다. 그 독창성은 특히 고려 말 역사서술에 잘 드러난다.

우왕과 창왕은 고려왕실의 적통이 아니라 신돈의 자식이므로 폐위되어야 한다는 이른바 '폐가입진(廢假立眞)'은 고려왕조를 없애고 조선왕조를 건국하는 주요한 명분이었다. 고려 말 조선 초 이후 역사학의 최대 현안은 폐가입진, 즉 '우왕·창왕=신씨' 설을 둘러싼 문제였다. 조선시대 내내 왕조에 대한 의리론의 차원에서 폐가입진에 대한 논의는 공식적으로 허용되지 않는 금기의 영역이었다. 순암이《동사강목》을 수정한 핵심내용은 그러한 금기를 깨뜨리고 폐가입진론을 정도전·조준·윤소종 등 이성계 일파의 정론(政論)으로 해석한 것이다. 따라서 두 국왕을 신돈의 자식이 아니라 고려왕실의 적통이라고 재해석했다. 순암은 금단의 영역을 깨고, 우왕 이후 고려 말 역사를 새롭게 서술했다. 순암 역사학과《동사강목》의 또 다른 가치가 여기에 있다.

이 책의 주요 내용은 다음과 같다.《동사강목》편찬을 위해 순암과 성호 두 사람 사이에 오간 편지 내용을 분석, 소개하고 6년 간 주고받은 편지를 통해《동사강목》의 완성 과정을 새롭게 정리한다('들어가며'와 1부). 단군과 기자조선의 위치 등 우리 역사의 영토문제와 강역에 대한 문제는 두 사람의 편지에서 가장 중요하게 다룬 부분이고, 또 의견의 일치를 보지 못한 부분도 적지 않다. 2부에서 이를 정리해 소개하며, 두 사람의 편지에 나타난 우리 역사의 세계를 재구성한다. 그리고 두 사람의 편지에서 언급된 내용이 《동사강목》 서술에 어떻게 반영되었는지 밝힌다(3부). 또 성호 사후에 순암이 본격적으로 《동사강목》을 수정하는 과정에서 《동사강목》 서술 내용이 어떻게 변화하는지 추적한다. 특히 조선시대 내내 금기시된 우왕과 창왕의 혈통문제, 즉 폐가입진론에 대한 인식의 변화과정에 주목한다(4부). 마지막으로 이 책을 집필하는 데 크게 의지한 자료는 연세대학교 학술정보원 국학자료실에 소장된 필사본 《동사강목》이다. 그 가운데 1760년 최초 완성된 초고본을 자세히 정리하고 소개한다. 또 세 차례의 수정을 거친 수정본과 현재 국내 도서관에 소장된 필사본 《동사강목》의 판본을 소개한다. 특히 개항과 구한말 무렵 지식인들이 우리 역사를 이해하기 위해 《동사강목》을 집중적으로 필사했다는 사실, 근대학교 설립 후 역사교과서 편찬에 《동사강목》이 중요한 역사서로 활용된 사실과 그 배경을 밝히고자 한다(5부).

　이 책을 저술하는 과정에서 크게 도움을 받은 이들에게 감사의 뜻을 전한다. 2012년 여름 연세대학교 사학과 도현철 교수가 최초 완성된 초고본 상태의 《동사강목》(필사본)의 존재를 처음으로 알려주었다. 도 교수는 연세대학교 학술정보원 국학자료실에 소장된 귀중본의 열람과 자료 활용에도 많은 도움을 주었다. 또 필사본 《동사강목》 열람에 도움을 준 연세대 도서관의 김영원 선생과 서울대학교 규장각한국학연구원의 양진석 선생께도 감사의 뜻을 전한다.

청헌(淸軒) 박종기, 머리말을 쓰다

# 차례

# 3부 편지에 담긴 《동사강목》의 세계

**부록**

들어가며

《동사강목》은 어떻게 완성되었나

## 《동사강목》은 어떤 책인가

순암 안정복의 《동사강목》은 고조선부터 고려 말까지 역사를 서술한 통사로서, 전근대에 편찬된 우리나라 역사서 가운데 가장 긴 시간의 역사를 다룬다. 또한 기존 역사서에 없는 새로운 사실들을 발굴해 기록하는 등 내용 면에서도 어느 역사서보다 알차고 풍부하다. 유교와 유교 역사학에 대해 가장 비판적이며 인색한 평가를 내린 민족주의 역사가 신채호(1880~1936)조차 유교 역사가인 순암을 높이 평가했다.

안정복은 평생을 오직 역사학 연구에 전념한 500년 이래 유일한 사학 전문가라 할 수 있다. …… 연구의 정밀함은 선생을 뛰어넘을 사람이 없다. 지리의 잘못을 교정하고 사실의 모순을 바로잡는 데 가장 공이 많았다고 할 수 있다.
　　　　　　　　　　　　　　　　　　　－ 신채호, 《조선상고사》, 총론

신채호가 순암을 조선 최고의 역사가로 평가한 것은《동사강목》때문이다. 이 책은 정조(正祖, 1752~1800, 재위 1776~1800)가 아니었다면 세상의 빛을 볼 수 없었다. 정조는 순암에게 초고 상태의《동사강목》을 수정 보완하게 해 역대 어느 역사서보다도 충실하고 알찬 내용이 담긴 현재의《동사강목》을 완성하는 데 커다란 역할을 했다. 물론 1760년 초고를 완성한 후 거의 한 세대에 걸쳐《동사강목》의 내용 수정과 보완에 혼신의 힘을 쏟은 순암의 노력을 빼놓을 수 없다.

근대 인쇄기술에 의한 최초의 활자본《동사강목》은 1915년 조선고서간행회(朝鮮古書刊行會)가 편찬한 것(4책, 이하 유통본)이다. 이때 간행된 육당 최남선 소장본이 고려대학교 중앙도서관에 소장되어 있다(청구기호: 육당953 1915c1-4). 이 책의 저본은 순암이 1785년까지 수정하고 정조에게 바친《동사강목》으로 판단된다.《동사강목》은 1760년 최초로 완성되었지만, 이후 30여 년간 순암에 의해 수정 과정을 거친 후 왕실에 바쳐졌다. 이 책은 조선왕조 때는 출판되지 않았고, 1915년 조선고서간행회가 조선왕실에서 소장하고 있던 것을 저본으로 하여 활자본으로 처음 간행했다.

1760년 처음 편찬된《동사강목》은 필사본 형태로 연세대학교 학술정보원 국학자료실에 소장되어 있다(이하 초고본). 이 초고본에는 순암이 이후 수정한 흔적이 많이 담겨 있는데, 이를 반영해 다시 정서(淨書)한《동사강목》의 필사본 또한 같은 대학 자료실에 소장되어 있다(이하 수정본). 한편 구한말 일제강점기 뜻있는 인사들이 필사된《동사강목》을 유포했다. 초고본과 수정본을 비롯해 여러 종류의 필사본《동사강목》의 내용과 가치는 이 책의 5부에서 자세하게 다룰 것이다.

한편 현재 시중에 유통되고 있어 누구나 쉽게 구해 열람할 수 있는 《동사강목》(경인문화사, 3책, 1970)은 조선고서간행회본(4책)을 저본으로 한 것인데, 이를 3책으로 편차를 고쳐 복제한 것이다. 그럼에도 사군삼한도(四郡三韓圖), 고구려·신라·백제의 삼국지도, 고려 말 지도 등 8장의 지도가 생략되어 있어 완전하지 않다.

유통본과 여러 필사본은 목차와 내용 구성이 모두 동일하다. 《동사강목》은 서문, 범례, 역대 왕조의 전수도, 지도, 관직도 등이 수록된 수권(首卷) 1책, 고조선부터 고려왕조까지의 역사가 수록된 본문 17책, '고이', '지리고' 등이 수록된 부권(附卷) 2책으로 구성되어 있다. 본문은 상하(上下) 2편으로 구성된 각 권이 1책이 되어, 모두 17책이다.[1]

《동사강목》의 목차를 살펴보면, 기자조선이 우리 역사의 기점으로 나타난다(본문 권1). 그러나 기자 원년조 첫머리에 단군조선의 역사가 서술되어 있어, 목차와는 다르게 실제로 단군조선이 우리 역사의 기점으로 서술되어 있다. 또한 단군조선부터 통일신라까지의 역사가 전체 17권 가운데 5권(고려 태조 1~18년 역사 포함)으로 쓰여졌으며, 나머지 12권은 고려왕조의 역사로, 전체 분량의 약 70%를 차지한다. 고려왕조의 역사서술 부분은 《동사강목》에서 많은 분량을 차지하고 있을 뿐 아니라, 뒤에서도 살펴보겠지만 역사가 순암 안정복의 참모습을 보여주는 창의적인 역사서술이 가장 많이 반영되어 있다.

---

1) 참고로 5부에서 언급할 규장각 소장 필사본 《동사강목》은 목차 내용은 같으나, 순서는 다르게 편제되어 있다. 즉 본문의 권1에서 권17까지가 제1책에서 제17책이며, 수권은 본문 제17책 다음의 제18책으로 편차되어 있다. 또한 부권 상권과 하권이 각각 제19책과 제20책으로 편차되어 있다. 이같이 규장각 소장 필사본 《동사강목》은 권차(卷次)의 이동만 있을 뿐 내용은 동일하다.

## 《동사강목》 목차

## 1760년, 초고본이 완성되다

《순암집(順庵集)》 연보(이하 '연보')에 따르면, 《동사강목》은 1756년 (영조32) 편찬에 착수되어 1759년에 완성되었다고 한다(1부 3장 참조). '연보' 1759년조에 실려 있는 다음 기록을 살펴보자.

> 《동사강목》을 완성하다. 선생은 일찍이 우리나라 사람들이 우리나라의 사
> 실에 대해서는 깜깜한 것을 탄식해 병자년(1756)부터 초고를 작성하기
> 시작했는데, 4년에 걸쳐서 책을 완성했다. 위로는 기자(箕子) 원년부터
> 시작해 아래로는 고려 말에 이르기까지의 사실을 강(綱)과 목(目)을 세워
> 기술했는데, 모두 18권이며, 또 '고이(考異)'와 '지리고(地理考)' 두 권의
> 책이 있어서, 이를 합해 총 20권이다.　　　　－《순암집》연보, 1759년(영조35)[2]

　그러나 《동사강목》이 실제로 완성된 것은 이듬해인 1760년(영조 36)이다. 이해 순암이 스승 성호 이익에게 올린 다음의 편지에서 알 수 있다.

> 《동사강목》 편찬 작업은 이번 여름에 마침 종이 10여 권을 얻어서, 앞서
> 저술한 것에 이어 계속 써 내려가 이제 거의 마쳤습니다.
> 　　　－《순암집》권10, 성호 선생에게 올림, 경진년(1760)〔上星湖先生書 庚辰〕

---

2) 《순암집》연보, 1759년, "東史綱目成 先生嘗嘆東人之專昧東事 自丙子歲始草 閱四年而書成 上自箕子
　　元年 下至麗末 立綱立目 書凡十八卷 又有考異地理考二卷 合二十卷."

또 다른 기록에서도 확인할 수 있다.

> (1760년)《동사강목》이 겨우 완성되었으나 병중이라 생각이 잘 나지 않아 틈틈이 정리해 간혹 만족스럽지 못한 곳이 있다. 그대들의 지적과 도움을 받아 책을 완성했으니 얼마나 다행인가?
>
> -《부부고(覆瓿藁)》권3, 이원양에게 보냄, 경진년(1760)〔與李元陽 庚辰〕[3]

그러나 1760년은《동사강목》이 최초로 완성된 시점에 불과하다. 이때 완성된《동사강목》은 그야말로 초고 상태에 불과했으며, 이를 하나의 서책(書冊) 형태로 다시 정리한 것은 1778년이다. 그 근거는 다음과 같다.

> 책이 완성된 지 20여 년이 되었으나, 오랫동안 정리〔繕寫〕하지 못했다. 병신년(1776) 겨울 호읍(湖邑, 충청도 목천)의 수령으로 나가 공무를 처리하는 여가에 한 부를 쓰고, 그 사유를 적어 집안 자제들에게 준다. 국왕(정조) 즉위 3년인 무술년(1778) 중춘(仲春) 한산(漢山) 안정복이 목주(木州) 용회당(用晦堂)에서 쓰다.[4]

순암은 1760년 완성한 초고 상태의《동사강목》(초고본)을 목천 현감에 임명된 1776년(정조1) 겨울부터 약 20년 만에 '정리〔繕寫〕'하기

---

3) 강세구,《동사강목연구》, 민족문화사, 1994, 75쪽 재인용.

4) 《동사강목》序, "書成二十餘年 久未繕寫 丙申冬 承乏湖邑 簿領之暇 書一本 因述其由 用授家塾子弟. 聖上卽祚之三年戊戌(1778) 仲春初吉 漢山安鼎福 書于木州之用晦堂."

시작한다. 그리고 2년 후인 1778년에야《동사강목》은 필사본 형태로 비로소 하나의 체제를 갖춘 서책의 모습을 띠게 된다.

그렇다면 1778년에 새롭게 정리한《동사강목》은 1760년에 처음 완성된《동사강목》의 내용을 새롭게 보완하거나 수정한 것일까? 그러한 견해도 있지만,[5] 1778년에 정리한《동사강목》은 내용 수정 없이 초고 상태의 원고를 하나의 서책 형태로 정리한 것에 불과했다. 즉《동사강목》의 본격적인 수정은 1778년 이후에 비로소 시작되며, 현재 유통되는《동사강목》은 1778년 이후 수정한 내용이 반영된 것이다. 그런 사실은 1775년 순암이 쓴 편지에서 확인할 수 있다.

《동사강목》은 사문(師門, 성호)의 가르침을 받아 심력을 기울여 완성한 지 거의 20년이 되었습니다. 그러나 종이를 준비하기 어려워 아직까지 손을 놓고 있습니다. 힘은 날로 쇠해가고 도와줄 후생들도 없으니, 천고의 한을 남길까 염려됩니다.[6]

이 편지에서 순암은 20여 년이 지나도록 종이를 준비하지 못해《동사강목》을 하나의 서책으로 완성하지 못한 안타까움을 토로하고 있다. 다행히 이듬해 1776년 그는 목천 현감에 임명되어 초고 상태의 원고를 정리하기 시작해 2년 만에 완성한다. 그는 우선 초고 상태의 원

---

5) 처음《동사강목》이 완성된 후에 수정 과정을 거쳤다는 사실을 처음으로 밝힌 연구자는 강세구 교수다. 강 교수는《동사강목》이 1778년 최종적으로 완성되었는데, 초고와 완성본 사이에 수정이 있었던 것으로 파악했다(강세구,《동사강목연구》, 민족문화사, 1994, 70~78쪽).

6) 《순암집》권4, 答李景協書 乙未(1775), "鄙撰東史 旣已受敎于師門 畧費多少心力 成書幾二十年 而以紙物之難備 尚此閣手 精力日衰 後生輩亦無助力者 恐成千古之恨."

고를 정리해 하나의 서책으로 묶는 작업에만 전념했다. 본격적인 수정은 1778년 이후부터다. 그런데 왜 초고 완성 후 20여 년이 지난 이 무렵에 《동사강목》을 정리하고 수정하게 되었을까?

## 순암, 세손 정조를 만나다

순암은 서연관(書筵官)으로서 뒷날 정조로 즉위하는 동궁(東宮)을 만나게 된다. 순암이 처음 서연(書筵)에 참석한 것은 익위사(翊衛司) 익찬(翊贊)에 임명된 1772년(영조48) 5월이다. 이듬해 1773년 12월에는 익위사 위솔(衛率)에 제수되어 서연에 참석한다. 그 이듬해인 1774년에도 서연에 참석한다. 이처럼 1772년부터 1774년까지 서연에 참석했다. 서연 때 당시 세손이던 정조가 《동사강목》 열람을 순암에게 요청한 것이다.

지난번에 동궁(정조)께서 (《동사강목》 편찬) 사실을 들으시고 여러 차례 분부를 내려 꼭 한번 열람하고 싶다고 했습니다. 그러나 개인이 편찬한 저서라서 쓸모없고 부족해 열람하는 데 누가 된다고 했습니다. 또 개인이 지은 것을 바치는 것이 뒤에 폐단이 될 것이라 했습니다. 그 뒤에도 여러 동료들과 빈객들에게 (저의) 책을 올리라는 하교를 내리시어 실로 저로서는 너무 황공하고 감격해 어쩔 줄 모르겠습니다.[7]

이 글은 당시 세손인 정조가 순암에게 《동사강목》의 열람을 요청한 사실을 적은 1775년 순암의 편지다. 편지에 정조가 열람을 요청한 시기는 밝혀져 있지 않지만, 아마 순암이 서연에 참여한 1772년부터 1774년 사이일 것이다. '연보'에 따르면 1774년에 열람을 요청했다고 한다. 그때 순암은 아직 완성되지 않은 초본(草本)이라 볼 것이 못된 다고 답했는데[8], 위의 편지글과 일치한다. 따라서 정조가《동사강목》 의 열람을 요청한 것은 '연보'와 같이 1774년으로 보는 것이 옳다.

물론 정조의 열람 요청이《동사강목》을 완성하는 데 커다란 계기가 되었지만, 순암은 초고를 작성한 1760년 이후부터 하나의 서책으로 완성하려는 의지를 갖고 있었다.

선생(성호)께서 저술하신 '홍범설(洪範說)'은 사실 우리 동방의 커다란 문장[文字]이니 그것을 '동사(東史,《동사강목》)' 첫머리에 실었으면 합 니다. 다만 그 문장이 서문 체제가 아니어서 감히 노형에게 청하오니, 그 아래에 발문[跋] 몇 줄을 붙여서 '홍범설'에 대한 선생의 근본 취지를 분 명하게 밝혀주시기를 간절히 바랍니다.[9]

이 편지는 1773년(영조49)에 작성되었다. 이미 타계한 스승 성호 이익의 '홍범설'을《동사강목》서문에 넣기 위해 순암이 성호의 조카 인 이경협(李景協, 본명 이병휴李秉休, 1710~1776)에게 보낸 편지다.

───

7)《순암집》권4. 答李景協書 乙未(1775), "向來東宮聞之 前後下令非一 必欲一見 而以私家所撰 不過爲巾 衍之物 不足仰塵睿覽 且以私書之進御 爲有後弊仰達 然而此後多向僚員賓客 有所敎 塵芒小臣 實不勝 惶感."

8)《순암집》연보, 1774년, "東宮問先生所撰東史綱目 可以得見否 先生以草本不足進覽之意 仰對."

9)《순암집》권4. 與李景協書 癸巳(1773), "先生所著洪範說 實是東方一大文字 欲編於東史首張 而文非序 體 敢請老兄爲數行小跋于下 發揮先生本意 至望."

순암은 이렇게 정조의 열람 요청 이전에도 초고 상태의 원고를 수습해 서책으로서의 체제를 갖추려는 의지를 갖고 있었다. 성호의 '홍범설'은 실제로 《동사강목》 첫머리에 '제동사편면(題東史篇面)'이라는 제목으로 실려 있으며, 이병휴의 발문(1774)도 덧붙여 있다. 즉 순암의 편지를 받은 이듬해(1774) 이병휴가 성호의 '홍범설'과 함께 자신의 발문을 덧붙여 순암에게 보낸 것이다.

이처럼 순암은 일찍부터 초고 상태의 《동사강목》을 정리해서 하나의 서책으로 묶으려는 생각을 갖고 있었다. 그러던 중 1774년 세손인 정조가 《동사강목》 열람을 요청해 그런 결심을 실행하게 된 것이다. 그리고 목천 현감에 부임한 1776년 초고 상태의 원고를 정리하는 작업에 착수해 1778년 하나의 서책 형태로 완성했다. 1차 수정이다. 그러나 1차 수정 작업은 초고 상태의 원고에서, 1774년에 받은 성호의 '홍범설'과 이병휴의 발문('제동사편면') 및 1778년에 순암이 작성한 '동사강목서(東史綱目序)' 등을 덧붙여 서책으로서의 체제를 갖춘 정도에 불과했다.


## 세 차례에 걸친 수정 작업

순암은 이렇게 정리한 《동사강목》을 정조에게 올린다. 그 시기는 성호의 '홍범설' 및 이병휴의 발문에다 자신의 서문을 붙인 1778년 직후로 판단된다. 그런 사실은 순암이 1781년 정자상(鄭子尙, 본명 정지검鄭志儉, 1737~1784)에게 《동사강목》을 보내면서 쓴 편지에서 확인할 수 있다.

지난 을해년(1755), 병자년(1756) 연간에 병을 앓는 가운데 보잘것없는 자료를 수집해놓고 보배처럼 여기었으나, 집이 가난해 지필(紙筆)를 준비하기 어려워 상자 속에 초안(草案)으로 있었습니다. 지난번 임금의 은총으로 고을 원(목천 현감)이 되어(1776) 비로소 한 부를 완성했습니다 (1778). 그런데 옮겨 적는 사람이 무식해 삭제하거나 첨가한 것과 두 번 기록된 것을 구분하지 못하고 써놓았는데, 형의 편지를 보고 나서 서둘러 정리하면서 고쳐 쓰기도 하고 삭제하기도 했습니다. 비록 정본(正本)이라고는 하나 여전히 초안과 같습니다. 지존(정조)께서 열람하시기에 맞지 않을 듯해, 황송할 따름입니다.[10]

1781년(정조5)에 작성된 위의 편지에 따르면 이미 《동사강목》이 정조에게 올려졌다. 그 시기는 1차 수정이 완료된 1778년으로, 당시 왕명을 출납한 승선(承宣) 정지검에게 전달되었다. 정지검은 《동사강목》의 오류를 발견해 순암에게 알려준다. 이때 정조가 열람했는지는 분명하지 않다. 순암은 위의 편지에서 초고 상태의 원고를 필사하는 과정에서 필사자의 오류가 있었다고 변명한 후, 서둘러 수정한다. 수정한 《동사강목》을 다시 정조에게 올린 것이 1781년이다. 대체로 1778년부터 1781년까지 다시 수정이 이루어졌다. 2차 수정이다.

순암은 위의 편지에서 1778년 처음 정조에게 바친 《동사강목》은 1760년의 초고와 다르지 않다고 했다. 앞서 말했듯이 1778년의 《동사

---

10) 《순암집》 권9, 與鄭子尙書 辛丑(1781), "昔年乙亥丙子間 病中彙集燕石自珍 而貧家紙筆難辦 唯作篋裏草杏 蒙恩作宰 始成一本 而書手無識 塗乙疊錄者 不能柬別 今見兄書後 卒卒釐正 或改書或裁割 雖云正本 猶是草也 不合進覽於至尊之前 徒切惶悚."

강목》은 내용 수정 없이 초고 상태의 원고를 필사하면서 서문과 발문을 덧붙여 하나의 서책으로 편집한 것에 불과했다. 1778년 시점의《동사강목》, 즉 1차 수정은 1760년 완성된 초고에서 거의 수정이 이루어지지 않았던 것이다. 따라서 1778년《동사강목》의 수정이 완료되었다는 기존 연구와 달리, 수정 작업은 실질적으로 이때부터 시작된 것으로 보인다. 위의 편지에 따르면 1781년(정조5) 6월 2차 수정 작업이 완료되어 승선 정지검을 통해 정조에게 바쳐진다.[11]

그러나 이때 바쳐진《동사강목》도 여전히 오류가 많았다. 때문에 1783년 다시 수정 작업이 이루어진다. 3차 수정이다. 즉 1783년의 '연보'에 따르면, 이해 정조는 순암을 장릉(長陵, 인조와 인조비의 능)의 영(令)으로 임명하고 다시 헌릉(獻陵, 태종과 태종비의 능)의 영으로 임명한다. 이때 정조는 특별히 순암을 만난다. 1772년 첫 서연 때 만난 이후 11년 만이다. 당시 순암의 나이는 73세였다. 정조는 그에게 능에 관한 일은 노인이 맡기에 편안하고, 집(경기도 광주)과도 가까워 능직(陵職)에 임명했다고 한다. 순암은 국왕께서 내려주신 책은 집으로 가져갈 수 없어 능의 재실에 두고《동사강목》을 교정한 후 돌려드리겠다고 답한다. 즉 정조가 한직인 능직에 순암을 임명한 것은《동사강목》의 수정을 마무리하라는 뜻이었다. 정조는 그를 위해 서적을 지원하는 등 편의를 제공했다. 순암은 이때《동사강목》을 교정하기 시작해, 같은 해 9월에 완료한다.[12]

정조는 왜 73세나 되는 노령의 순암에게 관직을 내리고 서책까지

---

11) 《순암집》연보, 1781년, "六月 自上有東史內入之教 因鄭承宣志儉納上焉."

지원해《동사강목》을 수정하게 했을까? '연보'에 따르면 1781년 순암
이 정지검을 통해 올린《동사강목》은 완영(完營, 전주 감영)의 전사
(傳寫, 傳謄) 과정에서 많은 오자가 발견된다. 때문에 정조는 다시 순
암에게 수정 명령을 내렸다. 앞의 편지에서 "서둘러 정리하면서 고쳐
쓰기도 하고 삭제하기도 했지만, 비록 정본이라고는 하나 여전히 초
안과 같다"는 순암의 말은 단순한 겸양의 말이 아니었음을 알 수 있
다. 완영의 전사 과정에서 확인한 수많은 오자가 그 구체적인 증거다.
이로 미루어 보아 '연보'에서 정조가 1774년《동사강목》의 열람을 요
청하자, 순암이 초본이라 볼 것이 없다고 답한 것은[13] 사실이었으며,
당시까지 1760년의 초고 상태에서 수정이 이루어지지 않은 불완전한
상태였음을 알 수 있다. 정조가 순암에게 능직을 주어 수정에 전념케
한 것도 바로 이 때문이다. 순암이 능직에 임명되어 행한 수정 작업으
로 오류를 상당 부분 바로잡을 수 있었다. '연보'에는 1783년에 교정
을 완료해 정조에게 바쳤다고 되어 있다. 이후 '연보'는 물론 순암 문
집의 다른 글에도《동사강목》의 수정 작업에 관한 기록은 더 이상 찾
을 수 없다.

　　그러나 1783년에 수정 작업이 완료된 것은 아니었다. 연세대 학술
정보원 국학자료실에 소장된 필사본(초고본)에 따르면 이후에도 수
정 작업이 이루어지고 있었다. 이 필사본의 권9 상(上) 첫머리에 "을

―――

12)《순암집》연보, 1783년, "(正祖) 傳曰 …… 此人自桂坊時 已知該洽 且有編摩之冊子 盖欲一番召見 敦寧
　　主簿安鼎福 他以閑窠相換 又以特敎獻陵令相換 謝恩 以長陵路遠 特敎相換 謝恩 …… 上曰 今番其能供
　　職乎 陵所穩便 家又不遠 實合於老人 先生曰 前後異數重疊 臣何敢以老病辭 且冊子內下 不可以携歸私
　　室 故將直入齋所 較正以納而歸."
13)《순암집》연보, 1774년, "東宮問先生所撰東史綱目 可以得見否 先生以草本不足進覽之意 仰對."

사년(1785, 정조10) 7월 초교본 교정을 보았다〔本草校準 乙巳七月〕"
는 기록이 있다. 전체 17권 가운데 중간 정도인 권9 부분이 1785년에
수정되고 있었던 것이다. 즉 수정 작업은 '연보'와 같이 1783년에 완
료된 것이 아니라, 계속되고 있었던 것이다. 대체로 수정 작업이 완료
된 것은 1780년대 중후반으로 추정된다.

1부

# 조선 최고의 역사책을 만든 역사 편지

# 1

## 《동사강목》, 어떻게 서술했나

### 사마광과 주희의 역사책을 모범으로 삼다

순암은 《동사강목》을 어떻게 편찬했을까? 논란의 여지가 크게 없는 역사를 서술할 경우에는 기존 역사서를 참고하여 필요한 사실을 선택해 반영했다. 가장 일반적인 편찬 방식이다. 그러나 원칙은 있었다. 즉 필요한 사실을 선택하고 옮겨 적되 내용을 임의로 고치지 않고 옮겨 적는, 이른바 '술이부작(述而不作)'의 원칙이다. 편찬자가 해당 사실에 대해 다른 견해를 가질 경우에는 그 아래에 자신의 견해를 덧붙일 뿐 기존의 사실을 임의로 고치지 않았다. 《동사강목》의 경우 '안왈(按曰)', 즉 '살펴보건대'라고 하며 자신의 생각을 사론(史論) 형식으로 덧붙였다. 이렇게 서술하는 것이 전근대 역사편찬의 가장 일반적인 방식이다.

순암은 어떤 역사서를 주로 읽고 자신의 글에 반영했을까? 순암이

《동사강목》 편찬에 참고한 역사서는 국내 역사서의 경우 《고려사》, 《동국통감(東國通鑑)》, 《여사제강(麗史提綱)》, 《동사회강(東史會綱)》 등 주로 조선시대에 편찬된 역사서들이다. 순암은 이들 역사서에서 필요한 사실을 취사선택해 저술에 반영했다. 또한 《삼국사기》, 《삼국유사》, 《고기(古記)》 등 고려 때 편찬된 역사서도 많이 참고했다. 역사서 외에도 조선시대 학인들이 작성한 사론(史論)도 많이 활용했다.

중국사의 경우 중국 역대 왕조가 주변국과 접촉한 기록을 남긴 《사기(史記)》, 《한서(漢書)》, 《후한서(後漢書)》, 《당서(唐書)》 등 외국 역사서의 열전과 지리지 등을 많이 참고했다. 이들 역사서는 자료가 부족한 단군 및 기자조선과 고대사 서술에 많이 활용되었다. 순암은 특히 사마광(司馬光)의 《자치통감(資治通鑑)》과 주희(朱熹)의 《자치통감강목(資治通鑑綱目)》을 《동사강목》 편찬의 모범으로 삼았다. 《자치통감강목》은 사마광의 《자치통감》을 저본으로 하여 성리학의 관점에서 강목체[1] 형식으로 재구성한 역사서인데, 순암은 이 책에서 강조한 의례(義例, 편찬 원칙)를 참고해 《동사강목》의 편찬 원칙인 '범례'(수권首卷 수록)를 작성했다. 순암은 여기에 입각해 《동사강목》을 체계적으로 저술했다. 《자치통감》 역시 저술에 큰 영향을 끼쳤다. 순암은 지리와 강역, 사실 고증이 필요한 경우 저술에 앞서 논란이 되는 부분들을 '고이(考異)', '괴설변증(怪說辯證)', '지리고(地理考)' 등에서 자

---

1) 강목체는 중요한다고 판단되는 역사사실을 강조하여 큰 글씨로 쓴 '강(綱)'과 그런 사실을 구체적으로 서술하는 작은 글씨의 '목(目)'으로 구분하여 역사를 서술하는 체제다. 주희의 《자치통감강목》은 강목체 서술의 모범이었다. 강과 목의 선택 기준은 정통과 명분을 중시한 성리학적인 도덕 평가였다. 강목체는 이처럼 역사편찬에서 가치 평가를 중시한 역사서술 체제로서, 《동사강목》을 비롯해 성리학이 크게 발달한 조선시대 역사서 편찬에 많이 활용되었다.

세하게 먼저 고증한 후 그 결과를 저술에 반영했다, 이 세 편의 저술은 《동사강목》 부권에 수록되어 있다. 이러한 체제는 사마광의 《자치통감》을 모방한 것이다.

그런데 논란의 여지가 없는 사실을 저술에 반영하더라도, 어떤 사실을 취하고 버릴 것인가 하는 취사선택의 문제가 중요하다. 특히 《동사강목》과 같은 강목체 역사서의 경우 선택한 사실을 다시 중요도에 따라 '강(綱)'과 '목(目)'으로 분류해야 하는 어려움이 있다. 순암이 기존 역사서에 특히 많은 관심을 가진 것은 바로 이 때문이다.

순암이 《동사강목》을 저술하면서, 기존 역사서와 사료에서 필요한 사실을 취사선택하고 그것을 다시 강과 목으로 배열하는 작업에 가장 많이 참고한 우리나라 역사서는 서거정(徐居正)의 《동국통감》, 유계(兪棨)의 《여사제강》, 임상덕(林象德)의 《동사회강》이다. 순암은 이들 책을 각각 다음과 같이 평가했다.

> 이 책(《동국통감》)은 《자치통감》을 본떠서 만들었으며, 여러 사서에 비해 자못 자세하여 큰 책이다. 그러나 의례(義例)가 어긋나고 그릇되었으며, 매우 혼잡하기도 하다. ─《동사강목》 수권, 범례

> 이 책(《여사제강》)은 사실을 때로는 자세하게 때로는 간략하게 설명하고 서술해야 하는 것이 적절해, 역사가들이 줄이고 생략하는 법을 가장 마땅하게 했다. 그러나 임상덕은 "강을 세우는 법이 강목의 체제에 맞지 않다"라고 했는데, 그 말이 참으로 당연하다. ─《동사강목》 수권, 범례

> 이 책(《동사회강》)은 여러 사서 중에서 가장 간결하고 마땅하나, 한두 가

지 잘못된 예가 없지 않은데, 이는 구사(舊史)를 따랐기 때문이다.

－《동사강목》 수권, 범례

고조선부터 고려시대까지 서술된 《동국통감》은 《동사강목》과 서술 범위가 같아 순암이 가장 먼저 주목한 책이다. 이 책은 사마광의 《자치통감》을 모델로 편찬된 점에서도 순암의 눈길을 끌었다. 또한 고려사 서술에서 이 책을 많이 참고했다. 그러나 강과 목으로 기사를 배열해야 하는 강목체 역사서 편찬에는 편년체인 이 책이 큰 도움이 되지 않았다. 《동국통감》이 "의례가 어긋나고 그릇되었다"는 순암의 지적에서 확인할 수 있다.


## 강목체 서술의 완성도를 높이다

순암이 《여사제강》과 《동사회강》에 주목한 것은 이들 역사서가 강목체로 편찬되었기 때문이다. 순암은 어떤 사실이 강과 목으로 배열되었는지 고찰하면서, 같은 강목체인 《동사강목》의 서술 방식과 체제의 완성도를 높여나갔다. 그렇지만 순암은 강목체 형식인 두 사서의 결함으로 강과 목을 세우는 원칙이 분명하지 않은 점을 지적했다. 그는 주희의 《자치통감강목》의 서술과 편찬 원칙인 '의례'를 참고해, 《동사강목》 수권에 범례편을 저술했다. 이를 통해 《여사제강》과 《동사회강》이 지닌 한계를 보완하고 《동사강목》을 강목체에 보다 충실한 역사서로 만들고자 했다.

조선시대에 편찬된 역사서 가운데 특히 순암이 가장 많이 참고한 것은 《여사제강》이었다. 전체 내용의 3분의 2나 차지하는 고려사 서술에서 강과 목의 체제 구성에 《여사제강》을 많이 의존했는데, 순암은 그 사실을 다음과 같이 밝히고 있다.

《동사강목》체제는《자치통감》을 따르되, 역대 우리나라 역사서〔本史〕를 참고하고, 곁들여 여러 사람의 간추린 역사서를 널리 채택했다. 그런데 고려 이후로는 유계의 《여사제강》이 번잡하고 복잡한 서술을 줄이고 간략하게 하는 데 알맞아 서술에 많이 채택했다.    -《동사강목》수권, 범례

조선시대 최고 역사서인 강목체 형식의 《동사강목》을 순암이 편찬할 수 있었던 것은 중국을 비롯해 국내에 편찬된 기존 역사서의 장단점을 검토해 저술에 반영했기 때문이다.

나아가 순암은 스승 성호를 비롯해 주변의 동료, 선후배 학자들과의 끊임없는 대화와 토론을 통해 얻어낸 새로운 역사인식과 지식으로 《동사강목》 서술의 독창성을 높여나갔다.

2

# 두 사람의 학연을 이어준 편지

## 역사 편지로 엮은 《동사강목》

앞에서 살폈듯이 순암의 《동사강목》 저술 방식은 기존 역사서와 여러 학인들의 사론을 빠짐없이 섭렵해 활용하면서 실증의 차원에서 역사 연구의 수준을 한 단계 높였다. 그러나 《동사강목》 저술에서 가장 돋보이면서 독창적인 모습은 편지를 활용해 사실을 보완·수정한 독특한 저술 방식이다.

《동사강목》을 저술하는 과정에서 강역과 지리 고증, 인물평가 및 개별사실의 고증은 순암의 가장 큰 관심거리였다. 순암이 볼 때 이러한 문제는 충분하게 해명되지 않았다고 생각하거나 과거 역사가들의 해석에 만족하지 않은 것들이다. 순암은 여러 자료를 참고해 스스로 문제를 해결하기도 하지만, 주로 스승인 성호와 주변 선배, 동료 학자들에게 편지를 보내 의견을 교환해 문제를 해결하려 했다. 이 때문에 그의 문집《순암집》에 실려 있는 편지는 대체로 학술적인 의견을 주고받은 내용이 많은데, 특히 성호와 주고받은 편지가 가장 많이 남아 있다. 두 사람 사이에 주고받은 편지에는 관혼상제 등 각종 의례 등에 관한 내용도 적지 않지만, 대부분이 역사에 대해 논한 편지다. 특히 그의 문집에 실려 있는 '동사문답(東史問答)'(《순암집》 권10)이라는 편명(篇名)으로 수록된 편지들은《동사강목》 편찬을 위해 순암이 성호에게 보낸 역사 편지다. 모두 1754년부터 1760년까지 작성된 편지들인데, 이 기간은《동사강목》 편찬이 진행되던 시기로 순암이《동사강목》을 저술하면서 의문이 들거나 해결되지 않는 문제를 스승인 성호에게 질문한 편지들이다. 이외에도 순암의 문집에는 선배, 동료 학자들과 우리 역사에 관해 주고받은 편지가 많이 실려 있다.

한편 성호의 문집에도 순암에게 보낸 역사 편지가 집중적으로 수록되어 있다(《성호전집(星湖全集)》 권24~27). 한 권의 역사책을 편찬하기 위해 두 사람 사이에 주고받은 편지가 이렇게 온전하게 남아 전해지고, 그 내용이 역사서술에 반영된 경우는《동사강목》이 유일할 것이다. 편지 내용도 단군, 기자조선부터 고려 말까지《동사강목》 서술 범위 모두를 포괄하고 있다.《동사강목》 편찬을 위해 순암과 성호 사이에 주고받은 편지 외에도 성호의 조카인 이병휴, 윤동규(尹東奎, 1695~1773) 등 성호의 문인들과 주고받은 역사 편지 또한 많다.

이러한 편지들은《동사강목》 편찬에 주요한 자료로 활용되었고, 뒤에서 자세하게 그 내용을 소개할 것이다. 그런데 주목되는 사실은 편지에서 주고받은 내용이 대부분 역사서술과 해석에서 논란이 되는 부분들이라는 것이다. 따라서 편지의 내용을 읽고 분석하는 것만으로《동사강목》 저술의 주요한 내용과 논점을 거의 대부분 파악할 수 있

다. 이 책은 두 사람의 편지를 분석하는 방식을 구사하며 《동사강목》
의 특징을 분석하게 될 것이다. 역사 편지의 분석을 통해 《동사강목》
편찬 과정과 서술 내용을 살피는 방식은 기존의 연구방법과 상당히
다른 새로운 시도다. 그간의 연구는 예외가 없을 정도로 사론이나 범
례를 분석하는 방식으로 《동사강목》의 서술과 편찬 특징을 검토했다.
그런 방식의 연구는 때로는 형식적이고 설득력이 없는 결과로 이어져
만족할 만한 성과를 얻는 데 실패한 경우가 적지 않았다. 이 책은 두
사람이 주고받은 편지를 문답 형식으로 재구성하며 《동사강목》의 내
용을 새롭게 정리하고, 그것을 통해 《동사강목》의 특징, 편찬 당시 두
사람의 역사인식을 고찰하는 새로운 방법론을 구사할 것이다. 나아가
18세기 역사학자들의 역사의식과 우리 역사의 중요한 쟁점이 무엇인
지를 고찰하는 또 다른 성과를 얻게 될 것이다.


## 순암과 성호가 주고받은 편지들

여기에서는 두 사람 문집에 실린 편지 내용을 분석하기로 한다. 먼저
《순암집》에 수록된 '동사문답'에는 순암이 1754년부터 1760년까지
성호에게 보낸 편지가 실려 있다. 주로 우리 역사에서 의문이 되는 사
실을 성호에게 질문한 내용의 편지다. 물론 《순암집》에는 성호가 답
변한 편지들이 실려 있지 않다. 각 시기 작성된 편지의 숫자는 1754년
(갑술甲戌) 1편, 1755년(을해乙亥) 1편, 1756년(병자丙子) 3편, 1757
년(정축丁丑) 3편, 1758년(무인戊寅) 1편, 1759년(기묘己卯) 2편,
1760년(경진庚辰) 1편 등 모두 12편이다. 작성된 시기로 미루어 보아,

편지는 모두 순암이《동사강목》을 집필하기 시작해 초고를 완성할 때까지 쓰였다.《동사강목》집필에 관련된 각종 역사적 사건, 인물, 지리 고증 등에 관한 내용을 담고 있다. 각 편의 편지는 하나의 주제만이 아니라, 여러 방면에 걸쳐 다양한 주제를 다루고 있다. 또 12편의 편지는 '동사문답'이라는 제목으로 묶여 있는데, 제목과 같이 '동사(東史)', 즉 우리나라 역사에 대해 순암이 가졌던 여러 의문점과 생각을 스승 성호에게 보낸 것들이다. 이를 분석해 정리한 것이 이 책 부록에 실린 〈자료 1〉이다.

한편《성호전집》(권24~27)에는 성호가 순암에게 보낸 편지 35편이 실려 있는데, 마찬가지로 순암이 보낸 편지는 실려 있지 않다. 이를 권별로 정리하면 다음과 같다.

권24 1747-2편, 1748-2편, 1750-1편, 1752-1편, 1753-3편, 1754-4편
    (총 13편)
권25 1754-2편, 1755-3편, 1756-2편 (총 7편)
권26 1756-4편, 1757-2편, 1758-2편, 1259-1편 (총 9편)
권27 1759-4편, 1762-2편 (총 6편)

여기에는 '동사문답'과 달리 역사뿐 아니라 각종 의례, 제사, 경학 등 다양한 내용이 담겨 있다. 이 중 역사 관련 편지는 다음과 같다.[2]

1754년 2편: 권24 ⑩, 권24 ⑪[3]
1755년 3편: 권25 ③, 권25 ④(15항목의 문답[問目] 편지),[4] 권25 ⑤
1756년 5편: 권25 ⑥, 권25 ⑦, 권 26 ①, 권26 ②, 권26 ④

1757년 2편: 권26 ⑤, 권26 ⑥

1758년 없음

1759년 3편: 권26 ⑨, 권27 ①, 권27 ④

1762년 1편: 권27 ⑤

성호가 순암에게 보낸 편지 35편 가운데 역사 관련 편지는 16편이다. 성호가 타계하기 한 해 전인 1762년 순암에게 보낸 편지 1편을 제외하면, 역사 관련 편지는 모두 '동사(東史)'를 편찬하기로 결심한 1754년부터 《동사강목》 초고본이 완성된 1760년까지의 편지다. '동사문답'에 실린 편지들과 같은 기간에 작성된 것이다. 따라서 두 사람이 주고받은 편지는 대부분 《동사강목》을 저술하는 과정에서 제기된 의문점을 해결하기 위해 작성된 것이며, 그 내용은 《동사강목》 편찬의 범위와 내용, 편찬을 위해 참고한 역사서, 지리 및 강역 고증, 사실 고증 등의 문제를 담고 있다(《순암집》과 《성호전집》에 실린 역사 관련 편지의 내용은 부록의 〈자료 1〉, 〈자료 2〉 참조).

---

2) 《성호전집》에 실린 순암에게 보낸 편지의 표제(標題)는 '안백순(安百順, 순암 안정복)에게 답함, 을해년(1755)〔答安百順 乙亥〕' 식으로, 작성된 시기만 다르고 제목이 모두 '答安百順'으로 동일하다. 예외적으로 성호가 순암에게 보낸 편지 가운데 권25에 수록된 한 편의 제목은 '안백순의 문목에 답함〔答安百順 問目〕'인데, 이와 같이 순암이 질문을 하고, 성호가 바로 답변을 하는 문답식으로 되어 있다.

3) '권24 ⑩', '권24 ⑪'은 권24 총 13편의 편지 가운데 각각 열 번째와 열한 번째 수록된 편지를 뜻한다. 이하 표기 동일.

4) 《성호전집》 권25의 네 번째, '안백순의 문목에 답함' 편지는 연도가 밝혀져 있지 않다. 그러나 앞뒤 편지가 모두 1755년에 작성되었고, 다른 편지가 연도순으로 편차되어 있으므로, 이 편지 역시 1755년의 편지로 분류했다.

**3**

# 스승 성호, 역사서 편찬을 권유하다

## 순암, 저술을 결심하다

《순암집》'연보' 1759년조에서는 "선생은 일찍이 우리나라 사람들이 우리나라의 역사에 대해 어두운 것을 탄식해 병자년(1756)부터 초고를 작성하기 시작했는데, 4년에 걸쳐서 책을 완성했다"라고 한다. 그러나 연보와 달리《동사강목》편찬 작업은 실제로 1754년부터 시작된 것으로 볼 수 있다. 1754년(영조30) 순암은 성호에게 다음과 같은 편지를 보낸다.

> 만약 다시 우리나라 역사[東史]를 편찬한다면, 상고에서 고려왕조까지 한 편으로 묶어, 강목(綱目)의 예에 따라 제목을《동사강목(東史綱目)》이라 하여 한 나라의 문헌으로 전해지면 좋겠습니다.
>
> -《순암집》권10, 동사문답, 성호 선생에게 올림, 갑술년(1754)[上星湖先生書 甲戌]

《동사강목》이라는 제목으로 역사책을 편찬하겠다는 뜻을 밝히고 있다. 1754년의 편지다. 1756년 편찬을 시작했다는 '연보'의 기록보다 2년 앞선다.《성호전집》을 살펴보면 성호가 순암에게 보낸 역사 관련 편지가 실리기 시작한 것은 1754년부터다. 순암이 성호에게 보낸 편지도 이때부터였다. 이때《동사강목》편찬이 시작되었다는 증거다. 《동사강목》을 편찬하겠다는 순암의 결심을 듣고, 성호는 매우 반가워한다.

> 우리나라 역사편찬에 뜻을 두고 있다고 하니, 이를 들은 사람으로 하여금 귀가 번쩍 뜨이게 합니다. 늙은 나는 기력이 이미 미칠 수 없습니다.《동국통감》이나《여사제강》같은 책은 참으로 편찬자들이 적임자가 아니었습니다. 조선 또한 문명국인데, 지금까지 수천 년 동안 어찌 역사를 서술할 만한 선비 한 사람이 없겠습니까? 생각건대 일에는 반드시 기다려야 하는 때가 있는 것 아닙니까?
>
> ―《성호전집》권25, ③안백순에게 답함, 을해년(1755) 〔答安百順 乙亥〕

성호는《동국통감》,《여사제강》과 같은 역사서에 불만을 가졌고, 문명국가 조선에서 훌륭한 역사가가 나타나지 않음을 아쉬워하고 있다. 그런 한편으로 순암이야말로 우리나라 역사서를 편찬할 적임자로 생각했다.

왜 순암은《동사강목》편찬 계획을 스승 성호에게 먼저 알린 것일까? 순암이 처음부터 이 책의 편찬을 스스로 결정한 것은 아니었다.

우리 역사를 편찬하는 일에 제가 함부로 착수할 수 있겠습니까? 다만 선생님께서 완성하라고 여러 번 권고하셨습니다. 또한 여러 역사서를 보니 만족할 만한 것이 없는데도, 새로 역사를 편찬해야겠다는 사람들도 없습니다. 때문에 뒷날 항아리 꼭지를 막는 물건이 될 것을 아랑곳하지 않고 망령되게 편찬에 착수했습니다.

－《순암집》권10, 동사문답, 성호 선생에게 올림, 기묘년①(1759)〔上星湖先生書 己卯〕

이 편지는 스승 성호의 거듭된 권고에 따라《동사강목》편찬에 착수했음을 보여준다. 즉 스승 성호의 권유가 이 책을 편찬하는 데 결정적인 계기가 되었음을 알려주는 대목이다. 실제로 스승 성호와의 만남은 이 책의 편찬뿐만 아니라 순암의 학문과 삶에 커다란 변화를 가져다주었다.


## 스승과 제자의 첫 대면

순암은 35세 때인 1746년(영조22) 10월 처음 성호 선생을 뵙고, 평생 스승으로 모시게 된다. 이듬해 9월에 다시 성호 선생을 만나고, 이후 1748년(영조24) 12월, 1751년(영조27) 7월 모두 네 차례 선생을 직접 만난다. 5년간 순암이 성호와 직접 대면한 것은 네 번에 불과하다. 비록 직접 대면한 기회는 많지 않았지만 순암은 스승에게 수많은 편지를 올려 역사는 물론 각종 의례와 경전에 대한 여러 의문점을 묻는다. 앞에서 소개한 스승과 제자 사이에 오간 수많은 역사 편지는 네 차례 만남으로 맺어진 인연에서 비롯된 것이다. 직접 대면은 물론 편지를 통한 스승 성호의 조언과 격려는 단순히 저술을 권유하는 차원에서 그치지 않고 이 저술의 완성에도 커다란 영향을 끼쳤다. 이 저술은 두 사람의 공동 저술이라 해도 크게 이의를 달 수 없을 것이다.

《동사강목》이 어느 정도 완성될 무렵인 1758년 순암은 성호의 조카인 이병휴에게 다음과 같은 편지를 보낸다.

> 우리나라 역사책을 편찬하는 일은 함부로 할 일은 아닌데, 장석(丈席, 성호)께서 분부가 있어 제 역량을 헤아리지 않고 경솔하게 착수했습니다.
> -《순암집》권10, 동사문답, 정산 이병휴에게 보냄, 무인년②(1758)〔與李貞山書 戊寅〕

순암은 성호의 권유가 저술에 착수하게 된 계기였음을 술회하고 있다. 성호가 순암에게 저술을 권유했음은 물론, 이후에도 제대로 된 저술이 되도록 편찬 과정에서 많은 조언과 격려를 했음을 뒷받침하는 증거다. 성호가 바란 바람직한 역사서는 어떤 내용이어야 했을까?

> 지금 사람들은 동방에서 태어났는데도 동방의 역사를 알고 깨우치려 하지 않습니다. 심지어 "《동국통감》을 누가 읽겠는가"라고 할 정도로 이치에 맞지 않는 말을 하는 이도 있습니다. 우리나라는 우리나라이며, 규모, 제도, 형세에서 중국의 역사와는 다릅니다. …… 순암은 이러한 일들에 대해 생각하고 있어야 할 것입니다.
> -《성호전집》권25, ⑤안백순에게 답함, 을해년(1755)〔答安百順 乙亥〕

> 우리나라 역사는 반드시 조리 있게 편찬해야 하며, 세상의 바른 길을 인도하는 데도 도움이 될 것입니다.
> -《성호전집》권26, ①안백순에게 답함, 병자년(1756)〔答安百順 丙子〕

성호는 우리나라가 중국과는 다른 독자의 역사를 지닌 나라이므로, 우리나라 역사의 독자성을 강조하면서 체계적으로 서술된 역사책이 나오기를 희망했다. 나아가 역사책은 궁극적으로 풍속을 바로잡아 세상을 바르게 인도하는 실천적 의미를 지녀야 한다고 했다. 성호는 이러한 역사책을 편찬할 수 있는 적임자로 순암을 지목했다.

# 4
## 저술에 앞선 기초 작업

**역사책을 검토하다**

순암은 《동사강목》을 편찬하면서 다음의 세 가지 사항에 대해 고심했다. 첫째, 이미 편찬된 역사서를 검토해 바람직한 서술 방향을 얻으려 했다. 둘째, 역사서술 내지 편찬의 원칙을 세우려 했다. 셋째, 논란이 되었던 지리와 강역 및 사건과 사실의 고증에 고심했다.

먼저, 순암이 검토한 역사서에 대해 살펴보자. 성호에게 보낸 다음의 편지에 순암의 생각이 잘 나타나 있다.

우리나라 역사서는 마음에 들지 않는 점이 있습니다. 《삼국사기》는 거칠고 잡스러워 말할 것이 없습니다. 《고려사》는 간단하고 충실하기는 하나 지(志)의 기록은 자세하지 않습니다. 우리나라 사람은 거칠고 문헌을 숭상하지 않는 까닭에 한 시대의 문물과 법도에 어둡고 자세하지 않습니다.

이는 역사 편찬자의 잘못은 아닙니다. 그러나 《고려사》에 '은일전(隱逸傳)'을 넣지 않고 야은(冶隱) 길재(吉再) 열전을 싣지 않은 것은 역사가의 잘못입니다. 야은을 고려 역사에서 다루지 않는다면 장차 조선 역사에서 다루려 한 것일까요? 이는 말이 되지 않습니다. 《동국통감》 또한 알 수 없는 것이 많습니다. 《여사제강》은 그에 비해 괜찮지만 단지 고려왕조 역사만 다뤄 강(綱)을 세웠고, "승려 나옹(懶翁)을 밀성에 유배시켰다"라고 한 것과 같이 근엄함을 많이 잃었습니다. 《동사찬요(東史纂要)》는 비슷한 것을 끌어모아 놓은 것에 불과해, 지나치게 소략합니다. 근래 임상덕이 지은 《동사회강》이 가장 정밀하나, 공민왕까지만 서술되어 있습니다.

－《순암집》권10, 동사문답, 성호 선생에게 올림, 갑술년(1754) 〔上星湖先生書 甲戌〕

순암은 각 역사서가 안고 있는 문제점을 지적하며 성호에게 의견을 구하고 있다. 《동사강목》을 편찬하기 시작한 1754년 당시 순암이 가졌던 관심사의 하나는 기존 역사서에 대한 철저한 비판과 검증이었다. 다음의 편지에 따르면, 성호 역시 순암과 같은 입장이었다.

근세에 유계가 지은 《여사제강》과 같은 책은 고려할 필요가 없습니다. 고려왕조 역사는 정인지가 편찬한 《고려사》가 오히려 읽을 만합니다. 조선왕조 300여 년간 역사는 아직도 편찬되지 않고 있습니다. 가끔 보잘것없는 야담과 전설의 경우 절반이 오류투성이라서 사람들로 하여금 탄식하게 할 따름입니다. 자료가 없어지기 전에 남은 것을 수습하고자 해도 형편상 방도가 없습니다.

－《성호전집》권24, ⑪안백순에게 답함, 갑술년(1754) 〔答安百順 甲戌〕

성호는 순암의 견해에 동조하면서, 정인지의 《고려사》가 읽을 만한 책이라고 했다. 우리나라 역사책에 대한 순암의 평가는 이후에도 계속되는데, 이는 '동사' 편찬 과정에서 기존 역사서의 문제점을 더욱 분명히 인식했기 때문이다. 《동사강목》을 본격적으로 편찬하던 1756년 성호에게 보낸 편지에서도 기존 역사서에 대한 비판은 계속된다.

고구려는 한 무제(기원전 142~87) 이전에 분명히 존재했는데도, (기원전 37년에 건국되었다는) 《삼국사기》의 연대 기록은 잘못된 것입니다. 자기 나라의 분명한 문서와 서적을 버리고 황당하고 믿기 어려운 중국서적을 취할 수 없는 것입니다. 그런데 그러한 것을 모두 무시하는 것도 역사가가 의심이 나는 것을 전하는 예가 아닙니다. 이러한 것들을 어찌해야 합니까?

－《순암집》권10, 동사문답, 성호 선생에게 올림, 병자년③(1756)〔上星湖先生書 丙子〕

앞에서 거칠고 잡스럽다고 비판한 《삼국사기》에 대해 고구려 건국 연대가 잘못되었다고 비판했다. 또 순암은 《고기》와 《삼국유사》에 대해 다음과 같이 비판하고 있다.

《고기》라는 책을 얻어 보았습니다. 이는 신라의 방언 풍속에 관한 사실을 적은 것인데, 고려 때 완성된 것으로서, 신령하고 괴이한 설이 많고 승가(僧家, 불가佛家) 언어가 태반 이상입니다.

－《순암집》권10, 동사문답, 성호 선생에게 올림, 병자년③(1756)〔上星湖先生書 丙子〕

《삼국유사》역시 고려 승려 일연이 편찬한 것인데, 이 책은 대개 승가 문자로 쓰였으나 나라 역사를 언급하고 있어 간혹 채록할 만한 것도 있지만, 또한 황당한 말들이 많습니다. 아! 어찌하여 우리나라는 예로부터 옛것을 기록해 저술을 남긴 한 명의 선비도 없이 홀로 승려들의 불경한 서적만 후세에 전하는지요. 생각건대 영토가 여러 개로 나누어져 전쟁을 치른 결과 공사(公私)의 문자기록이 모두 없어지고, 승가에서 전해지던 것은 명산의 깊은 골짜기에 숨겨져 보전될 수 있었던 것입니다.

　　－《순암집》권10, 동사문답, 성호 선생에게 올림, 병자년③(1756)〔上星湖先生書 丙子〕

'동사'를 편찬하는 내내 순암은 기존 역사서를 매우 비판적으로 검토했다. 완성된《동사강목》에도 그 내용이 반영되어 있다.《동사강목》'서문'의 대부분은 기존 역사서의 문제점을 지적하는 내용이다.《동사강목》편찬에 참고한 역사서를 정리한 수권 '범례'의 채거서목(採據書目)조에도 해당 역사서를 검토한 내용이 실려 있다. 순암의 이 같은 입장은 기존 역사서의 장단점을 고찰해 그를 뛰어넘는 역사서를 편찬하겠다는 진지한 학문 태도를 보여주는 것이다. 역사서에 대한 철저한 비판은 결국《동사강목》을 더욱 충실하게 서술하는 원동력이되었다.

순암은 왜 역사서 검토와 비판에 그토록 관심을 기울였을까? 순암은 역사서 비판을 통해《동사강목》저술에서 오류를 최소화하려 했다. 한편 그가 발견한 기존 역사서의 문제점은 두 가지였다. 첫째, 역사서술에서 편찬 원칙, 즉 필법(筆法)이 분명하지 않은 것과 둘째, 역대 왕조의 강역과 지리, 사실과 사건에 대한 고증이 제대로 이루어지지 않은 것이었다. 이 두 가지는 이후《동사강목》집필 과정에서 계속제기되었으며, 끊임없이 고심한 문제였다. 또 순암이《동사강목》저술

에 앞서 먼저 '범례'와 '지리고'를 저술한 동기가 되었다. 좀 더 구체적
으로 살펴보자.


## 편찬 원칙을 검토하다

순암은 《동사강목》을 편찬하기 시작하면서 편찬 원칙을 세우는 일에
고심했다. '연보'에 따르면, 1753년 12월 성호에게 편지를 보내, 《자치
통감강목》의 필법 가운데 의심스러운 것에 대해 논했다고 한다. 그런
데 이 편지는 '연보'에만 기록되어 있고, 다른 기록에서는 찾을 수 없
다. 그러나 성호가 그에 대해 순암에게 답신을 보낸 편지가 《성호전
집》에 실려 있다. 이듬해인 1754년에 보낸 다음의 편지다.

주희의 《자치통감강목》도 제대로 서술되지 않은 곳이 있습니다. 예를 들
면 역사책에서 "착한 사람이나 나쁜 사람 모두 같은 표현을 써도 잘못은
아니다〔美惡不嫌同辭〕"라고 하면서도, 풍도[5]를 "영왕 풍도가 졸했다〔瀛
王馮道卒〕"라고 기록했고, 이임보[6]는 작위를 기록하지 아니하고, 양옹[7]
은 "죽었다〔死〕"라고 각각 다르게 기록하고 있습니다. 영왕은 풍도가 죽

---

5)　풍도(馮道, 882~954)는 중국 오대(五代) 때의 인물로, 당나라 말기부터 벼슬길에 올라 후당, 후진, 후
　　한, 후주 등 5왕조 11명의 황제를 섬기면서 재상만 20년을 지낸 사람이다. 염치가 없는 인물로 후대에
　　평가되었다.
6)　이임보(李林甫, 683~752)는 당나라의 재상으로, 환관 및 비빈과 결탁하고 현종에게 아첨해 총애를 얻
　　은 뒤에 19년 동안이나 제멋대로 권세를 휘둘러 뒤에 안녹산의 난이 일어나게 하는 빌미를 만든 인물
　　이다.

은 뒤에 내려진 추봉(追封)직입니다. 이렇게 기록한 것은 모두 이해할 수 없습니다.　-《성호전집》권24, ⑩안백순에게 답함, 갑술년(1754)〔答安百順 甲戌〕

이 편지에 따르면 성호는 주희가 편찬한《자치통감강목》의 필법에도 문제가 있다고 했다. 그는 역사편찬에서 편찬 원칙이 중요하며, 그것이 바로잡혀야 올바른 역사서술과 편찬이 가능하다고 생각했다. 순암도 주희의 역사서에 대해 의문점을 질문한 것으로 보아, 성호와 같은 생각이었을 것이다. 성호는 주희 역사서의 문제점을 다른 편지에서도 지적했다.

옛 역사를 읽을 때마다, "선인이나 악인이나 똑같은 문사(文辭)를 사용하는 것을 꺼리지 않는다"라는 구절에 의문을 갖습니다. 관직을 기록하는 것은 같더라도, 졸(卒)이나 사(死)라고 결코 같게 기록할 수 없습니다. 그런 점에서 주희의《자치통감강목》은 도대체 이해할 수 없습니다. 의례(義例, 범례凡例)를 고쳐야 하는 것 아닙니까? 이 책은 관위(官位)를 기록하는 것이 일정하지 않아 알 수가 없습니다. …… 제 생각에는 죄가 있으면 벌을 주고, 부귀를 따지지 않고 반드시 죄의 경중에 따라 비난하는 것이 옳을 것입니다. 이렇게 해야 군자들의 외면을 받지 않을 것입니다. 어떻게 생각할지 모르겠습니다.
　-《성호전집》권26, ②안백순에게 보냄, 병자년(1756)〔與安百順 丙子〕

─────

7)　양웅(揚雄, 기원전 53~기원후 18)은 전한의 학자로 성제(成帝)의 지우(知遇)를 받았다. 뒤에 한나라를 찬탈한 왕망의 대부를 지냈다고 비난을 받았다.

성호는 강목체의 모범이라는 주희의 《자치통감강목》조차 편찬 원칙이 바르지 않다는 불만을 드러냈다. 그 역시 편찬 원칙을 먼저 세운 후에 역사서를 저술할 것을 주문했다. 물론 스승 성호의 생각이 순암에게 영향을 끼쳤겠지만, 이 점에서 두 사람의 입장은 동일했다.

순암은 역사편찬의 원칙을 《동사강목》에서 '범례(凡例)'라 했다. 때로는 편지에서 필법(筆法), 혹은 강요(綱要, 강목의 요목) 등으로 표현했다. 앞에서 언급했듯이 '연보'에 따르면 순암은 1753년에 이미 주희의 필법을 문제 삼았다. 《동사강목》 편찬을 결심하기 한 해 전이다. 《자치통감강목》을 모델로 삼았지만, 그 필법에 만족하지 않았던 것이다. 편찬 원칙에 대한 순암의 관심은 다음 편지(1755년 추정)에서도 나타나고 있다.

> 問. 선생님께서 우리나라 역사를 편찬하는 데 뜻을 두고 계시다는 얘기를 일찍이 들은 적이 있습니다. 역사편찬의 주요한 원칙(綱要)을 정하셨는지요. …… 제 생각에는 단군과 기자 이후는 비록 연대가 분명하지 않더라도 근거할 만한 사실은 '강'을 세워 서술하고, '목'의 경우는 그와 비슷한 사실을 덧붙이려 합니다. 아예 연대를 밝힐 수 없는 것은 그대로 비워 두는 것이 어떨지 모르겠습니다.
>
> — 《성호전집》 권25, ④안백순의 문목에 답함(答安百順問目)

순암은 역사서를 저술하기 이전에 먼저 역사편찬 내지 서술의 원칙을 세워야 한다는 생각을 성호에게 밝혔다. 순암은 《동사강목》을 완성하기 전인 1756년 '범례'를 완성하고, 뒤에 《동사강목》 수권에 수록한다. 성호에게 그 초고를 보내 의견과 검토를 구한다.

작은 종이에 삼국 이후의 강례(綱例, 강목과 의례)에 대해 간단하게 정리해서 올립니다. 의견을 여쭙니다. 만약 가르침을 얻게 되면, 가르치신 뜻을 미루어 밝혀 다른 것도 다루겠습니다.

-《순암집》권10, 동사문답, 성호 선생에게 올림, 병자년③(1756)〔上星湖先生書 丙子〕

성호는 순암이 보낸 '범례'를 읽고, 다음과 같이 답변한다.

《자치통감강목》의 범례는 요령을 찾아볼 수 없습니다. 《춘추》에서 "선인이나 악인이나 똑같은 문자로 표현하는 것을 꺼리지 않는다〔美惡不嫌同辭〕"라는 말은 미봉책에 불과해 꼭 따를 수 없습니다. 저는 죄인은 죄의 경중에 따라 처리해야 한다고 생각합니다. 고려의 금의(琴儀)와 이규보(李奎報) 같은 사람은 중국 당나라 때 환관 등과 결탁해 안록산의 난에 빌미를 제공한 이임보(李林甫)의 예와 같이 관직을 빼고 '졸(卒)'이라고 기록한 사례에 따르는 것이 좋다는 생각입니다.

-《성호전집》권26, ⑥안백순에게 답함, 정축년(1757), 별지〔答安百順 丁丑 別紙〕

성호는 다시 주희가 만든 편찬 원칙인 범례가 문제 있음을 밝힌다. 그런 다음 인물평가 원칙에 대해 자신의 입장을 밝히고 있다. 즉 고려의 금의와 이규보와 같은 인물에 대한 평가와 서술에 좀 더 보완이 필요하다고 했다. 순암은 성호의 의견에 따라 보완한 다음, 다시 성호에게 편지를 보낸다.

'동사' 범례의 대의는 전에 이미 아뢰어 정한 대로 다시 보완한 바 있습니다. 예를 들면 현자(賢者: 강감찬, 최충)의 경우 관직을 쓰고 '졸(卒)'이라 쓰고, 미워할 만한 사람(금의, 이규보)은 단지 '졸'이라고 기록하고, 권세 부리고 간사한 사람은 모두 '사(死)'라고 기록했습니다.

－《순암집》권10, 동사문답, 성호 선생에게 올림, 정축년②(1756)〔上星湖先生書 丁丑〕

이처럼 성호와 순암은 인물평가 등에 원칙이 필요하며, 원칙이 바로 서야 올바른 역사편찬이 가능하다고 생각했다.

왜 순암은 이 문제에 관심을 쏟았을까?《자치통감강목》이나《동사강목》과 같은 강목체 형식의 역사서는 인물과 사건을 기술할 경우, 여러 사실 중 무엇을 어떻게 강과 목으로 추려낼 것인가의 기준이 될 편찬 원칙이 분명하게 확립되어야 하기 때문이다. 나아가 이는 역사 전체의 계통을 세우는 '정통론'과도 연결된다.

問. 단군부터 역사를 서술한다면 단군과 기자가 정통이 되어야 합니다. 기자의 후손이 마한이 됩니다. 마한은 비록 남쪽 지역으로 쫓겨났지만, 기자를 제사 지냈으니 정통이 됩니다. 제 생각에는 온조왕 27년(기원후 9) 마한을 없앤 후에는 삼국의 기년(紀年)을 각각 나누어 기록해야 합니다. 만약 기년을 밝히기 어렵다면 단지 간지(干支)만 기록해야 하며, 근거가 있어야 기년을 크게 쓸 수 있습니다. 삼국은 신라 문무왕이 통일한 후 정통이 됩니다. 고려는 태조 19년(936) 견훤을 없앤 뒤에야 정통이 됩니다.

－《성호전집》권25, ④안백순의 문목에 답함〔答安百順問目〕

이렇게 역사서술의 원칙을 세워야, 역대 왕조를 정통과 비정통으로 가려내 우리 역사의 계통을 확립할 수 있다는 것이다. 정통왕조의 계통을 세우는 일은 곧 인물 및 사건을 평가하는 기준을 얻는 일이 된다. 따라서 역사서술 내지 편찬 원칙의 확립은 역대 왕조와 군주의 정통, 왕조와 군주에 대한 충성과 반역[篡逆], 사건과 사실의 옳고 그름을 밝히는 데 매우 중요한 일이 된다는 것이다. 순암은 먼저 '범례'를 저술해 역사편찬 원칙을 확립하고, 이 원칙에 따라 《동사강목》을 저술했던 것이다.


## 역사사실을 고증하다

순암은 1756년 '범례'와 함께 역대 왕조의 지리와 강역 가운데 문제가 된 것을 정리한 '지리고'를 편찬했다. '지리고'를 중심으로 한 지리와 강역 고증 문제는 2부에서 자세하게 다룰 것이다. 한편 순암은 '범례'와 '지리고' 외에도 각종 역사적 사실과 사건을 고증한 '고이'도 완성한다. 여기에서는 이에 대해 살펴본다.

> 사마온공(司馬溫公)의 《자치통감》 고이편은 여러 서적에서 가려 뽑은 뜻을 자세히 기록하고 있습니다. 지금 그 책을 모방해 각 조항 아래 주(註)를 붙였습니다. 먼저 삼국 이전에 몇 조항의 초고를 작성해 올립니다.
>
> ─《순암집》권10, 동사문답, 성호 선생에게 올림, 병자년③(1756)〔上星湖先生書 丙子〕

이 편지에서 알 수 있듯이 순암은 분명하지 않은 역사적 사실과 사건들을 고증하고 밝힌 고이편을 저술했다. 역시 1756년이다. 순암은 성호에게 고이편을 사마광의 《자치통감》 고이편을 참고해 저술했다고 알렸다. 또 순암은 《동사강목》 고이편 서문에서, "사마광이 《자치통감》을 지을 때 여러 책을 참고해 같고 다른 점을 평하고 취사(取捨)에 뜻을 두어 '고이' 30권을 지었다. 충실하고 모범적인 것을 정리했다. 이것이 역사를 쓰는 자의 절실한 모범이 된다. 이를 모방해 '동사고이(東史考異)'를 짓는다"라고 했다.[8]

순암은 강역과 지리를 고증한 '지리고'와 신화, 전설 등과 함께 여러 역사적 사건과 사실을 고증한 '고이'가 다른 사람에게 보여도 부끄럽지 않는, 크게 손색이 없는 내용이라고 자부했다.

> 《동사강목》은 가장 노력을 기울인 것이지만, 겨우 고려 인종 무렵까지 마쳤다. 그러나 '지리고'와 '다른 변증에 관한 글[他辨證]'도 남다른 안목을 많이 갖추고 있어, 이를 보면 얻을 만한 것들이 있을 것이다.
>
> ─《순암집》권14, 아우 정록과 아들 경증에게 주는 유서, 기묘년(1759)
>
> 〔示弟鼎祿子景曾遺書 己卯〕

이 글에서 '다른 변증에 관한 글'은 그가 집필한 고이편을 비롯해 괴설변증(怪說雜辨)편, 잡설(雜說)편을 묶어서 한 말일 것이다. 성호는 순암이 보낸 고이편을 비롯한 여러 초고를 읽고, 다음과 같이 매우 긍정적인 반응을 보인다.

> '고이' 등 몇 가지 사항은 창졸간에 변론할 수 있는 것이 아니므로 일단 남겨두었다가 자세히 살펴보겠습니다.
>
> ─《성호전집》권26. ④안백순에게 답함, 병자년(1756)〔答安百順 丙子〕

---

8) 《동사강목》권20, 부권 상권.

다시 '고이' 한 권을 살펴보니, 널리 고찰하고 상세하게 구별해 사람들이
좋아하고 칭찬합니다. 다만 많은 부분을 근래의 글을 가지고 증거를 대고
있어, 그 주장이 반드시 믿을 만한 것은 아닙니다. 이 부분만은 조금만 남
기고 삭제하는 것이 좋겠습니다.

－《성호전집》권26, ④안백순에게 답함, 병자년(1756), 별지〔答安百順 丙子 別紙〕

성호는 고이편이 관련 사실을 폭넓게 살펴 상세하게 고증한 점을
높이 평가하고, 다만 근래의 자료에 의존해 고증한 것은 삭제가 필요
하다고 답했다.

참고로 《동사강목》 권20의 부권 상권에는 '고이'(상), '괴설변
증'(중), '잡설'(하)이 각각 실려 있다. 이 가운데 '고이'와 '잡설'은 서
로 내용 구분이 힘들 정도로 우리나라의 여러 역사적 사실과 사건, 인
물 등에 대해 고증한 것이다. 부권에 실린 글은 대부분 성호와 순암
사이에 주고받은 편지에서 언급된 내용이다. 실제로 순암은 '동사'를
편찬하기 시작하면서 스스로 의문을 가졌거나 사실관계 해석에 문제
가 있다고 판단된 지리와 강역 및 역사적 사실과 인물 등에 대해, 스
승 성호에게 편지로 질문해 해결하거나 직접 연구 조사해 밝혔다. 《동
사강목》 편찬 원칙을 밝힌 '범례'(수권), '지리고'와 역사사실을 고증
한 '고이' 등에 담긴 여러 글은 이러한 과정을 통해 완성된 것이다. 물
론 이후에도 계속 수정 보완되지만, 이런 종류의 글들이 《동사강목》
의 본문보다 먼저 저술되었다.

# 5

# 《동사강목》, 6년간의 집필

## '범례'와 부록을 먼저 완성하다

1756년이라는 해는 시간적으로 《동사강목》 편찬에서 하나의 분수령이 되는 시점이다. 《동사강목》의 본격적인 편찬을 위한 기초 작업이 이해 완료된다. 즉 편찬 원칙에 해당하는 '범례'(《동사강목》 수권)가 완성되었다. 강역과 지리의 위치를 고증한 '지리고'(《동사강목》 권20 부권 하권)와 함께 '고이'(《동사강목》 권20 부권 상권)도 완성되었다. 순암과 성호 사이에 주고받은 편지를 분석한 결과에 따르면 순암은 본문에 앞서 수권의 '범례'와 함께 부권(부록)을 먼저 완성했다. 또 이해 전 17권 가운데 2권 정도에 불과하지만, 고조선부터 삼국 초기까지의 초고를 완성했다. 본문 집필에 앞서 '범례', '고이' 및 '지리고' 등 편찬 원칙과 역대 강역과 지리에 관한 글을 먼저 작성한 사실은 《동사강목》 편찬 과정에서 매우 주목할 만한 일이다.

지금 단군 이후 삼국 초기까지 한 편을 초해 바칩니다. 읽으시고 조목마다 비판해 깨우쳐주시기 바랍니다.

- 《순암집》권10, 동사문답, 성호 선생에게 올림, 병자년③(1756)〔上星湖先生書 丙子〕

또 편년 형식의 서술에 들어갈 수 없는 일본, 여진, 동진국과 발해 등의 역사는 별도의 '보궐(補闕)'을 저술했다면서, 성호에게 검토를 부탁한다.

《동사강목》의 편년강목 외에 또 다시 빠뜨린 것을 모아서 한 책의 보궐편을 만들었습니다. 외국열전에 발해와 동진국 등의 열전을 두었으며, 여진과 일본의 경우 지금까지의 사실을 상세하게 기록해, 경세가들이 일독하는 데 도움을 주고자 했습니다.

- 《순암집》권10, 동사문답, 성호 선생에게 올림, 정축년②(1757)〔上星湖先生書 丁丑〕

이 편지에서 알 수 있듯이 순암이 집필한 보궐편은 일종의 외국열전을 묶은 것으로 판단된다. 그러나 현재 《동사강목》 내용을 검토해보면 보궐편에 해당하는 항목을 찾을 수 없다. 다만 발해의 경우 고구려 부편(附編) 발해국 전세지도(傳世之圖)가 실려 있다. 일본, 여진, 동진국 등은 실려 있지 않다. 한편 '지리고'에 '말갈고', '고이'에 '발해의 멸망'이라는 항목이 실려 있다. 따라서 1756년에 완성한 보궐편은 별도의 편으로 실려 있지 않고, 내용을 나누어 《동사강목》 본문의 서술 속에 반영한 것으로 판단된다.

성호는 다음의 편지에서 순암이 보내온 삼국 초기까지의 초고가 자료를 폭넓게 인용하고 고증이 잘되었다며 높이 평가한다.

지금 이 책을 보니, 폭넓게 자료를 인용하고 수집했으며 모두 증거가 있습니다. (역사에 대한) 나의 고찰이 이 책을 따르지 못해, 부럽고 칭찬할 따름입니다. 다만 정신이 쇠락해 위아래로 두루 참고하지 못해, 같고 다름을 어떻게 판별해야 할지요. 오직 백순(순암)께서 자세하게 가감을 해 주시기 바랍니다. 우리나라 사람들이 자기 나라의 역사를 읽지 않아 정신은 거칠고 황폐한 상태에 놓여 있어, 예로부터 역사를 저술할 뜻을 가진 이들도 없었습니다. 이 책이 완성된다면 천고에 그만한 다행이 없을 것입니다.

- 《성호전집》권26, ①안백순에게 답함, 병자년(1756), 별지〔答安百順 丙子 別紙〕

순암은 본문 내용이 부분적으로 완성되면 바로 성호에게 보내 검토를 받으며 책의 완성도를 높여나갔다. 이렇게 《동사강목》은 성호를 비롯해, 뒤에서 언급하겠지만 윤동규, 이병휴 등 성호 제자인 선후배 동료의 도움에 힘입어 편찬되었다고 할 수 있다.

## 건강 악화로 중단된 저술 작업

순암은 저술하기 시작한 지 2년 만인 1756년 단군부터 삼국 초기까지의 초고와 어렵고 까다로운 '범례', '지리고', '고이' 등을 완성한다. 《동사강목》 저술의 토대가 마련된 셈이다. 그러나 1757년 무렵 병으로 저술 작업이 일시 중단된다.

《동사강목》 저술은 병으로 중단되었습니다. 금년은 종이가 귀하고 가을에 세금을 내느라 돈을 마련하기가 어렵습니다. 아직 종이를 구입할 비용을 마련하지 못해 공연히 세월만 허송해서 아쉽고 한스럽습니다.

-《순암집》권10, 동사문답, 성호 선생에게 올림, 정축년③(1757)〔上星湖先生書 丁丑〕

병으로 저술 작업이 중단되었다는 소식을 들은 성호는 저술을 독려하는 편지를 보낸다.

우리나라 역사를 편찬하는 일은 언제 마칠 수 있는지요. 이 작업은 우리 유가(儒家)의 커다란 사업으로서 결코 소홀하게 할 수 없을 정도로 수고를 다해야 하는 사업입니다. 이것이 완성된다면 세상의 교화에 어찌 크나큰 도움이 되지 않겠습니까? 저의 맑았던 정신은 이제 혼미해졌습니다. 우리나라 역사를 편찬하려는 선생의 아름다운 뜻에 조금도 도움이 되지 못한 사실을 생각할 때 혼자 한탄할 뿐입니다.

-《성호전집》권26, ⑤안백순에게 답함, 정축년(1757)〔答安百順 丁丑〕

1758년에도 건강이 좋지 않아 저술 작업이 중단되었다. 스승 성호에게 올린 다음의 편지에서 확인할 수 있다.

나이가 점점 들어갈수록 머리털이 희끗하고 이도 빠져 엉성해 어느새 47세가 되었습니다. 게다가 고질병으로 학문에 대한 뜻도 점차 황폐해가고 있습니다. …… 요즘 역사서 편찬의 일을 중지하고 있습니다. 몸이 다시 건강해지고 식견이 조금 나아지면 이 일을 아주 잊어버리지도, 억지로 무리하지도 않으면서 해나갈 예정입니다. 선생님께서 내리신 편지 가운데 우리 역사에 관계된 것이면 비록 말 한 마디 글자 한 자라도 반드시 책 하나에 별도로 기록해두어 후일 수용(受用)의 자료로 삼으려 하고 있습니다.

-《순암집》권2, ⑰성호 선생에게 올림, 무인년(1758)〔上星湖先生書 戊寅〕

그럼에도 불구하고 순암은 성호의 격려 속에 다시 집필에 착수해 삼국시대까지 집필을 완료했다는 편지를 1759년 성호에게 보낸다.

우리 역사를 편찬하는 일에 제가 함부로 착수할 수 있겠습니까? 다만 선생님께서 완성하라고 여러 번 권고하셨습니다. 또한 여러 역사서를 보니 만족할 만한 것이 없는데도, 새로 역사를 편찬해야겠다는 사람들도 없습니다. 때문에 뒷날 항아리 꼭지를 막는 물건이 될 것을 아랑곳하지 않고 망령되게 편찬에 착수했습니다.

우선 삼국시대까지 5권의 초안 원고를 올립니다. 선생님께서 한번 보시고 지적해주시면 큰 다행이라 생각합니다. 단지 선생님께서 병을 조섭(調理)하고 계시는 데 방해가 될까 두렵습니다. 글머리에 몇 자의 글로써 가르침을 주십시오. 선생님의 뜻에 맞다면 큰 다행이라 생각합니다.

-《순암집》권10, 동사문답, 성호 선생에게 올림, 기묘년①(1759)〔上星湖先生書 己卯〕

또 다른 편지에 따르면, 1759년 집필이 더 진행된 듯하다. 이해 고려 인종 때까지 집필을 마친 것을 순암이 동생과 아들에게 보낸 편지에서 확인할 수 있다.

《동사강목》은 가장 노력을 기울인 것이지만, 겨우 고려 인종 무렵까지 마쳤다. 그러나 '지리고'와 '다른 변증에 관한 글[他辨證]'도 남다른 안목을 많이 갖추고 있어, 이를 보면 얻을 만한 것들이 있을 것이다. 너희들은 재주가 둔해 완성하지 못하겠지만, 연소한 벗들 가운데 이원양(李元陽)과 권기명(權旣明)은 참으로 전도가 유망하니 책의 완성을 위해 두 사람에게 의지할 수 있을 것이다. 윤동규 어른께서 이 책이 우리나라에 아직까지 없었던 책이라 하시면서 기대가 적지 않으셨으니, 이대로 매몰되는 것이 애석하다. 이러하니 어찌 두 벗의 마음이 움직이지 않겠느냐. 중간에 정리하고 윤색하는 일은 대장(大匠)이신 윤동규 어른의 솜씨에 맡겨야 할 것이다.

－《순암집》권14, 아우 정록과 아들 경증에게 주는 유서, 기묘년(1759)
〔示弟鼎祿子景曾遺書 己卯〕

그러나 순암은 다시 병이 악화되어 더 이상 집필이 어려운 상태에서, 동생 정록(鼎祿)과 아들 경증(景曾)에게 유서 형식의 편지를 보내 저술이 완성되도록 부탁한다. 순암은 성호의 손자 이원양과 사위 권일신(權日身)의 형인 권기명에게 집필을 맡기고, 윤동규에게 마지막 윤문을 부탁하라고 전했다.

현재의 《동사강목》 목차에 따르면, 고려 인종까지는 모두 8책이다. 본문 17책 가운데 절반에 가깝다. 1756년까지 2년 동안 부권 2책과 수권 '범례', 본문 2책을 집필했고, 이후 3년 동안 본문 6책의 집필을 겨우 마친 것이다. 집필이 이같이 크게 진척되지 않은 것은 잦은 병치레 때문이다.

참고로 병으로 집필이 중단된 1759년은 '연보'에 따르면 《동사강목》 편찬이 완성된 해로 기록되어 있다. 그러나 실제로 이때는 고려 인종 연간까지 겨우 집필을 마친 상태에 불과했다. 1차 집필의 완성은 이듬해 1760년으로 미루어진다.

한편 성호는 1759년 고려 인종까지 집필된 글을 읽고, 순암에게 편지를 보낸다.

'동사'를 가끔 한 번씩 훑어보니 고증이 잘되어 있습니다. 우리나라에서
일찍이 찾아볼 수 없던 역사서라 말할 수 있습니다만 가끔 불안한 부분도
있습니다. 저의 의견을 덧붙이고자 하나, 정력이 이미 쇠해 조사하고 교
정할 수도 없어 붓을 던지고 길게 탄식만 합니다. 하늘이 내린 분수가 있
어 커다란 업적에 도움을 주지 못하게 하려는 것입니다.

－《성호전집》권26, ⑨안백순에게 답함, 기묘년(1759)〔答安百順 己卯〕

저는 날마다 더욱 정신이 흐리고 산란해, 고려사 집필에 도움을 주려 했
지만, 가끔 한 번씩 눈이 보이지 않고 생각이 갈래를 잡지 못해 제대로 이
해할 수 없습니다. 또 가끔 종이 끝에다 몇 자 적어놓기는 했으나 고증이
부족합니다. 그러나 생각을 하지 않은 것은 아닙니다. 그 사이에 빠지고
잘못된 곳도 많지만 자세하게 고찰하는 데 힘이 달려서 앞으로의 일을 또
한 어찌 믿을 수 있겠습니까?

－《성호전집》권27, ①안백순에게 답함, 기묘년(1759), 별지〔答安百順 己卯 別紙〕

　1763년의 죽음을 앞두고 여생이 얼마 남지 않은 성호는 심신이 허
약해져 제자가 집필한 역사책을 제대로 평가하고 도움을 주지 못한
안타까움을 토로한다. 그런 한편으로 병중에 있는 순암에게 저술을
완성하도록 격려와 칭찬을 아끼지 않는 아름다운 모습을 보여준다.

## 1760년, 초고본 집필을 마치다

1760년 순암은 마침내《동사강목》을 완성한다. 다음의 편지에서 확인할 수 있다.

《동사강목》편찬 작업은 이번 여름에 마침 종이 10여 권을 얻어서, 앞서 저술한 것에 이어 계속 써 내려가 이제 거의 마쳤습니다.

  -《순암집》권10, 동사문답, 성호 선생에게 올림, 경진년(1760)〔上星湖先生書 庚辰〕

비록 최종 완성된 형태는 아니지만, 1760년에 일단 집필이 완료되었음을 확인할 수 있다. 이에 대해 성호는 다음과 같은 편지를 보낸다.

《동사강목》은 아직 완성되지 않았으니, 검토하고 논의해야 할 곳도 많고 다른 사람의 의견을 들어야 할 곳도 많습니다. 특히 저는 정신이 쇠미해 검토할 여지가 없어, 비록 남의 눈가림용으로 책을 보는 시늉을 하고 있지만 깊이 연구할 수 없습니다.  -《성호전집》권27, ④ 안백순에게 답함〔答安百順〕

성호는 이때의《동사강목》을 완성된 형태가 아니라고 평가했다. 아직도 검토해야 할 곳과 다른 사람의 의견을 들어야 할 곳이 많다고 지적했다. 성호가 그렇게 말한 것은 1년 사이에 급속하게 집필이 완료되어 내용이 부실해졌을지를 염려한 것으로 생각된다.

앞의 여러 편지에서 언급되었듯이 초고본이 완성되기 한 해 전인 1759년에 고려 인종 때까지 집필을 마친 상태였다. 참고로《동사강목》은 전체 20권으로 구성되어 있지만, 서문 및 '범례'(수권)와 부록(부권

2권)을 제외한 본문은 17권이다. 이 가운데 고려 인종까지는 8권으로 전체 분량의 절반에 불과하다. 위 편지에 따르면 나머지 절반은 1759년과 1760년 사이에 집필되었다.

실제로 이때 완성된《동사강목》은 엄밀한 의미에서 초고본 상태에 불과하다. 이후 다시 수정 작업에 착수해, 정조에게 바쳐질 때까지 수정이 계속된다. 혹자는《동사강목》의 서문이 작성된 1778년을 최종 완성된 시기로 보기도 한다. 그러나 이해는《동사강목》의 열람을 요청한 정조의 명령에 따라 비로소 수정 작업에 들어간 시점이다. 뒤에서 자세하게 다루겠지만, 수정 작업은 1780년대 중후반까지 계속된다.

2부

# 영토 지리 문제와 강역의 고증

# 1

## 강역과 지리를 중시한 순암의 역사학

**영토문제의 중요성을 강조하다**

반드시 해당 역사의 영토와 경계를 먼저 정해놓고 역사책을 읽어야 한다.
그렇게 해야 그 나라가 위치한 형세며 전쟁에서 얻고 잃은 것을 알게 된
다. 또 영토가 분리되고 합쳐지는 역사를 고찰해야 한다. 그렇지 않으면
역사에 대해 무지하게 된다.　　　　　－《동사강목》 부권 하권 하권, 지리고

순암은 특정 왕조나 시대의 역사를 이해하기 위해서는 먼저 당시
영토의 범위와 경계를 고찰하는 것이 필요하다고 밝혔다. 역사와 지
리는 분리될 수 없는 동일체이며, 영토와 경계에 대한 정확한 이해가
역사공부에서 필수적인 일이라고 인식했다. 순암은 역사연구에서 영
토문제를 가장 중요한 분야로 여겼다.
　성호에게 보낸 다음의 편지에서도 순암의 생각이 잘 나타나 있다.

강역(疆域)과 지리는 나라의 중요한 일인데도 그에 관한 기록이 없다는 것은 개탄스럽습니다. 생각건대 북방 지역 개척은 원나라 말기와 고려 말에 많이 이루어졌습니다. 우리 태조 때 처음으로 두만강 이남의 공주(孔州), 경주(鏡州) 등 7주가 정해졌습니다. 윤장(尹丈, 윤동규)께서 매번 이런 사실들을 말씀하시면서, 진실로 중요한 것을 빠뜨리고 있다고 하셨습니다. 그 뜻은 사람에 비유해 말한다면, 몸과 마음〔身心〕은 중요하게 여기면서 바깥의 물건을 가볍게 여기는 것과 같습니다. 한 나라에 비유해 말한다면, 나라 안의 근심은 급하게 여기면서 나라 밖의 일은 소홀하게 여기는 것과 같습니다. 진실로 그렇습니다. 책을 읽고 이치를 파헤치는 일이 오직 몸과 마음만 중요하게 여기는 것과 같지 않아야 합니다.

－《순암집》권10, 동사문답, 성호 선생에게 올림, 기묘년①(1759)〔上星湖先生書 己卯〕

순암은 영토문제를 하찮게 여기는 것은 몸과 마음을 중하게 여기면서 바깥의 일을 소홀하게 다루는 일과 같으며, 국내 일만 걱정하고 나라 밖의 일은 관심을 갖지 않는 것과 같다고 했다. 또 다른 편지에서도 "나라를 다스리는 자는 반드시 영토와 토지를 다스려야 하고, 역사를 기록하는 자는 반드시 지리를 정리해야 한다"[1]면서, 특히 통치가와 역사가는 이에 대해 관심을 가져야 한다고 강조했다.

성호 역시 같은 생각으로 영토문제를 중요하게 여겼고, 나라를 다스리는 자는 영토에 관한 역사를 공부해야 한다고 지적했다.

---

1) 《순암집》권10, 동사문답, 윤동규에게 보냄, 병자년(1756)〔與邵南尹丈書 丙子〕.

'철령'이라는 이름이 원래는 요동 지역에 없었다는 사실을 알 수 있습니다. 박의중(朴宜中)의 표문(表文)에 그런 사실이 실려 있습니다. 역사서를 읽지 않을 수 없는 것은 이 같은 이유 때문이지요. 이러한 일들은 뒷날 시끄러운 단서가 될 수 있으니, 국사(國事)를 도모하는 자는 〔영토의〕 역사를 알아야 하는 것입니다.

-《성호전집》권27, ①안백순에게 답함, 기묘년(1759)〔答安百順 己卯〕

성호는 철령위가 1388년 이후 요동 지역에 설치되었으므로, 이전에는 요동 지역에 철령위가 없었다고 했다. 따라서 고려의 영토인 철령위를 과거 원나라 영토이므로 반환하라고 요구하는 명나라의 주장은 잘못이라는 것이다. 이는 고려의 박의중이 1388년 중국에 보낸 표문에서 확인할 수 있다. 따라서 고려 말 철령위 설치를 둘러싼 고려와 명나라 사이의 영토분쟁은 국사에 관련된 것이며, 역사를 공부해야 사실을 정확하게 알 수 있다고 했다.

## 부족하고 부정확한 자료로 애를 먹다

순암은 영토와 지리 문제의 중요성을 인식하고 있지만, 전쟁 등 병화(兵火)에 불타서 기록이 많이 남아 있지 않아 역사서술에 커다란 어려움이 있다고 설명했다. 윤동규에게 보낸 편지에 잘 드러나 있다.

우리나라는 삼국시대 때 서로 다투어 땅을 주고 빼앗는 것이 일정하지 않아서, 삼국의 영토에 대해서는 정론이 없습니다. 또 전쟁이 잇따라 수나라부터 당나라에 이르기까지 두 나라(백제와 고구려)가 멸망했습니다.
비록 기록할 만한 공사(公私)의 문적(文籍)이 있더라도 모두 병화에 타
버렸을 것이니, 홀로 우리나라 사람의 잘못만은 아닐 것입니다. 1,000년
뒤에 태어난 제가 불타고 남아 있는 조각난 문서 속에서 무엇을 얻을 수
있겠습니까?

-《순암집》권10, 동사문답, 윤동규에게 보냄, 병자년 (1756)〔與邵南尹丈書 丙子〕

순암은 우리나라 역사책에서 영토에 관한 정론이 없는 것은 수많은
전쟁으로 많은 서적이 불탔기 때문이라 했다. 그는 또 다른 편지에서
"강역과 지리는 나라의 대사이다. 그런데 역사기록에 그에 관한 것이
없다는 것은 개탄스럽다"[2]라고 했다. 그런 가운데 순암은 여러 기록을
조사해 옛 영토의 위치를 확인하려는 노력을 게을리하지 않았다.

순암이 《동사강목》 편찬을 위해 가장 심혈을 기울인 부분 가운데
하나는 역대 왕조의 강역과 지리 고증이다. 순암은 1755년 성호에게
다음의 편지를 보냈다.

역사를 편찬하는 자는 먼저 반드시 강역을 정해야 합니다. 그런데 우리나
라 역사의 지리지 등에 전적으로 근거할 만한 자료가 없습니다. 개마대산
(盖馬大山)은 지금의 서북 양계(兩界) 사이의 큰 고개〔大嶺〕인 것이 분
명합니다. 그런데 《여지승람(輿地勝覽)》[3]에는 평양의 고적(古跡)조에
기록되어 있습니다. 비류수(沸流水)는 고구려가 처음 도읍한 곳으로, 마

---

2) 《순암집》권10, 동사문답, 성호 선생에게 올림, 기묘년①(1759)〔上星湖先生書 己卯〕.

땅히 요하 지역의 동북 국경 밖에 있어야 하는데, 역시《여지승람》에는 성천(成川)도호부의 고적조(권54)에 기록되어 있습니다. 이 같은 것은 아주 심한 경우며, 나머지는 자세하게 거론할 수 없습니다.

-《순암집》권10, 동사문답, 성호 선생에게 올림, 을해년(1755)〔上星湖先生書 乙亥〕

순암은 역사편찬에서 중요한 일은 강역을 확정하는 일이라고 주장했다. 편지가 작성된 1755년은《동사강목》을 편찬하기로 결정하고 한 해가 지난 시기다. 본격적인 본문 집필에 앞서 지리 고증의 중요성과 문제점을 지적한 것은 강역과 지리 문제 등에 관심을 갖고 많은 조사와 준비를 했음을 알려준다. 또 그 과정에서 자료가 부족하거나 지리 고증에 오류가 많다는 사실을 확인한 것이다.

순암이 스승 성호에게 보낸 역사 관련 편지를 모은 '동사문답'(《순암집》권10)의 많은 부분은 강역과 지리 고증의 오류를 지적한 것이다. 성호가 순암에게 보낸 편지에도 관련된 내용이 많다.

## 《동사강목》에 앞서 편찬한 '지리고'

위의 편지에 이어 순암은 강역과 지리 고증을 통해 문제가 된 지역의 위치를 바로잡겠다는 뜻을 스승 성호에게 밝히고 있다.

---

3) 《신증동국여지승람(新增東國輿地勝覽)》을 가리킨다. 순암의 편지 원문에 따라 이 책에서는《여지승람》이라 썼다.

대방(帶方)은 정확하게 어느 곳인지 알 수 없습니다. 단단대령(單單大嶺) 불내(不耐, 국내성)는 철령(鐵嶺) 이동(以東) 지역 같은데, 정확하게 어느 곳인지 알 수 없습니다. 우리나라 지리의 의문점을 바로잡는《동국지리의변(東國地理疑辨)》을 쓰고자 합니다. 뒷날 보여드리겠습니다.

－《순암집》권10, 동사문답, 성호 선생에게 올림, 을해년(1755)〔上星湖先生書 乙亥〕

순암은《동사강목》에 앞서《동국지리의변》을 저술해 우리 역사에서 지리와 강역의 오류를 바로잡겠다고 했다. 그러나 실제로 순암이 이 책을 저술했는지 확인할 수 없다. 그러나 이로부터 1년이 지난 1756년 편지에서 여러 지리지에서 의문이 되는 곳을 논증해 성호에게 검토를 부탁한다.

'동사'의 '범례'와 여러 지리지에서 의심될 만한 것을 간단하게 논증해서 올립니다. 가만히 생각하니 이렇게 하는 것이 실로 조용히 몸을 정양(靜養) 중인 선생님께 큰 불편을 끼쳐드릴 것이 아닐까 염려됩니다만, 의심나는 점이 있어서 어쩔 수 없이 아뢰게 되었습니다. 살펴주시고 일정한 가르침을 주셨으면 합니다.

－《순암집》권10, 동사문답, 성호 선생에게 올림, 병자년①(1756)〔上星湖先生書 丙子〕

순암은 '범례'와 함께 강역, 지리 고증에 관한 글을 작성해서 성호에게 검토를 요청한다. 이 글은 1년 전 순암이 성호에게 보낸 편지에서 저술하려 한《동국지리의변》일 것이고, 이후 완성되자 '지리고'로 제목을 바꾼 것으로 보인다. 처음 작성된 후 여러 차례 수정 과정을 거쳐《동사강목》권20 부권 하권에 수록된 '지리고'가 된 것이다.

이렇게 순암은 《동사강목》을 저술하기 전에 편찬 원칙을 담은 '범례'와 강역과 지리 고증에 관한 '지리고'를 완성했고, 이후 4년이 지난 1760년 《동사강목》을 완성한다. 성호는 이에 대해 순암에게 다음과 같이 화답한다.

> 만약 이 작업이 완성되면 우리 유가(儒家)의 커다란 업적이 될 것입니다. 우리나라의 수많은 현인(賢人)들이 이 일을 완성하지 못한 것은 오직 문헌이 부족하기 때문입니다. 만일 현재의 서적을 갖고 교감을 하다 보면 추정할 만한 것도 있을 것입니다. …… 우리는 많이 듣고 신중하게 말하는 것〔多聞慎言〕에 힘써야 합니다. 의심나는 것은 빼놓고 사실만을 전한다면 배운 것을 거의 배반하지 않을 것입니다. 매번 의심나는 부분은 한 편의 글을 지어 취사선택의 뜻을 드러내야 믿을 수 있는 글〔信筆〕이 됩니다. 그러나 이것이 가장 어렵고 힘을 쏟아야 하는 일입니다.
>
> ─《성호전집》권26, ④안백순에게 답함, 병자년(1756), 별지〔答安百順 丙子 別紙〕

　성호는 이 편지에서 계속 보완이 이루어져야 한다고 했으며, 실제 이때의 '범례'와 '지리고'는 초고본 상태로 계속 수정과 보완이 이루어진다. 성호는 역사편찬에서 가장 어려운 것이 자료 부족이지만, 현재 있는 자료를 자세하게 검토하면 새로운 사실을 추정할 수 있다고 했다. 의심나는 자료의 경우 따로 글을 작성해 사실로 받아들일지 아닐지, 즉 취사선택의 뜻을 밝히는 것이 필요하다고 했다. 믿을 수 있는 글은 이러한 절차가 있어야 한다는 것이다. 본격적인 역사 편찬에 앞서 강역과 지리 고증, 사실 고증과 같은 작업이 먼저 이루어져야 하는 것을 강조한 것이다.

**2**

# 상고와 고대의 영토와 영역

## 만주의 지정학적 중요성

순암은 성호에게 보낸 편지에서, 지금의 만주 지역인 요(遼) 지역의 중요성에 주목했다.

> 問. 요동 지방은 아주 넓어 《성경통지(盛京通志)》(청나라 동병충董秉忠 편찬)에 따르면, 남북이 700여 리이고 동서가 1,000여 리입니다. 중국 대륙과 오랑캐 사이에 놓여 있어, 분쟁 지역이 된 지 오래되었습니다. 예로부터 중국에 들어와 주인 노릇 하려 한 오랑캐들은 항상 동북 지역(요동)에서 일어났습니다. …… 요동 지역은 북쪽 지경(地境)이 몽고와 가깝고, 동쪽은 높은 산들이 하늘과 맞닿아 있습니다. 다만 남쪽 아래 봉성(鳳城)으로 가는 길은 평탄하기 때문에, 그들이 만약 이쪽으로 나온다면 우리나라 양계(兩界) 지역이 반드시 피해를 입을 것입니다. 이 일이 마음속

에 항상 의문으로 남아 있어, 비록 급한 일은 아니지만 감히 이같이 여쭈

어봅니다.    -《성호전집》권25, ④안백순의 문목에 답함〔答安百順問目〕(1755)

순암은 요동 지역의 중요성을 다음과 같이 이해했다. 첫째, 중국을 지배한 이민족은 역사상 요동 지역에서 일어났다. 둘째, 우리나라는 대륙으로 진출하는 길목에 있어, 특히 양계 지역은 항상 피해를 입을 가능성이 크기 때문에 요동 지역의 움직임에 주목해야 한다는 것이다. 다음은 성호의 답변이다.

答. 근래 천하의 전쟁은 동북 지역에서 많이 일어났으며, 그 성패에 따라 우리나라가 많은 피해를 입었습니다. 발해가 망하자 주민들은 갈 곳이 없어 모두 우리나라에 투항했습니다. 요나라가 망했을 때도 마찬가지였습니다. 그들은 3년 간 우리 국토를 유린하고 해독을 끼쳐서야 겨우 섬멸되었습니다. …… 나라가 작고 힘이 미약하면 도적들의 소굴이 될 수 있음을 잊지 말아야 합니다. 그러니 이 지역이 우리에게 어찌 중요하지 않다고 하겠습니까?    -《성호전집》권25, ④안백순의 문목에 답함〔答安百順問目〕

성호 역시 순암의 생각에 동의하고 있다. 천하의 대란은 항상 요 지역에서 시작되었으며, 그 여파가 우리나라에까지 미쳐 커다란 피해를 주었다는 것이다. 특히 나라가 힘이 없을 때 오랑캐들의 피해를 입었다고 했다.

## 만주는 단군과 기자조선의 영토

또한 성호는 과거 만주 지역이 우리나라의 영토였음을 강조했다.

> 요동 지역은 고구려의 통치 지역 안에 있었습니다. 통일신라가 쇠약해 말
> 갈(靺鞨)에 속했다가 대씨(大氏, 발해)에게 통합되었습니다. 요나라가 일
> 어나 그 땅을 빼앗았는데, 고려 태조가 그 땅을 회복하고자 하여 요나라
> 사신을 유배시키고 국교를 끊었습니다. 그러나 태조는 불행하게 갑자기
> 죽었습니다. 뒷날 광군(光軍)을 설치한 것도 이러한 뜻이 있었던 것이며,
> 거란 장수 소손녕과 주고받은 대화에서 알 수 있습니다.
>
> ─《성호전집》권26, ①안백순에게 답함, 병자년(1756), 별지〔答安百順 丙子 別紙〕

성호는 이 지역이 원래 고구려의 영토였는데 신라 말에 발해가 차
지했다가, 다시 거란에 빼앗겼다고 설명한다. 성호는 우리 역사에서
이 지역을 소유했던 왕조가 강한 왕조였다는 생각을 간접적으로 내비
치고 있다.

성호는 (만주의) 고구려 땅에 대해 기자조선 이후로 우리나라가 요
(遼) 지역 전체를 소유해 통치했다고 하며, 요 지역이 원래 기자조선
의 영역이었다고 밝히고 있다.[4]

또 순암에게 보낸 편지에서 순 임금 때 설치한 유주(幽州)가 현재
의 요양(遼陽)과 심양(瀋陽) 사이에 있었으며, 기자가 주 무왕으로부

---

4) 《성호전집》권25, ⑥안백순에게 답함, 병자년(1756)〔答安百順 丙子〕.

터 제후로 봉해진 곳도 이곳이라 했다.

순 임금은 동이(東夷) 사람입니다. 12주(州)를 처음 설치했는데, 그 가운
데 유주는 요령(遼寧)과 심양 사이에 있었던 것이 분명합니다. 이로 보아
이곳까지 순 임금의 교화가 미쳤던 것입니다. 기자가 봉함을 받은 지역도
이곳에 포함되어 있습니다.

　　　　　-《성호전집》권26, ④ 안백순에게 답함, 병자년(1756), 별지〔答安百順 丙子 別紙〕

성호는 같은 해에 쓴 다른 편지에서도 요 지역이 단군조선 이래 우
리나라의 영역이었다고 했다.

요 지역 전체가 원래 순 임금이 처음 설치한 12주 속에 포함되어 있었습
니다. 살펴보건대, 유주는 의무려(醫巫閭)라는 산이 있고 물고기와 소금
의 이익이 산출되었다니, 요 지역이 아니고 어디겠습니까? 단군과 기자
의 나라는 압록강의 안팎에 걸쳐 있었으며, 단군 때에는 요순의 교화를,
기자 때에는 8조의 교화를 함께 받았습니다.

　　　　　-《성호전집》권26, ①안백순에게 답함, 병자년(1756)〔答安百順 丙子〕

같은 편지에서 성호는 기자조선의 영역을 정확하게 알 수 없지만,
뒷날 중국 연나라에 요 서쪽 지역 수천 리를 빼앗겼다고 한다. 또 이후
요 지역을 거란에게 빼앗기면서 우리의 영토를 잃게 되었다고 논했다.

기자조선의 영역에 대해서는 자세하게 알 수 없습니다. 뒷날 서쪽 영토
수천 리를 연나라에 빼앗겼습니다. 요령과 심양 지역도 기자의 영역 안에

있었습니다. 삼국 말기 신라가 이 지역을 지배할 수 없어, 발해가 그 지역을 차지했으며 동쪽은 바다를 접했습니다. 뒤에 거란에게 영토를 빼앗겼습니다. 이것이 우리나라가 요 지역을 상실하게 된 시말(始末)입니다.

－《성호전집》권26, ①안백순에게 답함, 병자년 (1756) 〔答安百順 丙子〕

이어서 성호는 기자조선의 위치를 '홍범(洪範)'을 풀이해 설명하고 있다.

기자가 아뢴 '홍범'은 바로 '낙서(洛書)'를 부연해 만든 것입니다. '낙서의 자리는 2와 8이 그 위치를 바꾸었습니다. 곤(坤)과 간(艮)은 마주 대해 위로 은하(銀河)에 응합니다. 은하는 본래 회전하는 것인데, 지금 중국에서 볼 수 있는 것은 다만 머리인 '간'에서부터 꼬리인 '곤'에 이르기까지일 뿐입니다. '간'은 기(箕)와 미(尾)의 별자리에 해당합니다. 지금 압록 강 이서(以西)의 물은 모두 간방(艮方, 동북방)에서 곤방(坤方, 서남방)으로 흘러 '홍범'의 글과 부합해 그 일이 마치 귀신이 도운 것과 같으니, 매우 기이합니다. 그러므로 순이 유주를 처음 설치한 뒤로 백이(伯夷)가 가서 살았으며, 공자도 바다로 떠나가고자 했으니, 동쪽의 노나라에 뗏목을 띄운다면 도착할 곳이 기자의 나라가 아니고 어디겠습니까?

－《성호전집》권26, ①안백순에게 답함, 병자년 (1756) 〔答安百順 丙子〕

성호는 기자가 주 무왕에게 올린 '홍범'이 '낙서'를 부연해 만든 것인데, '낙서'의 자리는 2와 8로서, '간'과 '곤'이 마주하는 자리다. 동북방인 '간'은 '기'와 '미'의 별자리로서, 압록강 이서의 물이 남서쪽인 '곤방'으로 흘러 '홍범'의 글과 부합한다. 순이 유주를 설치한 뒤 백이가 이곳에 와서 살았으며, 공자도 뗏목을 타고 건너 살고자 한 곳이 기자의 나라였다고 설명하고 있다. 성호는 구체적으로 "순 임금이 처음 설치한 12주의 하나인 유주는 요 지역에 있고, 유주는 의무려라는 산이 있고 물고기와 소금의 이익이 산출되었다니, 요 지역이 아니고 어디겠습니까?"라고 하며 요 지역이 기자조선이 있었던 곳이라 논했다.

## 《동사강목》에 서술된 단군·기자조선의 영역

이와 같이 성호는 순암에게 보낸 편지에서 우리 역사의 출발점이 되는 단군조선과 기자조선의 영토를 요 지역, 즉 오늘날의 만주 지역으로 보았다. 순암은 그에 대해 어떤 생각을 했고, 그것을 어떻게 《동사강목》 서술에 반영했을까? 이른바 고조선의 영역을 둘러싼 문제는 오늘날에도 첨예한 논쟁을 불러일으키고 있다.

앞서 살펴본 바와 같이 순암은 《동사강목》 본문의 편찬에 앞서 당시까지 논란이 되었던 지리와 영역을 고증한 '지리고'를 편찬한다. 그는 첫머리에 단군·기자조선의 영역과 위치를 고증하는 글을 실었다. 먼저 단군조선의 강역에 대해 살펴보자.

단군의 강역은 자세하게 고찰할 수 없다. 그렇지만 기자가 단군을 대신하여 왕 노릇을 했고, 그가 받은 봉토의 반은 요 지역〔遼地〕이었다. 단군 시대에도 그와 같았을 것이다. 《고기》에 "북부여는 단군의 후손이다"라고 했다. 살펴보건대, 부여는 요동 북쪽 1,000여 리에 있었다. 아마도 단군의 세대가 쇠하자 자손이 북쪽으로 옮겨가고, 옛 강역은 바로 기자의 봉토

속에 흡수되었을 것이다. …… (단군조선의) 남쪽은 한강을 경계로 했다.

- 《동사강목》부권 하권, 지리고, 단군강역고

순암은 단군조선의 영역을 지금의 만주 지역에서 한강까지로 보았다. 기자조선의 영역에 대해서는 다음과 같이 밝혔다.

《한서》에 "현도(玄菟)와 낙랑(樂浪)은 원래 기자가 봉해진 곳이다"라 했고, 《당서》에 "요동은 본시 기자의 나라다"라 했다. 《요사(遼史)》 '지리지'에 "요동은 본디 조선이다. 주 무왕이 감옥에 갇혀 있던 기자를 풀어주자, 기자는 조선으로 가서 그곳을 기자의 영지로 봉했다"라고 했다. 《요동지(遼東志)》에서는 "요동은 원래 기자가 봉해진 땅이다"라 했다. 《일통지(一統志)》의 '요동의 훌륭한 인물〔遼東名宦〕'에도 기자가 실려 있다. 《성경통지》에도 "심양·봉천(奉天)·의주(義州)·광녕(廣寧) 땅이 모두 조선과 경역(境域)이었다"라고 했다. 그러니 요동 지역의 절반이 기자의 봉토였다〔순암 세주: 월정(月汀) 윤근수(尹根壽)는 "광녕성(廣寧城) 북쪽 3리 지점에 기자정(箕子井)이 있고, 그 곁에 기자묘(箕子廟)가 있다. 후관(帿冠)을 씌운 기자의 소상(塑像)이 있었는데, 가정(嘉靖, 1522~1566) 연간의 병화에 불탔다"고 했다〕. 기자는 또 평양에 도읍했다. 대개 도읍지는 나라 안에 정하는 경우가 많다. 그러니 오운(吳澐)이 "요하(遼河) 이동, 한수(漢水) 이북이 다 기자의 땅이었다"라고 한 것이 옳다.

- 《동사강목》부권 하권, 지리고, 기자강역고

순암은 성호의 견해를 그대로 수용하면서 스승과는 다른 자료, 즉 《한서》, 《당서》, 《요사》 '지리지', 《요동지》, 《성경통지》 등 중국 역사서와 지리지를 이용해 단군조선을 이어받은 기자조선의 영역을 요동에서 한강 이북 지역 사이로 확정했다. 물론 순암은 단군조선의 영역 역시 기자조선과 동일하게 생각했다.

## 안시성과 황룡국 위치에 대한 견해 차이

한편 순암이 항상 스승의 견해와 학설을 따른 것은 아니다. 두 사람이 가장 큰 견해 차이를 보인 것은 뒤에서 다루는 '삼강의 위치'에 대해서였다. 그 외에 안시성과 황룡국의 위치에 대해서도 다른 견해를 보이고 있다. 이에 관한 두 사람의 논증은 당시 학술연구의 높은 수준을 보여주어 매우 흥미롭다.

《순암집》을 살펴보면 순암이 안시성의 위치를 묻는 편지는 1757년에 작성되었는데,《성호전집》에 안시성 위치에 대한 성호의 답신이 1756년인 것으로 보아, 이전에도 성호에게 질문을 한 것이 분명하다. 성호는 안시성의 위치에 대해 다음과 같이 답변했다.

> 안시는 지금의 봉황성(鳳凰城)입니다. 우리나라 방언에 봉(鳳)을 아씨조(阿氏鳥), 용은 미루(彌樓), 호랑이는 좌울음(左鬱陰)이라고 한 것이 조선 중엽까지 그러했습니다. 안시는 봉황성입니다.
> ─《성호전집》권26, ①안백순에게 답함, 병자년(1756), 별지〔答安百順 丙子 別紙〕

그러나 순암은 후에《동사강목》을 서술하면서 중국 측 자료를 활용해 스승 성호와 다른 견해를 밝혔다.

《여지승람》에 "용강현에 안시성이 있다"고 하고, 김시습의 《관서록(關西錄)》에 안주(安州)로 안시성이라 했다. 두 설은 모두 근거가 없다. 후세 사람들이 봉황성(고구려 오골성, 압록강 하류 위치)을 안시성이라 한다. 대체로 옛날 방언에 봉황을 아시조(阿是鳥)라 불렀고, '아시'의 음이 안시에 가깝기 때문에 그렇게 한 것이라 생각한다. …… 살펴보건대, 오골성은 요동의 남쪽 경계인 해변가에 있다. 《성경통지》에 따르면 안시성은 개평(蓋平) 지역에 있는 건안성(建安城)과 영해(寧海) 지역의 신성(新城) 뒤에 있어, 봉황성이 아닌 것은 분명하다.

-《동사강목》부권 하권, 지리고, 안시성고

성호는 황룡국(黃龍國)의 위치를 묻는 순암의 질문에 다음과 같이 답했다.

황룡국은 악비(岳飛, 송나라 장수)가 말한 황룡부(黃龍府)가 옳습니다. 지금 요서(遼西)에 아직도 황룡성이 있습니다.

-《성호전집》권26, ①안백순에게 답함, 병자년(1756), 별지〔答安百順 丙子 別紙〕

악비가 지칭한 황룡부는 당시 만주 봉천부의 개원현(開原縣)을 말한다. 《고려사》 '지리지'에 따르면, 용강현(龍岡縣)에도 고구려의 황룡성이 있다고 한다.[5] 순암은 이에 대해 다른 입장을 드러낸다.

---

5) 《고려사》 권58, 북계 용강현.

일전에 아뢴 황룡국에 대한 선생님의 가르침에서, "악비가 칭한 것이 옳다"라고 하셨습니다. 그런데 지금 《성경통지》를 보니, "요가 발해를 정복해 지금의 개원현에 이르니 황룡이 나타나 황룡부로 고쳤다"고 합니다. 악비가 지칭한 곳은 이곳이나, 우리나라 역사서에서 지칭한 곳은 양한(兩漢, 전한과 후한) 때에 있었으며, 아마도 선생님이 언급하신 곳과는 다른 곳으로 추정됩니다.

－《순암집》권10, 동사문답, 성호 선생에게 올림, 병자년③(1756)〔上星湖先生書 丙子〕

순암은 이 편지에서 황룡국이 만주의 요서가 아니라 요동 지역에 있었다고 논하고, 《동사강목》을 편찬하면서 자신의 입장을 좀 더 분명하게 정리한다.

황룡국은 요 땅 동북쪽 지역에 있었는데, 지금은 알 수 없다. 졸본은 지금의 흥경(興京) 등지이고, 황룡국과 졸본은 이웃 나라라고 했다. 따라서 이곳에서 멀지 않은 것이 분명하다. …… 봉천부의 개원현을 또한 황룡부라 칭하니, 요가 발해를 칠 때 황룡이 나타났으므로 그렇게 이름 붙인 것이다. 《금사(金史)》에 "태조가 요를 칠 때 황룡성을 정복했다"고 하고, 악비가 "황룡주(黃龍酒)를 잔뜩 마셨다"고 한 것이 바로 그것이다. 그러나 이는 황룡국과는 다른 것이다. ―《동사강목》부천 하천, 지리고, 황룡국고

순암은 스승의 견해라 하여 무조건 따르지 않았다. 그는 다른 자료를 찾아 사실관계를 확인하고 그에 대한 자신의 견해를 밝혔다. 역사 연구에서 그가 견지한 철저한 실증 정신은 높이 평가할 만하다.

**3**
# 고려시대의 영토문제

## 공험진은 길주 이남에 있다

순암은 고려의 윤관이 여진을 정벌하고 설치한 9성의 위치와 범위 지정에 중요한 지표가 되는 공험진(公嶮鎭)에 대한 문제를 제기한다.

> 공험진에 관한 문제입니다. 《고려사》에 "여진이 길주(吉州)를 포위하자, 오연총(吳延寵)을 보내 길주를 구원하게 했다. 행렬이 공험진에 이르자, 적이 길을 막고 공격했다"라고 기록되어 있습니다. 즉 공험진은 길주 이남에 있으며, 지금 사람들이 얘기하듯이 두만강 북쪽에 있었다고 하는 것은 잘못된 것입니다. 그렇지 않다면 두만강 북쪽 공험진은 (윤관이) 9성을 개척한 후 옮겨 설치해서 옛 명칭을 붙인 것입니다.
> ─《순암집》권10, 동사문답, 성호 선생에게 올림, 기묘년①(1759)〔上星湖先生書 己卯〕

성호 역시 순암과 같은 생각이었다.

북방의 9성과 공험진의 위치에 대해서는 고인이 된 친구 첨지중추부사
정여일(鄭汝逸)과 여러 차례 글을 주고받았고, 나는 그에 대해 논란을 제
기할 수 없었습니다. 《고려사》에 따르면, "오연총이 길주의 포위를 구원하
려 할 때, 여진이 공험진에서 길을 막았다"라고 했습니다. 그렇다면 공험
진이 길주 남쪽에 있는 것은 의심의 여지가 없습니다.

−《성호전집》권27, ①안백순에게 답함, 기묘년(1759)〔答安百順 己卯〕

참고로 공험진이 두만강 이북에 있었다는 설은 《고려사》와 《여지승
람》에 실려 있다. 이 내용을 순암은 다음의 네 가지 이유로 부정했다.
첫째, 《고려사》와 《여지승람》의 두 설에 따른다면 함주(咸州)에서 공
험진까지 1,800리나 된다. 성읍(城邑)을 세우는 목적은 변방을 튼튼
하게 하려는 것인데, 1,800리의 땅에 9성을 설치해 지킨다는 것은 있
을 수 없다. 둘째, 임언(林彦)의 〈구성기(九城記)〉에 보면 여진은 개
마산 동쪽 300리 안팎의 땅에 모여 살았고, 그들을 쫓아내고 쌓은 9
성 역시 300리 안팎의 땅을 벗어나지 않았다. 셋째, 예종이 윤관에게
준 교서(敎書)를 보면 100리의 땅을 개척해 9주의 성을 쌓았다는 기
록이 있어, 개척한 땅이 두만강 북쪽 1,800리라는 것은 사실이 아니다.
넷째, 공민왕 5년 쌍성을 공격하자, 조소생(趙小生)이 이판령(伊板嶺)
북쪽 입석(立石)의 땅으로 도망갔다. 이판령은 마천령(磨天嶺, 단천과
길주 사이)이며, 입석의 땅은 윤관이 비를 세운 곳으로 공험진이다.[6]
　순암은 이와 같은 내용으로 공험진이 두만강 이북에 있었다는 주장
을 반박하면서, 길주 이남에 공험진이 있었음을 주장했다.

## 선춘령과 고려의 영토 범위

《여지승람》에 따르면, 선춘령(先春嶺)은 두만강 북쪽 700리에 있는데, 윤관이 영토를 여기까지 개척해 공험진에 성을 쌓고 비석을 선춘령 위에 세우고 '고려의 국경'이라고 새겼다고 한다. 또한《여지승람》찬자는《고려사》'지리지'를 인용해, 공험진은 선춘령의 동남쪽, 백두산의 동북쪽에 있으며, 또 소하강(蘇下江)가에 있다고 했다.[7] 이에 대해 순암은 다음과 같은 견해를 제시한다.

《고려사》'지리지'에 "(우리나라) 동북 지역은 선춘령을 경계로 한다. 선춘령은 옛 고구려 (영토) 너머에 있다"라고 되어 있습니다. 이 말은 사실입니다. 고구려 전성기 때 지금의 오라(烏喇, 길림성 돈화시 혹은 동모산, 초기 발해 수도) 이남 지역을 소유했으니, 선춘령뿐만이 아니었을 것입니다. 또 고려 때 길주 이북에서 선춘령에 이르는 1,000여 리의 땅에 주현의 이름 한 개도 보이지 않는 것은 무슨 까닭이겠습니까? 생각건대 선춘령에 비를 세운 것은 연연산(燕然山)에 비석을 새긴 것(중국 후한의 무장 두헌竇憲이 선우單于를 물리치고 비석을 세우고 내려온 일)과 같은 것으로서, 경계가 그곳까지라는 뜻은 아닙니다. 내지(內地) 공험진에도 두만강 북쪽에 있던 것과 같은 이름의 선춘령이 있었습니다.
  -《순암집》권10, 동사문답, 성호 선생에게 올림, 기묘년①(1759)〔上星湖先生書 己卯〕

---

6) 《동사강목》부권 하권, 지리고, 구성고(九城考) 참고.
7) 《여지승람》권50, 회령(會寧)도호부, 고적.

순암은 선춘령이 옛 고구려 영토에 있었던 것은 사실이지만, 길주에서 선춘령까지 1,000여 리나 되는 지역에 한 개의 고려 군현 명칭도 기록되지 않은 것으로 보아, 선춘령까지가 고려의 영토였다는 사실을 부정했다. 그는 길주 이남 부근에도 선춘령이 있었으며, 공험진도 그 부근에 있었을 것으로 보았다. 성호에게 보낸 다음의 편지에서 확인할 수 있다.

《고려사》(예종 3년 2월)에 보면, "윤관이 공험진에 비를 세워 경계를 삼았다"고 합니다. 또 "공민왕 5년 유인우(柳仁雨) 등이 쌍성을 정벌하자, 조소생이 이판령 북쪽 입석의 땅으로 도망갔다. 이에 지도를 보고 옛 땅을 수복했다"고 합니다. 이것으로 말한다면 이판령 북쪽은 원래 고려 땅이 아니며, 입석의 땅은 윤관이 비를 세우고 경계를 정한 곳(공험진 혹은 선춘령)이 아니겠습니까?

　－《순암집》권10, 동사문답, 성호 선생에게 올림, 기묘년①(1759)〔上星湖先生書 己卯〕

순암이 공험진과 선춘령 위치를 중시한 것은 고려 당시 동북 지역의 영토 범위를 확정하는 문제와 밀접한 관련이 있었다. 순암은 고려의 동북쪽 영토가 결코 두만강 이북 지역까지 확장되지 않았다고 생각했다.

**철령위는 고려의 영토**

명나라는 과거 원나라가 지배한 쌍성총관부 지역을 자국의 영토라 주장하고, 이 지역에 철령위를 설치하고 지배하기 위해 고려를 압박했다. 1388년 2월 명나라는 "철령(鐵嶺)의 이북, 이동 및 이서 지역은 원래 (요동의) 개원로(開元路)에 속한다. 따라서 이 지역이 관할하는 군인과 백성은 모두 요동 지역에 속한다"라고 주장했다.[8] 이에 반발해 고려는 1388년 4월 요동정벌을 단행한다.

이처럼 철령위 설치를 둘러싼 두 나라 사이의 영토분쟁은 매우 심각한 문제였다. 순암과 성호는 고려 역사에서 철령위 설치문제에 주목했다. 성호는 순암에게 보낸 편지에서, 명나라의 주장과 달리 철령위가 원래부터 요동 지역에 있지 않았기 때문에 고려의 영토라고 주장했다.

> 《성경통지》에 따르면, "철령성은 지금의 치소(철령) 동남쪽 500리에 있는 고려의 국경과 닿아 있다. 홍무(洪武) 21년(1388, 우왕14) 철령위를 그곳에 설치했다가, (홍무) 26년(1393) 지금의 땅으로 옮겼다"라고 했습니다. 그렇다면 '철령'이라는 이름이 원래는 요동 지역에 없었다는 사실을 알 수 있습니다. ─《성호전집》권27, ①안백순에게 답함, 기묘년(1759)〔答安百順 己卯〕

성호는 중국 동북 지역의 지리를 정리한 《성경통지》에서 철령이 원래는 요동 지역에 없었다는 사실을 강조했다. 왜 이 사실을 강조했을까? 그것은 고려에 철령위를 설치해, 이 일대를 영토로 삼으려는 명나라의 주장에 역사적 근거나 명분이 없다는 사실을 강조하기 위해서였

---

8) 《고려사》권137, 우왕 14년 2월.

다. 때문에 성호는 철령이 원래 요동 지역에 있어 우리와 관계가 없다는 윤동규의 주장을 반박했다.

유장(幼章, 윤동규)은 명나라 태조가 설치한 철령위를 요동의 영토로 여겨서 우리나라와 관계가 없는 일이라 하는데, 이는 아주 잘못된 것입니다. 만약 그렇다면 명나라 황제가 무슨 까닭에 화를 내어 철령위를 설치하려 했으며, 우리나라 사람들은 또 무슨 까닭으로 어렵게 호소했겠습니까? 끝내 박의중이 잘 응대해 철령위 폐지를 얻어냈던 것이지요. …… 박의중 때 철령위 폐지가 이루어지지 않았다면 북방 수천 리 영토를 회복하지 못했을 것입니다.

－《성호전집》권26, ⑨안백순에게 답함, 기묘년(1759)〔答安百順 己卯〕

성호는 만약 명나라의 요구대로 철령위가 설치되었다면 우리나라 동북방 수천 리 지역이 명나라 영토가 되어 쉽게 회복할 수 없었을 것이라 논했다. 순암 역시 성호와 같은 생각이었다.

가만히 생각하니 명나라 태조 때의 철령위 문제는 뒷날 제일 먼저 따져야 할 문제가 됩니다. 선생님 말씀대로 평소에 이 문제에 대해 대책을 강구해놓아야 합니다. 원래 요동 지역에는 철령이라는 지명이 없습니다. 명태조가 우리나라 철령 땅에 철령위를 설치하려고 했습니다. 그렇지 못하게 되자, 요동 지역에 철령위를 옮겨 설치했습니다. 그것이 바로 지금의 철령현입니다.

－《순암집》권10, 동사문답, 성호 선생에게 올림, 기묘년①(1759)〔上星湖先生書 己卯〕

또 순암은 같은 편지에서 철령위가 1388년 이후 요동 지역에 설치되었다고 명시했다.

《성경통지》에 따르면, "철령성은 지금의 치소(철령) 동남쪽 500리에 있는 고려의 국경과 닿아 있다. 홍무 21년(1388) 철령위를 그곳에 설치했다가, (홍무) 26년(1393) 지금의 땅으로 옮겼다"라고 합니다. 그 기년을 고찰하니 박의중이 명나라에 사신으로 간 때와 같습니다. 이로 보건대 중국인은 철령위를 우리나라 영토에 설치한 것만 알지, 자세한 사정은 알지 못합니다. 뒷날에 만약 영토문제로 분쟁이 날 경우 마땅히 대조할 자료로 삼고자 합니다.

　－《순암집》권10, 동사문답, 성호 선생에게 올림, 기묘년①(1759)〔上星湖先生書 己卯〕

## 합란과 쌍성의 지명과 위치

순암은 옛 지명은 특정 지역에 고정되지 않고, 지리와 강역의 변동에 따라 같은 지명이 여러 지역에 복수로 사용될 수 있다고 설명한다.

현도군(玄菟郡)이 원래 우리 땅에 있다가 뒤에 요북(遼北)으로 옮겨졌으나, 현도라는 이름은 고쳐지지 않았습니다. 대방이 먼저 북쪽에 설치되었다가 뒤에 남방에 설치되었으나, 대방이라는 이름은 그대로 사용되었습니다. 안동도호부가 처음 평양에 있다가 뒤에 요지(遼地)로 갔는데, 그 이름은 이전과 같았습니다.

　－《순암집》권10, 동사문답, 성호 선생에게 올림, 기묘년①(1759)〔上星湖先生書 己卯〕

순암은 마찬가지로 합란(哈蘭)과 쌍성(雙城)의 위치도 항상 같은 곳이 아니라고 생각했다.

합란과 쌍성은 윤장(윤동규)의 말씀과 같이 원래 오라(烏喇)와 철령현에 있었습니다. 그러나 조휘(趙暉)가 원나라에 붙은 후 원나라는 (합란과 쌍성의) 치소를 지금의 함흥과 영흥으로 옮겼으나 옛 이름 그대로 두었던 것입니다. …… 비록 합란과 쌍성이 원래는 함흥과 영흥이 아니더라도, 당시 문자를 고찰할 때 이 두 곳이었음이 분명합니다. 당시 권근(權近)이 명나라 태조에게 올린 표문에 따르면, "금나라 요동 함주(咸州)에 쌍성현(雙城縣)이 있었다. 우리나라 함주(함흥) 근처 화주(和州)에 옛날에 축성한 작은 성 두 곳이 있었다"라고 모호하게 글을 올려 결국 화주를 쌍성으로 칭하게 되었던 것입니다. 이 말뜻은 모호해서, 설령 조휘가 화주를 쌍성이라 한다고 해서, 원나라 사람들이 어찌 요동에 있는 함주에 쌍성이 있음을 몰라서 우리나라 화주를 그곳이라 했겠습니까? 다행히 명나라 태조가 이에 대해 다시 묻지 않았습니다.

－《순암집》권10, 동사문답, 성호 선생에게 올림, 기묘년①(1759)〔上星湖先生書 己卯〕

순암은 이 편지에서 합란과 쌍성은 원래 오라와 철령현에 있었으나, 1258년 조휘가 원나라에 귀부하면서 함흥과 영흥이 각각 합란과 쌍성이 되었다고 논한다. 그러나 순암은 《동사강목》에서는 합란이 함흥 지역과 별개의 다른 지역이라고 설명한다.

《고려사》 '지리지'에 "함주가 원나라에 흡수되어 합란부(合蘭府)라 칭했다"고 하고, 《여지승람》에 "합란부의 옛 소재지는 지금의 함흥부 남쪽 5리에 있다"고 나온다. 그러나 이는 잘못이다. 어떻게 알 수 있는가. 《고려사》 '조돈(趙暾) 열전'(권111)에 "함주 이북의 합란·홍헌(洪獻)·삼살(三撒) 지방은 원래 우리의 영토다"라고 나온다. …… 또 우왕 11년, "왜(倭)가 함주·홍천(洪川)·북청(北靑)·합란북(哈蘭北) 등지를 침입했다"는 사실 에 방증이 된다. 　　　　　　　　 －《동사강목》 부권 하권, 지리고, 합란부고

성호 역시 쌍성은 영흥이 맞지만, 합란부는 함주(함흥)가 아니라는 사실을 다음의 편지에서 밝히고 있다.

　　제 생각에 요동 지역 영원현(寧遠縣)은 개원로의 서남쪽에 있습니다. 또
　　그 남쪽은 남강(南康)이고, 또 그 남쪽은 합란부이고, 또 그 남쪽은 쌍성
　　입니다. 쌍성은 지금 북로(北路)의 영흥입니다. 그 경계가 고려에 근접해
　　있었다는 것은 총관 조휘의 사실에서 알 수 있습니다.
　　　　　　 －《성호전집》권26, ①안백순에게 답함, 병자년(1756) 〔答安百順 丙子〕

성호가 편지에서 언급한 내용은 《원사》 '지리지'에 근거한 것인데, 이에 따르면 합란부는 쌍성의 북쪽에 있어 함흥과 다른 지역에 있음 을 알 수 있다. 순암은 성호의 입장을 수용해 《동사강목》 부록에 《원 사》 '지리지' 기록을 인용해 합란부가 함주(함흥)와 다른 지역이라고 서술했다.[9]

▬

9) 《동사강목》 부권 하권, 지리고, 합란부고.

## 대마도는 우리나라 영토?

순암은 대마도가 원래 우리나라 영토라는 사실이《여지승람》등 여러 문헌에 기록되어 있다고 주장했다. 성호에게 보낸 다음의 편지에서 언급된다.

> 대마도는 외국열전의 '부용전(附庸傳)'에 수록했습니다. (대마도는) 신라부터 조선 초기까지 우리의 속국으로 보았습니다.《여지승람》에 "(대마도는) 옛날 계림에 예속되었다"라고 되어 있습니다. 조선 태종 기해년 (1419, 세종1) 대마도를 토벌하는 교서에서 "대마는 섬으로서 우리나라 땅이다"라고 하는 등 더 근거할 만한 것도 있습니다. 또 대마도를 탄압하는 방식도 마땅히 속국으로 책망해서 뒷사람들이 (그런 사실을) 쉽게 말하게 하고자 한 것입니다.
>
> -《순암집》권10, 동사문답, 성호 선생에게 올림, 정축년②(1757)〔上星湖先生書 丁丑〕

이에 대해 성호는 순암이 제시한 몇몇 기록으로는 대마도가 우리나라의 속국이라고 믿을 수 없다고 비판했다.

> 대마도가 우리의 속국이라는 것은 믿을 만한 증거가 있습니까? 사실이 없으면서 허황된 말을 하는 것은 옳지 않습니다.
>
> -《성호전집》권26, ⑥안백순에게 답함, 정축년(1757), 별지〔答安百順 丁丑 別紙〕

순암은 성호의 비판을 수용해 대마도가 우리나라의 속국이라는 자신의 생각을 철회한다. 그런 한편으로 순암은 자신이 속국의 증거로 제시한《여지승람》과 조선 태종의 교서가 어느 기록에 근거해서 작성된 것인지 성호에게 묻는다. 그의 철저한 실사구시 정신을 잘 보여주는 편지다.

전일 가르쳐주신 대로 대마도는 우리나라의 속국이라는 것은 믿을 증거가 없으니, 헛되이 소리를 내는 것은 마땅치 않다는 말씀을 따르겠습니다. 다만《여지승람》에 대마도는 예전에 계림에 속했다고 했고, 태종이 대마도 정벌교서에서 "대마도는 원래 우리 땅이다. 다만 길이 막히고 치우쳐 있어 왜의 점거한 바가 되었다"라고 언급했습니다. 또 다른 책에 "대마도는 경상도의 계림에 속해 있다. 원래 우리의 경내다"라는 사실이 분명하게 실려 있습니다. 이러한 설들은 어느 서적에 근거한 것인지요? 혹은 군사(전쟁)는 임시변통을 숭상해 (적을) 제압하기 위한 계책으로써 이 말을 했을 것이며, 그들인들 어찌 지나간 옛날의 일을 알았겠습니까?

－《순암집》권10, 동사문답, 성호 선생에게 올림, 무인년(1758)〔上星湖先生書 戊寅〕

순암은 같은 편지에서《여지승람》등의 자료 외에《삼국사기》및 중국 역사서 기록에서 대마도 관련 자료를 더 찾아 성호에게 제시한다. 그는 이 자료들을 통해 대마도에 관한 실상과 위치 등을 밝히고 있다.

우리나라 역사를 보면, 신라 실성왕(實聖王) 7년(408) (대마도 기록이) 처음 보이는데, 이때 이미 일본에 속해 있었습니다. 진수(陳壽)의《삼국지》'위지(魏志)'에 "대방에서 한수(韓水)를 따라 가다가 약간 동쪽으로 약간 남으로 가서 대해국(對海國)에 도달한다. (대해국은) 사방 400리이며, 토지는 산이 험하고 숲이 깊다. 날짐승과 사슴의 길과 같고, 좋은 전토가 없고, 해물을 먹고 산다. 배를 타고 남북으로 오가며 교역을 한다. 남쪽으로 한해(瀚海)라는 바다를 건너 대국에 이른다"라고 기록되어 있습니다. 이 두 나라는 결국 대마도와 일기(一岐)의 두 섬입니다. 옛 이름이 지금까지 변하지 않았습니다. 또《북사(北史)》에 "수나라가 배세청(裴世淸)을 왜에 사신으로 보냈다. 백제를 넘어 죽도(竹島)에 이르러, 남으로 탐라국을 보고 도사마국(都斯麻國)을 지나는 데 대해(大海) 가운데 있다. 또 동쪽으로 일지국(一支國)에 이른다"라고 되어 있습니다. 이 책을 살펴보건대 도사마국이 대마도가 아닐까 생각합니다.

－《순암집》권10, 동사문답, 성호 선생에게 올림, 무인년(1758)〔上星湖先生書 戊寅〕


순암은 이 편지에서 대마도를 중국 역사서에 나타나는 도사마국으로 보았다. 순암은 뒷날《동사강목》을 편찬하면서 대마도에 관한 사실을 빠짐없이 기록했다. 특히 우왕 12년 정지(鄭地)가 대마도를 공격하자는 계책을 올린 사실을 기록한 후 다음과 같이 자신의 사론을 실었다. 대마도가 왜구들이 우리나라로 들어오는 요충지이므로 왜구에 대한 대책으로 대마도 정벌이 필요하다는 것이다.

대마도는 우리와 제일 가까운 곳으로 해변에서 480리 떨어져 있다. 순풍(順風)이면 반일 정도의 거리고, 또 그 동쪽의 일기도 역시 480리 거리고, 또 그 동쪽의 남도(藍島)·평호도(平戸島)·오도(五島) 등의 늘어선 여러 섬들도 모두 하룻길이 못 되며, 그 동쪽은 바로 서해(西海)의 구주(九州) 땅인데, 역시 하룻길이 못 된다. 우리 해변에 오는 왜구는 모두 구주 여러 섬의 도적인데, 그 왜구들이 우리나라를 왕래하기 위해서는 대마도를 거치지 않으면 다른 길이 없으므로 대마도가 요충의 길목이고, 여러 섬에서 침구(侵寇)하는 데는 대마도 왜구가 창귀(倀鬼) 역할을 한다. 그러므로 이 섬을 섬멸하고 그들 마음을 굴복시키면 여러 섬의 왜가 믿을 곳을 잃어 날뛸 방법이 없을 것이다. 정지의 이 계책을 4년 뒤에 박위(朴葳)가 써서 왜구의 침입이 없어졌으니 그 효력을 대번에 본 것이다. 세종 기해년(1419)에도 이 계책을 써서 일시 효력을 얻었고 중종 경오(庚午)의 변 때 황형(黃衡)이 대마도를 치고자 했으나 계획을 이루지 못해 지금까지 식자들은 한스럽게 여긴다.　　　　　　　　　　－《동사강목》권16 하, 우왕 12년

또 순암은 다른 기록에서 "대마도는 양국 사이에 있어 신라 이후부터 왜적이 침입하고 횡포를 부리는 것은 모두 이 대마도에서 조종한 것이기 때문에 왜국을 제어하려면 반드시 먼저 대마도의 왜(倭)를 제어하는 방책을 알아야 할 것이다"[10]라고 하며 왜구를 막기 위해 대마도에 대한 대책이 필요함을 강조했다.

---

10) 《동사강목》권11 상, 원종 4년.

# 4
# 삼강(三江)의 위치

## 삼강의 위치를 둘러싼 견해 차이

성호와 순암 사이에 주고받은 편지 내용은 주로 순암이 질문을 하고 성호가 답변을 하는 형식이다. 순암이 질문을 하는 부분은 자신이 미처 깨우치지 못한 부분이어서인지, 성호가 답변한 내용이 '동사' 서술에 반영되는 경우가 많다. 그런데 두 사람 사이에 전혀 다른 견해를 보이고 있는 부분이 이른바 삼수(三水: 대수帶水, 패수浿水, 살수薩水)의 위치를 둘러싼 논의다.

순암이 성호에게 보낸 편지에 담긴 "삼수의 명칭에 관해 비록 선생님의 가르침을 받았지만 아직도 마음속에 의문점이 있습니다"[11]라는

11) 《순암집》 권10, 동사문답, 성호 선생에게 올림, 병자년①(1756)〔上星湖先生書 丙子〕.

구절에서 견해 차이가 명백히 드러난다. 견해 차이가 분명했기 때문에 제자인 순암은 매우 조심스러워하면서 한편으로 단호하게 자신의 입장을 밝히고 있다. 순암의 입장은 《동사강목》 부권 '지리고'의 '패수고(浿水考)', '열수고(列水考)', '대수고(帶水考)', '마자수고(馬訾水考)'에 여러 강의 실체에 대해 자세히 설명한 부분에서 확인할 수 있다.

## 다양한 견해를 보인 패수의 위치

여기서 가장 쟁점이 되고 견해가 엇갈린 부분이 패수의 실체였다. 순암은 성호에게 보낸 편지에서 패수를 저탄(猪灘, 예성강), 대동강, 압록강으로 각각 다르게 보았던 여러 견해를 소개하고 있다.

패수의 명칭은 더욱 의심스럽습니다. 기자가 평양에 도읍하자, 위만이 동쪽으로 패수를 건너 서쪽 변방에 거처를 구했다 합니다. 이에 따르면 패수는 지금의 압록강인 것 같습니다. 《당서》에서 "고려(고구려)성 남쪽 끝에 패수가 있다(高麗城南涯浿水)"고 합니다. 또 역도원[12]은 "오랑캐 사신(蕃使)이 평양성은 패수의 양(浿水之陽)에 있다고 말했다"라고 했습니다. 물의 북쪽(水北)을 양(陽)이라 합니다. 그렇다면 패수는 지금의 대

---

12) 역도원(酈道元, 466~527)은 중국 북위 때 사람으로 범양(范陽) 탁현(涿縣) 출신이다. 자는 선장(善長)이고, 역범(酈範)의 아들이다. 물길이나 산세 등의 지리 형세를 자세히 관찰한 고대 중국 지리학의 명저인 《수경주(水經注)》 40권을 저술했다. 역도원은 《수경》에서 전하는 패수의 흐름에 관한 기사에 의문을 품고, 그 무렵에 북위의 수도를 방문한 고구려 외교사절에게 패수의 흐름에 대해 질문했다. 이를 통해 얻은 지식에 의거해 패수에 관한 기술을 《수경주》에 남겼다.

동강인 것입니다. 우리나라 역사에는 "백제 시조가 강역을 정했다. 북쪽
은 패수에 이른다"라고 되어 있습니다. 어떤 사람은 이곳(패수)이 지금의
평산(平山) 저탄이라고 합니다.《수서(隋書)》에는 "내호아(來護兒)가 강
회(江淮)의 수군을 이끌고 바다를 건너 패수에 이르렀는데, 평양에서 60
리 떨어진 곳이다"라고 기록되어 있습니다. 이 사실에 근거한다면 저탄과
같아 보입니다. 아랫글에 "우문술 등 구군(九軍)이 압록수(鴨錄水) 서쪽
에 모였다"고 했으니, 압록수가 패수는 아님이 분명하고, "평양과의 거리
가 60리였다"고 했으니 대동강이 패수가 아님도 분명합니다. 선생님께서
다시 가르침을 주십시오.

　-《순암집》권10, 동사문답, 성호 선생에게 올림, 병자년①(1756)〔上星湖先生書 丙子〕


　순암은 이 편지에서 패수를 압록강, 대동강, 저탄으로 보는 세 가지
견해를 소개하면서도, 자신의 입장은 밝히지 않았다. 뒤에서 밝히겠
지만, 성호와 순암은 모두 '압록강=패수' 설은 부인했다. 다음의 편지
에서 확인할 수 있다.


　압록강은《삼국지》에 추수(溴水)라고 기록되어 있는 것을 본 적이 있습
니다. 중국의 역사책에 잘못 기록된 곳이 있을 수 있으나, 글자가 서로 비
슷하기 때문입니다. 어찌 세 개의 강이 한 가지 이름일 리가 있겠습니까?

　-《성호전집》권26, ①안백순에게 답함, 병자년(1756), 별지〔答安百順 丙子 別紙〕


압록강을 패수라 부른 것에 관해서입니다.《삼국지》를 살펴보니, '패(浿)'
는 '추(溴)'자의 잘못입니다.

　-《순암집》권10, 동사문답, 성호 선생에게 올림, 병자년②(1756)〔上星湖先生書 丙子〕

두 편지는 각각 성호와 순암이 서로에게 부친 편지인데, 압록강은 《삼국지》에 '추수'로 나오는데, 후대 사람들이 이를 '패수(浿水)'로 잘못 읽거나 적으면서 나온 착오라고 의견을 같이하고 있다. 즉 중국 기록에 '패(浿)'가 '추(溴)'로 기록되어 있어, 패수를 압록강으로 볼 수 없다는 것이다. 또한 순암은 《동사강목》부권 '지리고' 마자수고조에서 압록강이 마자수(馬訾水)로 불렸다고 논했다.

## 성호, 패수는 예성강이다

두 사람 사이에 남은 문제는 '패수=저탄', 또는 '패수=대동강' 설이다. 성호는 다음의 편지에서 패수는 저탄이라는 입장을 밝히고 있다. 참고로 성호는 다른 편지에서 저탄을 "저탄강(猪灘江)의 벽란정(碧瀾亭)"이라 했다.[13] 벽란정은 예성강 하구에 있는 고려 수도 개경의 관문 역할을 한 항구다. 따라서 저탄은 지금의 예성강을 가리킨다.

> 패수는 분명히 저탄입니다. 평양과 멀리 떨어져 있지 않아 그 남쪽에 닿아 있다고 말해도 될 정도입니다. …… 어찌 세 개의 강(압록강, 대동강, 저탄)이 한 가지 이름일 리가 있겠습니까?
>
> —《성호전집》권26, ①안백순에게 답함, 병자년(1756), 별지〔答安百順 丙子 別紙〕

---

13)《성호전집》권26, ①안백순에게 답함, 병자년(1756)〔答安百順 丙子〕.

패수는 저탄강입니다. 우리나라 사람들이 스스로를 믿지 못하고 다른 나라 사람의 말을 믿어서 잘못 전해진 것입니다. 저탄강과 대동강은 서로 멀리 떨어져 있지 않지만, 어찌 동일한 이름이겠습니까? 다른 나라 사람이 들을 때 "평양은 패수 가에 있다"고 할 수 있습니다. 이것은《이아(爾雅)》의 주석에서 "왜는 대방의 남쪽에 있다"라고 말한 것과 같은 경우입니다. ─《성호전집》권25, ⑦안백순에게 답함, 병자년(1756)〔答安百順 丙子〕

우연히《동국통감》을 보니, 고구려 안장왕(安藏王) 5년(523) 군사를 보내 백제를 침략해 패수에 이르렀다고 하고, 수나라가 동방을 정벌할 때 패수로부터 들어왔는데 평양에서 60리 떨어져 있다고 했습니다.[14] 패수가 대동강이 아니라는 것을 알 수 있습니다.

─《성호전집》권26, ④안백순에게 답함, 병자년(1756), 별지〔答安百順 丙子 別紙〕

성호는 패수가 평양과 멀리 떨어져 있지 않아 대동강처럼 보이지만 저탄이라고 주장했다. 그런데 패수가 대동강이 아니라는 더 적극적인 증거는 밝히지 않았다.

---

14) 고구려 영양왕(嬰陽王) 23년(612) 1월에 수 양제가 직접 군사를 이끌고 고구려를 침입했다. 6월에는 좌익위 대장군 내호아가 강회의 수군을 거느리고 바다로 침입했는데,《동국통감》에는 "바다에 떠서 먼저 진격해 패수로부터 들어가니, 평양과의 거리가 60리였다"라고 기록되어 있다.《東國通鑑》권6, 三國紀)

## 순암, 패수는 대동강이다

'패수=대동강' 설을 지지한 순암의 생각은 다음의 편지에서 잘 드러나 있다.

> 대동강을 패수로 부른 것은 역사기록에 명확한 근거가 있습니다. 만약에 저탄을 패수라 한다면, 《당서》에서 왜 "평양성 남쪽 끝에 패수가 있다〔平壤城南涯浿水〕"[15]라고 했겠습니까? 중국인들이 비록 우리나라와 아주 멀리 떨어져 있어서 한 말일지라도, 군사를 일으켰을 때 직접 눈으로 확인한 사람도 있을 것이고, 사신들이 오가면서 귀로 들은 바가 있을 것입니다. 어찌 성(평양성) 아래 가까이 있는 강을 외면하고 저탄을 성 남쪽 끝의 강이라 했겠습니까? 선생님의 답서에 "저탄과 대동강이 서로 멀리 떨어져 있지 않지만, 어찌 동일한 이름이겠습니까?"라고 하셨으나, 제 생각에는 그렇지 않습니다. (다른) 지명이지만 같은 곳인 경우는 이상한 일이 아닙니다. 요수(遼水)와 비류(沸流)는 두 개의 다른 강이면서 같은 이름입니다. 이런 경우는 많습니다. 두 강이 같은 이름을 가진 것을 의심할 수 없는 것과 같습니다.
>
> ─《순암집》권10, 동사문답, 성호 선생에게 올림, 병자년②(1756)〔上星湖先生書 丙子〕

순암은 "평양성 남쪽 끝에 패수가 있다"는 《당서》의 기록을 근거로

---

15) 순암이 같은 해에 성호에게 보낸 첫 번째 편지(104쪽 참조)에서는 "《당서》에서 '고려성 남쪽 끝에 패수가 있다'고 합니다"라고 기록되어 있다. 《순암집》에 실린 원문을 그대로 인용했으나, 《당서》의 다른 구절을 인용한 것으로 추측된다.

'패수=대동강' 설을 주장했다. '평양성 남쪽 끝'과 가까운 강은 대동강 밖에 없다는 것이다. 순암은 저탄과 대동강을 하나의 강으로 본 것이다. 이는 "하나의 강에 두 가지 이름을 붙일 수 없다"는 성호와 다른 견해다. 순암은 성호에게 보낸 다음 편지에서도 '패수=대동강' 설을 제기한다.

> 패수에 대해서는 여러 번 가르침을 받아, 깨우침을 얻었습니다. 지금 대동강은 옛날 열수(洌水)로 가장 큰 강입니다. 수나라와 당나라가 군사를 일으켰을 때 패수와 살수가 모두 언급되어 있으나, 열수만 언급되지 않았습니다. 《당서》에 "평양성 남쪽 끝에 패수가 있다"라고 되어 있으며, 역도원은, "내가 오랑캐 사신을 만났을 때, (그들은) 평양성은 패수의 양에 있다고 말했다"라고 했습니다. 물의 북쪽을 양(陽)이라 합니다. 따라서 패수는 대동강이 분명합니다.
>
> — 《순암집》권10, 동사문답, 성호 선생에게 올림, 정축년(1757)①〔上星湖先生書 丁丑〕

이 편지에서 순암은 패수의 북쪽에 평양이 있었다는 역도원의 글을 근거로 자신의 입장을 뒷받침했다.


## 열수는 대동강인가, 한강인가

순암은 위의 편지에서 대동강이 패수로 불렸지만, 때로는 열수로 불렸다고 논했다. 성호에게 보낸 다음의 편지도 그런 주장을 담고 있다.

대동강은 양웅[16]의 《방언(方言)》에 "조선 열수(洌水) 사이에 있다"는 말은 믿을 만합니다. 장안(張晏) 또한 "조선에 습수(濕水), 열수(洌水), 산수(汕水)가 있다. 세 강이 합해 열수가 되었다"고 했습니다.[17] 지금 관서 지방의 지도로 비교해보니, 대동강은 근원이 셋입니다. 하나는 황해도의 수안군(遂安郡)에서 나온 것으로서 능성강(能成江)입니다. 둘째는 영원군(寧遠郡)에서 나온 것으로 성암진(城巖津)의 상류입니다. 셋째는 양덕현(陽德縣)에서 나온 것으로 비류강(沸流江)의 상류입니다. 세 물길이 합쳐져 대동강이 됩니다. 이는 장안이 말한 것과 일치합니다. 그러나 그가 말한 습수와 산수의 구분에 대해서는 알 수 없습니다.

－《순암집》권10, 동사문답, 성호 선생에게 올림, 병자년②(1756)〔上星湖先生書 丙子〕

성호 역시 순암과 같은 자료를 들어 대동강이 열수로 불리기도 했다고 한다.

대동강은 열수이며, 산수가 흘러와 합쳐집니다. 양웅이 《방언》에서 매번 "조선 열수의 사이〔朝鮮洌水之間〕"라고 말하는데, 바로 이곳입니다.

－《성호전집》권25, ⑦안백순에게 답함, 병자년(1756)〔答安百順 丙子〕

---

16) 양웅(楊雄, 기원전 53~기원후 18)은 전한 촉군(蜀郡, 사천성) 성도(成都) 사람으로, 자는 자운(子雲)이다. 학자로서 각 지방의 언어를 집성한 《방언(方言)》, 《역경(易經)》에 기본을 둔 철학서 《태현경(太玄經)》, 《논어》의 문체를 모방한 《법언(法言)》, 《훈찬편(訓纂篇)》 등을 저술했다.

17) 《사기》권115, '조선열전'의 주석서인 배인(裵駰)의 《집해(集解)》에서 장안의 말을 인용해 "조선에는 습수, 열수, 산수가 있는데, 세 강이 합쳐져서 열수가 된다. 아마 낙랑, 조선이란 여기에서 이름을 취한 것 같다(朝鮮有濕水洌水汕水 三水合爲洌水 疑樂浪朝鮮取名于此也)"라고 설명한다.

열수는 패수와 같이 호칭되는 경우도 간혹 있을 것입니다. 저탄강의 벽란
정이 매우 명확한 증거입니다. 중국 책에서 비록 혼동해 칭했다 하더라도
본토에 있는 지명은 마땅히 구별해야 하니, 필시 두 강을 함께 부르지는
않았을 것입니다. 만약 대동강을 패수라고 한다면, 당시 사람들이 저탄강
을 가리켜 이름이 없다고 하겠습니까? 이것을 생각할 필요가 있습니다.

－《성호전집》권26, ①안백순에게 답함, 병자년(1756)〔答安百順 丙子〕

그러나 후일 순암은 대동강이 열수로 불렸다는 자신의 주장을 철회
하고 열수를 지금의 한강으로 보는 견해를 개진한다.

순암은《동사강목》'열수고'(부권 하권)에서 한백겸(韓百謙)의 견
해를 수용해, 열수는 한수(漢水), 즉 한강이라 논했다. 나아가 한강의
하류에 있는 강화(江華)를 '혈구(穴口)'현으로 기록한 것은 잘못이며,
혈구현은 한수가 바다로 들어가는 입구에 있다는 뜻의 '열구(列口)'
현의 잘못이라 했다. 또 "어떤 이는 대동강을 열수라고도 하는데, 그
것은 옳지 않은 듯하다"라고 하며, 앞 편지에서 열수를 대동강으로 볼
수 있다고 주장한 것을 철회하고 있다. 나아가 앞 편지에서 대동강의
근원으로 보았던 습수와 산수를 한강의 근원인 두 줄기 강물, 즉 정선·
단양·충주의 남강(南江)과 낭천(浪川)·춘천·가평의 북강(北江)으로
보았다.[18]

순암은 스승에게 보낸 편지에서는 패수가 대동강이라는 자신의 견
해만 밝혔지만,《동사강목》에서는 '패수=대동강' 설을 좀 더 자세하

18)《동사강목》부권 하권, 지리고, 열수고조 참고.

게 설명하고 있다. 또 앞의 편지에서 밝힌《당서》기록, 역도원의《수
경주》외에《삼국사기》성덕왕 34년 기록, 견훤이 고려 태조에게 보낸
편지를 또 다른 근거로 내세우며 자신의 입장을 분명하게 제시했다.[19]

## 대수는 한강인가, 임진강인가

한편 성호는 다음의 편지에서 대수(帶水)를 한강으로 보았다.

고구려 땅은 기자조선 이후로 요 지역 전체를 소유해 통치했습니다. 고구
려의 도읍인 국내성은 압록강 서쪽 지역에 있었던 것이 분명합니다. 관구
검(毌丘儉)이 비류에서 전투를 벌여 마침내 환도(丸都)를 함락했습니다.
이로 미루어 보아 대수는 지금의 한강입니다. 역사기록에 "패수와 대수의
사이"라 한 것은 저탄과 한강의 사이를 가리킨 것입니다.

-《성호전집》권25, ⑥안백순에게 답함, 병자년(1756)〔答安百順 丙子〕

"한수(漢水)의 동북부락(東北部落)"이라는 것은 부락 이름인 듯합니다.[20]
여기에서 한수는 대수 하류의 명칭입니다. 이것을 가지고 어찌 한수가 대
수가 아니라고 의심할 수 있겠습니까?

-《성호전집》권25, ⑦안백순에게 답함, 병자년(1756)〔答安百順 丙子〕

---

19)《동사강목》부권 하권, 지리고, 패수고 참고.

이에 대해 순암은 성호의 '대수=한강' 설을 부정하면서, '대수=임진강' 설을 제기한다. 다음의 편지에서 확인할 수 있다.

역사기록에 "백제의 한수 동북부에 한발과 기근으로 패수와 대수 사이의 지역이 비어 거주하는 주민이 없다"라고 기록되어 있습니다. 만약 선생님께서 말씀하시듯이 한수를 대수라 한다면, 이미 한수라 언급했는데 어찌 다시 대수라 불렀겠습니까? 글의 내용으로 보아 대수는 지금의 임진강이 맞을 것 같습니다.

- 《순암집》권10, 동사문답, 성호 선생에게 올림, 병자년①(1756)〔上星湖先生書 丙子〕

## 살수는 청천강이다

성호와 순암은 살수(薩水)를 청천강으로 보는 데 견해가 일치했다. 먼저 순암은 《자치통감》을 인용해서 근거를 밝히고 있다.

---

20) 편지의 첫머리에 나오는 구절인 "한수의 동북부락이라는 것은 부락 이름인 듯합니다〔漢水東北部落者 恐部落之名〕"는 오자(誤字)나 결자(缺字)가 있어 뜻이 잘 통하지 않는다. 예를 들면《삼국사기》백제 본기 온조왕 37년, "한수의 동북부락에 흉년이 들어 고구려로 도망간 자가 1,000여 호에 달하니, 패수와 대수 사이가 비어 사는 사람이 없었다〔漢水東北部落饑荒 亡入高句麗者一千餘戶 浿帶之間空無居 人〕"라는 말에서 알 수 있다.
한편 성호의 '대수=한수' 설은 성호가 윤동규에게 보낸 편지에도 나타난다. 즉 "백제 시조 37년에 한수의 동북부락에 기근이 들자, 고구려로 망명해 패수와 대수의 사이가 비어 거주하는 백성이 없었다. 그렇다면 한수의 상류가 대수가 되니, 한수는 바로 바다로 들어가는 곳을 가리킨다〔百濟始祖三十七年 漢水東北部落飢 亡入句麗 浿帶之間空無居民 然則漢之上流爲帶 而漢卽指入海處也〕"《성호전집》권20, 答尹幼章 丙子)에서 알 수 있다.

《자치통감》에 "수나라 우문술(宇文述)이 동쪽으로 살수를 건너 평양에 이르렀다"고 되어 있습니다. 또 그 아랫글에서 "우문술이 돌아와서 살수에 이르자, 고구려가 뒤에서 그를 공격했다"라고 되어 있습니다. 이 사실에 근거하면 살수는 평양의 서북쪽에 있으며, 선유(先儒)들이 칭한 청천강인 것 같습니다.

−《숭암집》권10, 동사문답, 성호 선생에게 올림, 병자년①(1756)〔上星湖先生書 丙子〕

성호는 처음에는 살수를 압록강으로 보았는데, 다음의 편지에서 살수를 청천강으로 본다고 정정했다.

살수는 청천강인데, 앞의 편지에서 착오가 있었습니다.

−《성호전집》권25, ㉠안백순에게 답함, 병자년(1756)〔答安百順 丙子〕

3부

# 편지에 담긴 《동사강목》의 세계

# 1
# 단군조선의 이해

**단군-기자-마한 정통론을 제기하다**

순암은 단군·기자조선을 《동사강목》 서술의 기점으로 삼았고, 그 이후부터 고려왕조까지 우리 역사를 어떻게 체계화할 것인가를 두고 고심했다. 이는 전근대 역사인식과 서술의 중심주제인 이른바 정통론으로 연결된다. 순암이 묻고 성호가 답한 다음의 편지에도 그런 내용이 잘 드러나 있다.

問. 단군부터 역사를 서술한다면 단군과 기자가 정통이 되어야 합니다. 기자의 후손이 마한이 됩니다. 마한은 비록 남쪽 지역으로 쫓겨났지만, 기자를 제사 지냈으니 정통이 됩니다. 제 생각에는 백제가 온조왕 27년 (기원후 9) 마한을 없앤 후에는 삼국의 기년을 각각 나누어 기록해야 합니다. 만약 기년을 밝히기 어렵다면 단지 간지만 기록해야 하며, 근거가 있어야 기년을 크게 쓸 수 있습니다. 삼국은 신라 문무왕이 통일한 후 정통이 됩니다. 고려는 태조 19년(936) 견훤을 없앤 뒤에야 정통이 됩니다.

－《성호전집》권25, ④안백순의 문목에 답함〔答安百順問目〕

答. 마한은 촉한 소열제(昭烈帝)의 사례와 같이 시조를 삼아야 합니다. 역사에서는 마한의 시조를 '호강왕(虎康王)'이라고 했습니다. 지금 익산에 무강왕(武康王)의 능이 있는데,《여지승람》은 누구의 것인지 구별하지 못했습니다. 고려 국왕 혜종의 이름인 무(武)를 피해, 호(虎)라고 바꿨던 것입니다. '무제(武帝)'를 '호제(虎帝)'라고 칭한 것과 같은 것입니다.

－《성호전집》권25, ④안백순의 문목에 답함〔答安百順問目〕

순암은 위의 글에서 단군과 기자조선을 우리 역사의 정통으로 보았다. 또 마한, 삼국을 통일한 문무왕 이후, 후삼국을 통일한 고려 태조 19년을 우리 역사의 정통으로 보고 있다. 삼국은 정통이 없는 무통(無統)의 시대로, 삼한 가운데 마한을 정통으로 본 점은 매우 이색적이다.

순암은 기자조선이 망한 뒤에 마한이 기자를 제사한 사실을 근거로 마한 정통론을 주장했다. 성호는 이를 더 발전시켰다. 위만에 쫓겨 남쪽에 와서 마한을 건국한 기준(箕準), 즉 호강왕(기준의 시호)을 중국의 촉한을 건국한 소열제 유비(劉備, 161~223)에 비유했다. 중국에서 위·오·촉 삼국을 둘러싼 정통론은 많은 논쟁을 불러일으켰는데, 촉한 정통론의 근거는 소열제 유비가 유방(劉邦)의 한나라를 계승했다는 것이다. 기자조선을 계승한 마한의 기준이 한나라를 계승한 촉한의 유비와 같은 존재라고 보았다.

성호가 순암의 생각에서 한걸음 더 나아가 마한 정통론을 중국 정통론과 연결시킨 점은 매우 흥미롭다. 성호는 마한이 기자의 후예라는 사실을 지리적인 이유를 들어 설명한다.

어떤 사람은 마한이 기자의 후예라는 것을 의심합니다. 고구려 땅이 원래 기자의 나라이고, 삼국이 삼한을 계승했으므로 그렇게 말한 것입니다. 신라는 처음에 낙동강 이동의 땅을 소유했고, 그 서쪽은 여섯 가야의 땅이었습니다. 변한(弁韓)은 그 남쪽에 있었으니, 반드시 지리산 이남의 여러 군현이 지금의 경상도와 전라도의 여러 군에 걸쳐 있었을 것입니다. 처음에는 신라에 항복했으나 뒤에는 결국 백제에 편입되었으니, 아마 지금 전라도 동남쪽의 여러 군현이 모두 변한의 땅이 아니겠습니까?

– 《성호전집》권26, ①안백순에게 답함, 병자년(1756), 별지〔答安百順 丙子 別紙〕

성호는 신라(진한)가 낙동강 이동 지역에 있었고, 변한은 가야의 남쪽 지역으로 지금의 전라도 동남 지역에 있었으며, 또 변한은 처음에는 신라에, 뒤에는 백제에 병합되었다고 언급했다. 따라서 삼한 가운데 진한과 변한은 한반도 남쪽에 치우쳐, 지리적으로 기자조선과 연결될 수 없다는 것이다. 그는 마한의 근거지를 현재의 전북 익산 지역으로 보았다.

호강왕이 우리나라 역사에서 분명히 마한 시조라고 했으니, 어찌 의심하겠습니까? 국왕에게 시호를 내리는 이른바 시법(諡法)은 이보다 뒷날에 나왔기 때문에 뒷사람들이 그렇게 추존(追尊)한 것인지도 모르겠습니다. …… 호강왕은 무강왕이니, 지금 익산에 무강왕 묘가 있고, 익산은 무강왕 옛 도읍지입니다. 신라 진평왕과 같은 시기 백제의 무왕(武王)은 호강왕이 아닙니다. 이 설을 제기한《여지승람》의 잘못이 분명합니다.

－《성호전집》권26, ④안백순에게 답함, 병자년 (1756), 별지〔答安百順 丙子 別紙〕

성호는 현재 전북 익산의 왕릉을 백제 무왕이 아니라 마한 호강왕의 능으로 보았다. 그는《여지승람》에서 처음 익산 왕릉이 백제 무왕의 능이라고 제기된 것으로 잘못 이해했다. 부연하면,《여지승람》의 '익산군' 쌍릉조 기록(권33)은《고려사》'지리지' 기록을 옮겨 적은 것이다. 이에 따르면 "전북 익산의 쌍릉(雙陵)은 후조선 무강왕과 비의 무덤이다"라고 하면서, 그 세주(細註)에서 민간에서는 말통대왕릉(末通大王陵), 즉 백제 무왕릉이라 부르기도 한다고 했다.[1] 즉 백제 무왕릉설은《고려사》'지리지' 기록에서 먼저 제기되었던 것이다.

한편 순암은《동사강목》에서 "도적이 마한조(馬韓祖) 호강왕릉을 도굴했다"는《고려사》충숙왕 36년 기록과 "무강왕은 곧 기준이다"라는《지봉유설(芝峯類說)》에 근거해 성호의 무강왕릉 주장을 지지했다.[2]

## 단군·기자조선을 어떻게 서술할 것인가

다음은 단군과 기자조선을 어떻게 이해하고《동사강목》에 반영했는지를 살펴보자. 순암은《동사강목》편찬을 결심하면서 단군과 기자조

1) 《고려사》권57, 지리2, 전주목, 금마군.
2) 《동사강목》부권 상권, 고이, 무강왕 참고.

선을 우리 역사의 기점으로 생각했다. 문제는 단군과 기자조선에 관한 사실이 부족해 이를 어떻게 서술할 것인가 하는 것이었다.

> 問. 제가 편찬할 역사책 제목을 《동사강목》으로 정한다면 단군과 기자에서부터 서술해야 합니다. 그러나 자료가 없어 사실을 뒷받침할 수 없는 어려움이 있습니다. …… 제 생각에는 단군과 기자 이후는 비록 연대가 분명하지 않더라도 근거할 만한 사실은 '강'을 세워 서술하고, '목'의 경우는 그와 비슷한 사실을 덧붙이려 합니다. 아예 연대를 밝힐 수 없는 것은 그대로 비워두는 것이 어떨지 모르겠습니다.
>
> ─《성호전집》권25, ④안백순의 문목에 답함〔答安百順問目〕

순암은 단군과 기자조선에 관해 남아 있는 자료가 많지 않아, 어떻게 서술할 것인지 고민하고 있다. 연대가 확실하지 않지만 근거할 만한 사실일 경우 '강'을 세워 서술하고, 그보다 못한 경우는 '목'으로 내려 서술하겠다고 피력한다. 연대와 근거 사실조차 없는, 의심스러운 경우는 서술 대상에서 제외하겠다고 했다. 성호의 입장을 그대로 받아들이고 있다. 성호의 입장을 살펴보자.

> 우리는 많이 듣고 신중하게 말하는 것에 힘써야 합니다. 의심나는 것은 빼놓고 사실만을 전한다면 배운 것을 거의 배반하지 않을 것입니다. 매번 의심나는 부분은 한 편의 글을 지어 취사선택의 뜻을 드러내야 믿을 수 있는 글이 됩니다. 그러나 이것이 가장 어렵고 힘을 쏟아야 하는 일입니다.
>
> ─《성호전집》권26, ④안백순에게 답함, 병자년(1756), 별지〔答安百順 丙子 別紙〕

이 편지에 따르면, 역사공부는 많은 사실을 수집하고 조사하되, 역사서술은 대단히 신중하게 해야 한다는 것이 성호의 생각이다. 성호 역시 연대와 사실 따위에서 의심이 드는 경우는 서술에서 제외해야 한다고 했다. 그럼에도 불구하고 서술에 포함시킬 가치가 있는 경우 따로 글을 지어 고증해 취할 것과 버려야 할 것을 구분해야 한다는 입장이다. 성호는 연대와 사실이 밝혀져야 온전한 역사서술의 대상이 되고, 그것이 역사적 사실이 된다고 생각했다. 사실 고증과 같은 실증을 중시하고 있다.

성호는 순암이 보낸《동사강목》의 단군에 관한 초고본 서술을 검토한 후 다음의 편지를 보낸다.

> 《동사강목》에서 단군에 대한 일은 원래 의문점이 많아 어찌 따로 강목(綱目)의 의례를 세울 수 있겠습니까? 이우[3]의 의견이 과연 그럴듯하니 전의(傳疑) 한 편만 저술하는 것이 좋겠습니다. 나머지 허다한 논의들은 눈이 어둡고 마음이 어지러워 이해할 수가 없습니다.
>
> ―《성호전집》권27, ④안백순에게 답함〔答安百順〕

이 편지가 쓰인 시기는 분명하지 않다. 그러나 앞에서 살폈듯이 순암은 1756년 단군조선부터 삼국 초기까지 초고본을 작성해 성호에게 보냈다. 따라서 성호의 편지도 이 무렵에 쓰인 것으로 생각된다. 여기

---

3) 이우(李友, 이인섭李寅燮, 1734~?). 이인섭의 자는 사빈(士賓), 본관은 연안(延安)이고, 서울에 살았다. 1759년(영조35) 식년시에서 생원과 진사에 합격했다. 편지를 통해 순암의 《동사강목》 저술에 도움을 준 인물이다(《순암집》 권5, 答李士賓 등 참고).

에서 성호는 믿을 만한 사실이 부족한 단군조선의 경우《동사강목》 본문에 독립 항목으로 서술하는 것이 불가하다는 입장을 밝혔다.

참고로《동사강목》권20 부권 상권 고이편은 사실관계가 분명하지 않거나 의심스러운 사실들을 검토해 취사선택한 내용이 기록되어 있다. 그 결과는《동사강목》본문에 반영되어 있다. 가장 많이 언급된 것이 단군과 기자조선이다.

순암은 고이편에서 단군과 기자에 관해 각각 10여 편의 글을 작성해 사실관계를 밝힌 후《동사강목》본문에 반영했다. 단군의 경우 '단군 원년 무진(戊辰)은 당요(唐堯) 25년에 해당한다', '단군의 이칭(異稱)', '왕검(王儉)', '백성을 가르쳐 머리를 땋고 모자를 쓰게 하다', '팽오(彭吳)의 잘못' 등이다. 기자의 경우 '기자의 이름은 서여(胥餘)다', '기자는 주(紂)의 친척이다', '기자가 갇히다', '기자의 수봉(受封)은 무왕 기묘년' 등이다.

또 순암은《동사강목》의 서술을 기자조선이 건국된 기묘년(주나라 무왕 13년, 기원전 1122)에서 시작했다. 이때가 바로 기자가 주 무왕에게 제후로 봉해진 때인데, 그 다음에 단군의 건국, 단군이 백성에게 편발(編髮, 머리 땋기)과 개수(蓋首, 모자 쓰기)를 가르친 사실 등을 기록했다. 기자가 제후로 봉해진 기원전 1122년은 연대가 분명한 사실로 보았기 때문에 기자조선을 형식상《동사강목》서술의 기점으로 삼았다. 그런 한편으로 연대가 분명하지 않은 단군의 건국과 통치 행위는 기자조선 아래 '목'의 형태로 덧붙여 서술했다. 내면으로는 단군조선을 역사의 기점으로 삼았지만, 연대와 사실이 분명하지 않다고 판단해 이 같은 서술 방식을 취한 것이다.

## 팽오는 단군의 신하가 아니다

단군조선에 관한 서술을 둘러싸고 두 사람은 편지에서 여러 쟁점을 다루었다. 먼저 순암은 팽오(彭吳)가 단군의 신하로 활동했다는 역사 기록의 오류를 지적한 편지를 성호에게 보낸다.

> 우리나라 사람들의 여러 글에서 "단군이 백성들에게 편발과 개수를 가르쳤다"고 하고, 또 "팽오에게 명해 국내 산천에 존호(尊號)를 올렸다"고 하는데, 이는 어느 책에서 근거한 것입니까? 또 《본기통람(本紀通覽)》에 "우수주(牛首州)에 팽오의 비가 있다"고 합니다. 김시습의 시에 "수춘(壽春)은 당시 맥국(貊國)이다. 길은 팽오 때 통하게 되었다"고 합니다. 그런데 《본기통람》은 어떤 책입니까? 《한서》 '식화지(食貨志)'에 "팽오가 길을 열어 예맥(濊貊)을 통하고 창해군(滄海郡)을 설치했다"고 합니다. 이로 보아 팽오는 중국 한나라 무제 때 사람인데, 그를 끌어다 단군의 신하로 만들었습니다. 우리나라 사람들이 사실을 무시하고 다른 얘기를 즐겨 하는 것이 이쯤 되면 정말 가소롭고 한심할 뿐입니다.
>
> ─《순암집》권10, 동사문답, 성호 선생에게 올림, 병자년①(1756)〔上星湖先生書 丙子〕

순암은 중국 한나라 무제 때 사람 팽오가 단군을 보좌한 신하로 기록된 것을 단군에 관한 사실이 잘못 기록된 대표적인 예로 들었다. 성호도 이에 화답하여 다음의 편지에서 팽오가 단군과 관련이 없다는 사실을 홍만종(洪萬宗, 1643~1725)의 《동국역대총목(東國歷代總目)》(1705년 편찬)을 들어 설명했다.

팽오에 대한 설은 홍씨(洪氏, 홍만종)의《동국역대총목》에 보입니다. 지금《한서》'식화지'를 살펴보니, 과연 한나라 무제 때 사람입니다. 허술한 것이 이와 같습니다. 그 책의 오류가 어찌 이것뿐이겠습니까?

-《성호전집》권25, ⑦안백순에게 답함, 병자년 (1756) 〔答安百順 丙子〕


## 동이 속에 구이가 있다

순암은 단군조선 때 구이(九夷)에 관한 기록을 서술에 포함시킬 것인지를 성호에게 질문하는 편지를 보낸다.

'단군기(檀君紀)'에서 구이에 관한 일을 논하는 것이 단군에 합당하지 않은 것 같으나, 동방에 원래 아홉 종류의 이(夷)가 있다면 그 사실을 없앨 수 없으며, 단군 또한 구이의 하나임을 어찌 모르겠습니까?

-《순암집》권10, 동사문답, 성호 선생에게 올림, 병자년③(1756)〔上星湖先生書 丙子〕

그러나 성호는 구이의 개념이나 존재 자체를 부정한다.

구이에 대한 설은《예기(禮記)》'명당위(明堂位)',《주례(周禮)》'하관사마(夏官司馬)', '직방씨(職方氏)'와《이아》에 기록된 것이 모두 같지 않습니다.[4] 같은 주나라 제도인데 각각 다른 것은 무엇 때문입니까?《서경(書經)》에 "구이와 팔만(八蠻)에 길을 통했다"라고 했으니, 모두 통합된 가운데에 있었습니다. 주를 단 사람은 왜인과 천비(天鄙)를 구이 속에 넣었으나, 공자가 살고자 하는 곳이 어찌 이러한 곳을 가리키는 것이겠습니까? 더구나 동쪽은 서쪽, 남쪽, 북쪽에 비하면 가장 넓지 않은 곳인데, 어찌 이처럼 많은 숫자가 있겠습니까? 내 생각에 이는 반드시 품질(品秩)의 고하(高下)에 따라 말한 것입니다. 예컨대 진나라에 오대부(五大夫), 칠대부(七大夫)가 있는 것과 같습니다. 일반적으로 품질이 가장 높은 것이 구품(九品)에 그치니, 구이라는 것은 가장 높은 자리입니다.

-《성호전집》권26, ④안백순에게 답함, 병자년(1756), 별지〔答安百順 丙子 別紙〕

성호는 구이가 동이 지역에 있는 종족의 숫자가 아니라는 입장이다. 순암과 다른 입장이다. 그러나 순암은 《동사강목》 부권 '고이'에서 구이를 동이에 존재한 아홉 종족으로 보고, 그에 관련한 여러 자료를 소개했다. 그는 《후한서》 기록에 따라, 구이의 실체를 견이(畎夷), 우이(于夷), 방이(方夷), 황이(黃夷), 백이(白夷), 적이(赤夷), 현이(玄夷), 풍이(風夷), 양이(陽夷)라고 했다.


## 단군은 1,000년을 살았다

성호는 단군의 수명과 관련해 순암에게 다음과 같은 편지를 보낸다.

---

4) 중국 주변의 오랑캐가 위치한 방향에 따라 동쪽은 구이, 서쪽은 칠융(七戎), 남쪽은 팔만(八蠻), 북쪽은 육적(六狄)이라 불렀다. 순암을 비롯해 대부분이 각 명칭 앞의 숫자를 종족의 숫자로 보았다. 그러나 성호는 좁은 동쪽에 가장 많은 종족이 살 수 없다고 하며 부정적으로 보았다.
한편 《이아》 '석지(釋地)' 주(註)에 "'동이전'에, 이는 아홉 종족으로 견이(畎夷), 우이(于夷), 방이(方夷), 황이(黃夷), 백이(白夷), 적이(赤夷), 현이(玄夷), 풍이(風夷), 양이(陽夷)다. 일설에는 현도(玄菟), 낙랑, 고려, 만식(滿飾), 부갱(鳧更), 색가(索家), 동도(東屠), 왜인, 천비(天鄙)라 한다"라고 나온다.

어떤 사람은 단군이 백악(白岳)에서 산에 들어가 신이 되었다고 합니다.
그리고 후손이 서로 전해진 지 1,000년이 된 것이 아닌가 합니다. 이미 단
(檀)으로서 그 나라를 불렀다면, 그 자손도 또한 단군이 된다고 말하는데,
이 또한 억지 주장입니다.

－《성호전집》권26, ①안백순에게 답함, 병자년(1756), 별지〔答安百順 丙子 別紙〕

성호는 단군이 산신이 된 후, 후손에 의해 단군조선이 1,000년까지
유지되었다는 학설에 의문을 제기한다. 성호는 단군의 수명이 1,000
여 년이며, 통치기간도 같다고 했다. 순암에게 보낸 다음의 편지에서
알 수 있다.

단군이 아사달산으로 들어간 때가 상(商)나라 무정(武丁) 8년(기원전
1317)이라고 한 것이 사실에 가깝습니다. 단군의 후손도 신이 될 수 있었던
것일까요?   －《성호전집》권26, ①안백순에게 답함, 병자년(1756)〔答安百順 丙子〕

양촌(陽村) 권근은 단군 1,000년이 그가 살아온 햇수라고 했는데, 이것이
정론입니다. 그러나 그 1,000년 뒤의 마지막 후손이 산에 들어가 신이 되
었다는 것은 사리에 맞지 않는 듯합니다.

－《성호전집》권26, ①안백순에게 답함, 병자년(1756), 별지〔答安百順 丙子 別紙〕

성호는 단군이 아사달산으로 들어간 때가 상나라 무정 8년(기원전
1317)이며, 이는 단군이 태어난 때(기원전 2333)로부터 1,017년이 된
다. 적어도 이때까지 단군이 생존해 있었다고 보았다. 그는 그 근거를
양촌 권근이 명나라 황제에게 보낸 시에서 찾았다. 이는 당시에 정론

이었다고 한다.

순암 역시 성호의 생각과 같았다. 그는 성호의 편지와 같이 《동사강목》 부권 고이편 '단군이 홍(薨)하다'에서 단군의 수명이 1,000여 년이라는 설을 주장했다.

> 대개 상고시대 신성(神聖)의 나이가 혹 범인과 특이한 것이 있으니, 광성자(廣成子)는 1,200세요, 팽조(彭祖)는 800세다. 이것이 비록 패가(稗家)의 잡설에서 나왔으나 중국사람들의 전설이 이미 오래됐고, 또 일본사를 보면 왜황(倭皇) 수인(垂仁) 때 왜희(倭姬)의 나이 500여 세였으니 이때는 중국 서한(西漢) 원성(元成) 무렵이요, 대신 무내(武內)의 나이 340여 세였으니 이때는 중국 서진(西晋) 말엽이다. 이런 것으로 본다면 단군의 향년 1,000여 세가 또한 괴이할 것이 없다. 권근의 응제시(應製詩)에 "역대는 얼마인지 모르겠으나[傳世不知幾] / 역년은 1,000년이 지났도다[歷年曾過千]"라 했으니, 그 의도는 1,048년으로 간주한 것이다.
>
> -《동사강목》부권 상권, 고이, 단군이 홍(薨)하다

순암은 《동사강목》 본문에는 이러한 내용을 서술하지 않았지만, 부권 고이편에 자신의 주장을 담았다.

## 단군조선의 역사공간은 요의 땅

성호는 단군조선의 역사공간은 요(遼) 지역으로, 단군의 출생을 언급한 신화의 공간 역시 그곳이어야 한다고 생각했다. 따라서 성호는 단

군신화 속에 나타난 공간을 압록강 동쪽에 국한시키는 것은 잘못이라고 했다. 순암에게 보낸 편지에서 그런 주장을 찾아볼 수 있다.

> 대체로 우리나라의 아주 아득한 옛날 일들은 태반이 요 땅에서 있었던 일입니다. 그런데 지금 풍속은 매번 압록강 동쪽의 일로 끼워 맞추고 있습니다. 잘못된 의심을 갖고 잘못을 바로잡으려다 오히려 더 잘못되게 할 뿐입니다.
>
> ―《성호전집》권26, ①안백순에게 답함, 병자년(1756), 별지〔答安百順 丙子 別紙〕

성호는 단군과 단군조선에 관한 사실들의 태반은 지금의 만주 지역인 요 땅에서 일어난 것이라 논했다. 그런데 사람들이 그에 관한 사실을 모두 압록강 동쪽에서 일어난 사실로 끼워 맞춰 논증함으로써, 단군에 관해 믿을 수 없는 의심을 더 키웠다고 주장했다. 매우 주목할 만한 주장이다.

그 구체적인 예로 단군이 태어난 신단수(神檀樹)에 대해서 독특한 해석을 하고 있다.

> 박달나무〔檀〕는 향나무입니다. 그러므로 후세 사람들이 묘향산(妙香山)을 단군이 처음 내려온 곳으로 생각했습니다. 그래서 옛 역사에 "신인(神人)이 태백산 신단수 아래에 내려와서 단군이라는 아들을 낳았다"라고 했습니다. 최치원의 글을 살펴보니, 발해가 북쪽으로 태백산 아래에 의지했다고 했습니다. 즉 태백산은 요 땅에 있는 것입니다. 따라서 그 얘기는 모두 믿을 수 없습니다. 또 환웅, 환인과 같은 말은 황당해 버려야 할 얘기입니다. ―《성호전집》권26, ①안백순에게 답함, 병자년(1756)〔答安百順 丙子〕

성호는 앞서 인용한 편지에서 "우리나라의 아주 아득한 옛날 일들의 태반은 요 땅에서 있었던 일인데도, 지금 풍속은 매번 압록강 동쪽의 일로 끼워 맞추는 잘못"을 지적한 바 있다. 이러한 지적의 연장선에서 그는 태백산을 평양에 있는 묘향산이 아니라 요 땅에 있었던 산으로 보았다. 순암 역시 스승의 견해를 수용했다. 그는 단군조선은 요동 지역에 있었으며, 기자가 이 지역을 이어받아 기자조선을 건국했다고 했다. 따라서 단군·기자조선의 주 무대는 요동 지역이며, 남쪽 끝은 한강이었다고 《동사강목》에 서술했다.[5]

성호는 또한 단군이 산신이 되어 들어간 산에 대해서도 독특한 해석을 하고 있다. 그는 단군이 백악에서 들어간 아사달산을 구월산으로 보았다.

> (단군은) 마지막에 아사달산으로 들어갔습니다. '아사(阿斯)'는 속어로 아홉이며, '달(達)'은 속어로 달(月)입니다. 구월산(九月山)이 그에 해당한다고 보는 것이 사실에 가깝습니다. 지금도 그 산 아래에 당장경(唐莊京)과 삼성사(三聖祠)가 있습니다.
>
> -《성호전집》권26, ①안백순에게 답함, 병자년(1756)〔答安百順 丙子〕

신인이 내려와 단군을 출생한 태백산은 앞에서 밝혔듯이 요 땅에 있었으며, 뒷날 그곳에서 지금의 평양으로 옮겼다는 것이다.

---

5) 《동사강목》 부권 하권, 지리고, 단군강역고 및 기자강역고 참조.

역사에서 "평양에 도읍했다가 뒤에 백악으로 천도했다"라고 합니다. 지금 사람은 구월산을 백악으로 여깁니다. 문화현(文化縣)에 당장평(唐莊坪) 이 있기 때문입니다. 저는 이에 대해 의심을 하고, 이미 말했듯이 신이 태백산에 내려왔다고 한 것은 최치원의 글에 근거할 때 아마도 요 땅에 있다가 뒤에 평양으로 천도한 것인 듯합니다. 우리나라 사람들은 묘향산을 처음 내려온 곳이라고 이미 생각해, 구월산이 바로 백악이라 여기고 있습니다. 하지만 구월산이 일찍이 백악이라고 불린 적은 없습니다. 《고려사》에 김위제(金謂磾)가 도선(道詵)의 《신지비기(神誌秘記)》를 인용해 서경을 백아강(白牙岡)이라고 했습니다. 서경은 평양이며, 백강(白岡)이 백악입니다.

－《성호전집》권26, ①안백순에게 답함, 병자년(1756), 별지〔答安百順 丙子 別紙〕

성호의 해석은 현재의 단군조선에 관한 학설과 매우 다르다. 순암 역시 백악을 서경으로 본 성호와 다른 입장을 보였다. 《동사강목》 본문에서 "단군이 처음에 평양에 도읍했다가 뒤에 백악으로 옮겼다"[6] 라고 적어 백악을 구월산으로 보았다.


## 이계 상참은 예나라 재상 참이다

고조선은 우거(右渠)왕 때인 기원전 108년 중국 한 무제에 의해 멸

---

6) 《동사강목》 권1, 기자 원년.

망한다. 당시 한나라가 조선을 치려할 때 조선의 재상인 노인(路人)과 한음(韓陰) 등이 한나라에 투항할 것을 모의한 사실이 있었다.[7] 순암은 이때의 모의에 등장하는 인물 '상노인(相路人) 상한음(相韓陰) 이계(尼谿) 상참(相參) 장군왕협(將軍王唊)'을 4인으로 보아야 할지 5인으로 보아야 할지의 논란에 대해 성호의 의견을 물었다. 참고로 중국 당나라의 안사고(顏師古, 581~645)는 4인, 후한의 응소(應劭, ?~204?)는 5인으로 보았다. 성호는 다음과 같은 답변을 보낸다.

> (고조선왕) 우거가 망할 때 이계의 재상 참(參)이 조선의 재상 노인, 한음과 함께 대등하게 호칭되었습니다. 이계는 국호인 듯한데, 우리나라에 일찍이 이러한 나라가 있었습니까? 이계는 곧 예(濊)를 일컫는 것이 아닌지 매번 의문을 던져봅니다. 외방(外方) 제후들의 호칭은 간혹 반절(反切, 두 한자의 음을 반씩만 따서 한 음으로 읽는 것)을 사용해, 잘못 알려진 것이 또한 많습니다. 이에 대해 어떻게 생각하는지요?
>
> -《성호전집》권25, ⑦안백순에게 답함, 병자년(1756)〔答安百順 丙子〕

이 편지에서 성호는 4인으로 보아야 한다고 했다. 이계 상참을 두 사람이 아니라 한 사람으로 보았던 것이다. 순암 역시 성호의 입장에 동조한다.

"상노인 상한음 이계 상참 장군왕협" 구절의 사람 숫자를 응소는 5인이

---

7) 《사기》권115, 조선열전 참고.

라 했는데, 이는 이계를 포함한 것입니다. 안사고는 4인이라 했는데, 이는 '이계'와 '상참'을 한 사람으로 보아서 그런 것입니다. 그런데 그 아래 문장에 제후를 네 사람에게 봉했는데, 이계의 이름이 없는 것으로 보아, 응소의 주장은 잘못입니다. 다만 이계가 무슨 뜻인지 몰랐는데, 지금 선생님의 가르침으로 보고 어리석은 제가 큰 깨우침을 얻게 되었습니다. 중국인들이 오랑캐 언어〔夷語〕를 번역하면서 스스로 이러한 잘못을 했으니, 그것은 예음(濊音)의 반절이 분명합니다.

-《순암집》권10, 동사문답, 성호 선생에게 올림, 병자년②(1756)〔上星湖先生書 丙子〕

이에 성호는 이계의 재상과 조선의 재상이 대등하게 표기된 기록을 근거로 이계가 나라 이름이 분명하다는 주장을 덧붙인다.

《한서》에 이계의 재상과 조선의 재상이 대등하게 호칭되어 있는데, 우리나라에 어찌 이런 이름이 있었겠습니까? 이는 반드시 예(濊)의 재상입니다. 예는 원래 우리나라 영동(嶺東)에 있는 나라였으나, 영토를 확장하던 때 큰 나라를 포괄했을 수도 있었을 것입니다. 이러한 사례에 대해 일찍이 이해는 했으나, 단지 우리나라의 역사에 근거해 증거를 댔습니다. 이제는 늙어서 태반을 잊어버려 그 대략만을 말씀드립니다.

-《성호전집》권26, ①안백순에게 답함, 병자년(1756), 별지〔答安百順 丙子 別紙〕

순암은 성호의 이러한 주장을 《동사강목》 서술에 반영했다. 즉 이계를 예라는 나라의 이름으로 보아야 하며, 중국인들이 외국의 이름을 간혹 반절로 잘못 쓴다는 성호의 말을 인용하고 있다.[8]

## 기자의 단군 축출론을 부정하다

단군조선과 기자조선의 계승문제에 대해 성호는 다음과 같은 내용의
편지를 순암에게 보낸다.

> 예로부터 전하는 말에 따르면, 단군이 재위하던 때 기자를 피해 여기(구
> 월산)로 왔다고 합니다. 그러나 기자는 어질고 성명(聖明)한 인물로서,
> 어찌 남의 나라를 함부로 점령할 수 있겠습니까? 단군조선이 쇠망하자
> 그들이 황폐해진 옛터를 개척해 나라를 열었을 것입니다.
>
> ―《성호전집》권26, ①안백순에게 답함, 병자년(1756)〔答安百順 丙子〕

성호는 단군이 쇠망해 자연스럽게 기자가 새로운 나라를 건국했다
고 하며, 기자가 단군을 몰아내고 국가를 세웠다는 이른바 '단군 축출
론'을 부정했다. 축출론은 주 무왕이 조선에 기자를 봉하자 단군이 곧
장당경으로 옮겼다가 아사달산에 숨어 산신이 되었다는 《삼국유사》
기록에 근거한 것이다.

순암 역시 성호와 같이 단군 축출론을 부정했다. 그는 《동사강목》
에서 《삼국유사》의 관련 기록을 인용한 후 다음과 같이 서술했다.

> 기자는 어진 성인이다. 어찌 남의 나라를 함부로 빼앗을 수 있겠는가? 성
> 인을 모독하는 것이 너무 심하다. 대개 단군이 이미 쇠망했기 때문에 기

―――

8) 《동사강목》부권 상권, 고이, 이계상참 참고.

자가 와서 풀밭을 헤치고 나라를 개창한 것이다.

-《동사강목》부권 상권, 고이, 단군이 기자를 피해 장당경으로 옮기다

이렇게 기자는 주 무왕으로부터 제후로 봉해져, 이미 쇠망한 단군 조선을 이어 새롭게 기자조선을 개창했다고 했다. 또 순암은《동사강 목》부록에서《통감전편(通鑑前編)》의 기록에 근거해, 기자조선이 기 원전 1122년에 건국되었다고 밝히고 있다.[9] 이로써 기자조선은 단군 조선을 자연스럽게 계승하는 정통왕조가 되었다.

---

9) 《동사강목》부권 상권, 고이, 기자의 수봉은 무왕 기묘년이다(箕子受封在武王己卯).

# 기자조선의 이해

## 주 무왕의 혁명을 인정한 기자

순암과 성호가 우리나라 역사에 대해 주고받은 편지에서 많은 부분이 기자조선에 관한 내용이다. 순암은 기자조선이 건국되면서 우리나라 가 비로소 유교문화 등 주나라 문물을 받아들여 중국과 대등한 문명 국가로 발전하게 되었다고 생각했다. 이는 명나라를 천자국으로 받아 들인 제후국 조선이 기자조선과 같은 역사적 위상을 갖는다는 입장과 연결된다. 이러한 입장은 기자조선의 역사를 어떻게 서술하며, 기자조 선의 성격을 어떻게 이해하는가 하는 것과도 연결된다.

    순암은 《동사강목》에서, "은나라 태사(太師) 기자가 동방으로 오자, 주나라 천자가 그대로 그곳에 봉했다〔殷太師 箕子 東來 周天子 固以 封之〕"라고 기록했다.[10] 즉 기자는 은나라를 멸망시킨 주나라를 피해 조선으로 도망 온 것이 아니라고 했다.

또 《동사강목》의 '기자가 조선으로 도망해서 제후로 봉해졌는지 그렇지 않은지를 분별한다〔箕子避地朝鮮與受封朝鮮之別〕'라는 제목의 글에서 기자가 조선으로 도망했다는 사실을 부정했다.

"기자는 '상(商, 은)나라가 망하더라도 우리가 남의 신하〔臣僕〕가 될 수는 없다'고 말했다. 만약 기자가 주나라 무왕의 봉작(封爵)을 받았다면 이는 주나라의 신하 노릇을 한 것이며, 그것은 기자가 처음에 품었던 뜻이 변한 것이다"라는 계곡(谿谷) 장유(張維)의 말은 잘못된 것이다.

-《동사강목》, 부권 상권, 고이

대체로 조선시대 학자들은 기자가 은나라를 멸망시킨 주나라에 불만을 가지고 조선에 피신했다고 생각했다. 그 근거는 《서경》 미자(微子)편에 나오는, "상나라가 망하더라도 나는 남의 신하가 되지 않겠다〔商其淪喪 我罔爲臣僕〕"라는 구절이었다. 위에서 인용한 계곡 장유의 말도 이에 근거한 것이다.

그러나 성호와 순암은 "남의 신하가 되지 않겠다〔我罔爲臣僕〕"는 구절을 다르게 해석했다. 성호는 이 구절을 "어찌 남의 신하가 되지 않겠는가"라는 반어법으로 해석해, 기자가 주 무왕으로부터 제후로 봉해진 것을 거부하지 않았다고 해석했다. 때문에 계곡 장유와 같이 해석한 조선시대 학인들의 생각은 잘못된 것이라 했다. 성호의 생각은 다음과 같다.

---

10) 《동사강목》 권1 상, 기자 원년.

《서경》의 "신하가 되지 않겠다〔罔爲臣僕〕"라는 말은 반어(反語)입니다. "내가 어찌 남의 신하가 되지 않겠는가"라는 의미이니, 어쩔 수 없이 남의 신하가 될 것이라고 스스로 생각한 것입니다. 《서경》의 내용 중에는 이러한 사례가 매우 많은데, 주석가(註釋家)들이 실수한 것입니다.

-《성호전집》권26, ④안백순에게 답함, 병자년(1756), 별지〔答安百順 丙子 別紙〕

성호의 해석에 순암도 수긍한다.

이 구절을 평소의 주석에 따라 해석했습니다. 그런데 선생님께서 반어법으로 이 구절을 해석하라는 가르침을 주셨습니다. 그렇게 하니 더욱 절실함을 느낍니다. …… 즉 이 구절은 "상나라가 재앙이 있어 망하게 되었으니 우리들이 패배를 받아들여 어찌 남의 신하가 되지 않겠는가"라는 뜻입니다. 그래야 위아래 문장의 뜻이 서로 맞물려 그 고통이 깊은 말임을 아주 잘 볼 수 있습니다. 남의 신하가 되지 않겠다고 약속하려는 뜻은 아닙니다.

-《순암집》권10, 동사문답, 성호 선생에게 올림, 병자년②(1756)〔上星湖先生書 丙子〕

뒷날 선비들은 "남의 신하가 되지 않겠다〔我罔爲臣僕〕"라고 해석하는 것이 옳다고 여겨, "기자의 말씀이 이와 같으니 반드시 제후로 봉함을 받지 않겠으며, 반드시 주나라에 조회하지 않겠다"라고 해석합니다. 이 구절은 한때 (다른 사람과) 문답할 때 (상나라가) 망한 것을 안타깝게 여겨 한 이야기이고, 뒷날에 남의 신하가 되지 않겠다고 말한 것은 아닙니다.

-《순암집》권10, 동사문답, 성호 선생에게 올림, 병자년②(1756)〔上星湖先生書 丙子〕

## 기자는 왜 조선으로 도망하지 않았나

성호와 순암은 왜 이렇게 해석했을까? 주 무왕은 기자를 단순한 망국의 신하로 대우하지 않았다. 기자 또한 주 무왕을 정권을 찬탈한 군주로 여기지 않았다. 순암의 다음 편지에서 확인할 수 있다.

주 무왕이 은나라를 정벌한 것은 후세의 찬탈과 다른 것입니다. (무왕이 기자를) 공경(公卿)으로 대우한 것은 핍박을 받아 봉함을 받는 것과는 다릅니다. 그렇게 한 까닭은 오로지 이러한 이치를 다하여 지공무사(至公無私)했으니, 인(仁)이 돌아갈 곳이었습니다. 후세에 이를 볼 때 은나라 백성의 반란이나 무경(武庚, 은주殷紂의 아들)이 광복을 도모한 것은 신하된 자로서 절박한 심정의 지극한 마음이었습니다. 그러나 이때 기자는 아직 생존해 있었고, 그의 재주는 일을 구제할 수 있을 정도로, 그의 덕은 사람을 감동시킬 정도로, 그의 도는 세상을 바로 세울 정도로 충분했습니다. 하나의 계책과 하나의 꾀를 내어 그들과 마음과 힘을 함께했다는 것을 들은 적이 없으니, 그것은 어떤 까닭입니까? 이는 성인이 천하를 공평하게 대하는 마음이니, (어쩔 수 없이 신하가 되었지만) 기자 스스로 주 무왕의 신하 노릇을 하지 않겠다는 절의를 드러낸 것일 뿐입니다. 이러한 의리를 안다면 제후로 봉함을 받고 주나라에 조회를 하는 뜻에 자세하게 조목조목 해명할 필요는 없을 것입니다.

－《순암집》권10, 동사문답, 성호 선생에게 올림, 병자년②(1756)〔上星湖先生書 丙子〕

순암은 이 편지에서 기자가 주 무왕의 핍박을 받아 제후로 봉해진 것이 아니라는 이유로 은나라 백성들이 주나라에 반란을 일으켰을 때 기자가 동참해 계책을 세우거나 하지 않은 사실을 들었다.

한편 순암은 기자가 조선으로 도망치지 않은 또 다른 이유를 주 무왕이 은나라를 친 후 은나라 후손에게 한 행위에서 찾았다. 성호에게 보낸 편지에 그 내용이 실려 있다.

주 무왕이 은나라를 친 후 수레에서 내리기도 전에 황제(黃帝)와 요순의 후손을 봉했고, 수레에서 내린 후에는 하나라와 은나라의 후손들을 봉했습니다. 그때 전 황제들의 후손을 봉해서 제후로 세운 것이 이처럼 급한 것이었으니, 어찌 홀로 기자에게만 늦추어서 그로 하여금 (조선으로) 도망하게 했겠습니까? 또 기자가 도망한다는 것이 가능하기는 했겠습니까? 미자와 기자를 함께 삼인(三仁: 미자, 기자, 비간比干)이라 했는데, 그들의 마음은 마땅히 다를 바가 없을 것입니다. 미자가 송(宋) 땅에 봉해져 '주송(周頌)'에 '유객시(有客詩)'가 실려 있고, 기자가 조선에 봉해져 '맥수가(麥秀歌)'가 《사기》에 실려 있습니다. 이로서 (무왕에 대한) 그들의 마음은 같았을 것입니다.

　－《순암집》권10, 동사문답, 성호 선생에게 올림, 병자년②(1756)〔上星湖先生書 丙子〕

성호 역시 순암의 생각에 동의하고 있다.

만약 조선으로 달아난 것이라면 '맥수가'는 과연 누구의 저작이란 말입니까? 무릇 내가 거론한 것은 나의 사견일 뿐입니다. 취사선택하는 것은 그대에게 달려 있을 뿐이니, 이것 때문에 구애되지 마시기 바랍니다.

　－《성호전집》권26, ④안백순에게 답함, 병자년(1756), 별지〔答安百順 丙子 別紙〕

성호는 기자가 은이 망해 조선으로 도망갔다면, 어떻게 뒷날 주 무왕을 조회할 수 있었는가라고 되묻고 있다. 성호는 다음의 편지에서 기자의 명칭 자체가 주 무왕이 제후로 봉한 구체적인 증거라 했다.

기자의 자(子)는 오등(五等)의 작위 가운데 하나이니, 그가 주나라의 작명(爵命)을 받았다는 사실은 의심할 여지가 없습니다. '홍범(洪範)'에 이른 '기자'라는 것은 바로 사관의 기록이니, 아마도 이전에 이미 이렇게 봉해진 일이 있었을 것입니다.

-《성호전집》권26, ①안백순에게 답함, 병자년(1756) 〔答安百順 丙子〕

기(箕)는 국명 또는 지명을 뜻하지만, 성호는 이름으로 보았다. 자(子)는 공(公), 후(侯), 백(伯), 자(子), 남(男)의 5등 작위의 하나로 보았다. 주 무왕의 작위를 받았을 정도로 기자는 망국의 신하가 아니라, 존대를 받은 제후였다는 것이다.


## 기자, 주나라에 통치교과서 '홍범'을 전하다

성호는 기자가 주 무왕을 조회한 구체적인 증거로 기자가 쓴 시 '맥수가'를 제시한다. 참고로 이 시는 은나라가 망한 뒤 기자가 주나라에 조회하러 가는 길에 은나라의 옛터를 지나다 보니, 궁실(宮室)이 다 허물어진 폐허에 벼와 기장 등의 곡식이 무성하게 자라고 있어 상심한 나머지 지은 시다.

보리 이삭 쑥쑥 패고〔麥秀漸漸兮〕

벼 기장도 무럭무럭 자라누나〔禾黍油油兮〕

교활한 저 아이는〔彼狡童兮〕

나와 뜻이 안 맞았네〔不與我好兮〕

－《사기》권38, 송미자 세가〔宋微子世家〕

순암도 성호와 같은 생각이었다.

기자가 제후로 봉해져 주나라에 조회했다는 뜻에 대해 말씀드리겠습니
다. 주나라 무왕이 은나라에 들어가서 제일 먼저 기자를 풀어주었고, 기
자는 '홍범'을 가지고 무왕을 방문했습니다. 예를 높이는 것이 두터웠으
니, 후세에 남의 나라를 없애고 반드시 그 신하들을 욕보이고 그만 둔 자
와 같지 않았습니다. 뒷날 기자가 주 무왕을 조회하자, 무왕이 우빈(虞
賓)의 예(망국의 군주에 대한 예. 순 임금이 요 임금의 아들 단주(丹朱)
를 빈례(賓禮)로 대우한 것을 비유)로 대접했던 것입니다.

－《순암집》권10, 동사문답, 성호 선생에게 올림, 병자년②(1756)〔上星湖先生書 丙子〕

기자와 기자조선에 관한 순암과 성호의 편지에서 가장 큰 관심은
주 무왕이 무력으로 은나라를 빼앗지 않았으며, 기자 역시 조선으로
피난하지 않았다는 사실을 밝히는 일이었다. 제후로 봉해진 기자는
뒷날 주 무왕에게 조회하여, 주 무왕에게 통치의 전범(典範)이 되는
'홍범'[11]을 전할 수 있었다. 이로 인해 왕조는 은에서 주로 교체되었
지만, 성인의 가르침이 끊어지지 않게 되었다. 그런 점에서 주 무왕과
기자는 성인의 가르침을 이어가게 하는 데 큰 역할을 했다. 또한 중국

에서조차 끊어질 뻔한 유교 교화와 이념을 전해줄 정도로 기자조선이 중국과 대등한 문명국이었음을 강조하려 한 것이다.

## 유산으로 남은 기자조선의 법과 문화

성호는 기자조선에 이르러 문화가 더욱 발전해 '홍범'의 이념이 가장 잘 구현되었다고 보았다.

> 대저 동방은 기자의 나라이고 '홍범' 1편은 나라의 정신이지만, 지금 전하
> 는 내용은 구체적인 증거가 없습니다. 제 생각에는 전해 내려오는 약간의
> 옛 역사들을 모아서 팔조목(八條目)과 같은 것들은 별도의 논리를 세워
> 사실을 밝히고, 역대의 노래나 전설(風謠)을 수집해 나머지 뜻을 보충하
> 는 것이 좋겠습니다. 그렇게 한다면 저도 도울 생각이 있습니다. 다만 앓
> 아누워 여가를 낼 수 없는 점이 근심스러울 뿐입니다.
>
> -《성호전집》권27, ④안백순에게 답함(答安百順)

성호는 '홍범'의 정신이 잘 실행된 곳이 기자조선이고, 그 흔적이 기자가 만든 '8조 법금(法禁)'이라 했다. 현재 3조만 전해지고 있다.

---

11) 홍범(洪範). 세상을 경륜하는 아홉 개의 큰 법을 말하는데, 주나라 무왕이 은나라를 정벌한 뒤 기자를 방문해 나라를 다스리는 도리에 대해 물었을 때 기자가 대답한 것이 바로 '홍범구주(洪範九疇)'다. 이 는 원래 우 임금이 홍수를 다스릴 때 거북의 등에서 얻은 것이 대대로 전해지다가 기자로 인해 세상에 알려졌다고 한다. 그 내용은 오행(五行), 오사(五事), 팔정(八政), 오기(五紀), 황극(皇極), 삼덕(三德), 계의(稽疑), 서징(庶徵), 오복과 육극(五福六極)이다.(《서경(書經)》, 홍범)

다음의 편지에 그 내용이 담겨 있다.

단군과 기자의 나라는 압록강 안팎에 걸쳐 있었고, 요순의 교화를 함께 받았고 기자에 이르러 팔조(八條)를 더했습니다. 전해지는 삼조(三條)는 바로 한 고조(漢高祖)의 약법삼장(約法三章)으로, 오륜(五倫)과 합하면 여덟 단락이 됩니다. 그 의미는 마치 부절(符節)을 합쳐놓은 듯이 들어맞는다는 것을 비로소 알았습니다. 생각건대, 한나라의 책략은 모두 장량이 정한 것인데, 혹시 창해(滄海)에 전해오는 전통에서 얻은 것이 아니겠습니까? 이것에 대해서는 감히 아직 자세히 말씀드릴 수 없습니다.

-《성호전집》권26, ①안백순에게 답함, 병자년 (1756) 〔答安百順 丙子〕

이 편지에서 성호는 요 지방에서 기자가 행한 '8조 법금'이 중국 한나라에 전해졌다고 한다. 이것이 바로 한 고조의 '약법삼장'으로 장량이 정한 것인데, 일찍이 우리나라〔滄海〕에 온 한나라 유민들이 받아들인 것을 장량이 중국 한나라로 가져가서 시행한 것으로 풀이하고 있다.

성호는 기자조선의 문화가 아직도 유풍(遺風)이 전해진다고 했다. 다음의 편지에서 확인할 수 있다.

지금 조선 사람들이 큰 관을 쓰고 흰옷을 입는 것은 아직도 은나라의 질박한 유속(遺俗)을 지키는 것을 증명하는 것입니다. 이것은 아마도 하늘의 뜻이 깃들어 있기 때문이 아니겠습니까? 일찍이 《시경(詩經)》의 '도인사' 시[12]를 읽으면서 띠풀로 만든 갓과 말아 올린 머리털이 마치 동도(東都)의 선비와 여자를 보는 듯했으니, 어찌 아득히 당시를 상상하지 않을 수 있

겠습니까? –《성호전집》권26, ①안백순에게 답함, 병자년 (1756) [答安百順 丙子]

성호는 이 편지에서 조선 사람들이 흰옷을 입고 관을 쓰는 것은 기자의 유산이라 했다. 그런 기자조선의 풍속이 중국 낙양 지역의 선비와 여인이 각각 띠풀로 만든 갓을 쓰고 머리를 말아 올린 풍습으로 전해진 것으로 보았다.

순암은 스승에게 들은 말이라 하면서, '도인사'에 대해 성호가 추가로 언급한 내용을《동사강목》에서 소개하고 있다.

스승으로부터 다음과 같은 사실을 들었다. (《시경》) 소아편에 실린 '도인사'라는 시는 서주가 이미 망하고 동도의 풍속 또한 점차 쇠하여 변해간 까닭에 시인이 옛날을 생각하면서 감회를 읊은 것이다. 시에 '도인(都人, 동도 사람)'이라 했으니 제후국의 선비는 아니다. '귀주(歸周, 주나라로 돌아감)'라 한 것은 서주의 호경(鎬京)에 돌아간다는 말이다. '민망(民望)'이라 한 것은 이 사람이 높은 신분의 망족(望族)이기 때문이다. '낙읍(洛邑)'은 은나라의 옛 터전이다. 주공이 동도를 경영하면서 은나라 사족을 이곳에 거주하게 했다. 오랜 뒤에 귀화했으니, 이른바 주나라 제후가 되어 복종했다는 말이 바로 그것이다.

–《동사강목》부권 상권, 잡설, 기자의 유제

---

12) '도인사(都人士)'는 주나라 사람들이 윗사람의 의복이 일정하지 못한 것을 풍자한 시다. 그 내용 가운데 "저 왕도의 인사여, 띠풀로 만든 갓에 치포관이로다(彼都人士 臺笠緇撮)"라는 구절과 "저 군자의 여자여, 말아 올린 머리털이 벌 꼬리와 같도다(彼君子女 卷髮如蠆)"라는 구절이 있다. 동도(東都)는 주 평왕(周平王)이 동쪽으로 옮긴 도읍인 낙읍(洛邑)을 가리킨다.

성호는 '도인사' 시를 통해 은나라 유민들이 주나라에 귀화해 살던 모습을 부연 설명했다. 나아가 순암은 흰옷을 숭상한 은나라의 유제(遺制)가 우리나라에 전해졌다는 스승의 견해를 다른 사료를 들어 추가로 설명했다.

> 은나라 사람은 흰색을 숭상했다. 기자가 흰 말을 타고 주나라에 조회했다는 사실은 고지(古志)에 나온다. 주나라가 비록 은나라를 이었으나, 기자는 주나라의 객(제후)이 되었지 신하는 되지 않았다. 선왕의 옛 법도를 따르는 것이 예법에도 맞다. 《북사(北史)》 신라전(新羅傳)에 "(신라의) 복색은 흰 것을 숭상했다. 진한의 6부가 조선의 유민이었다"라고 했다. 이는 마땅히 고국의 풍속을 따랐다는 것을 말한다. 《통고(通考)》에 "고려의 사녀복(士女服)은 흰 것을 숭상했다"고 했다. 기자의 풍속이 아주 오래되었어도 그치지 않았던 것이다. 고려 때 술사의 말을 빌려 "우리나라는 목(木)에 해당되고 백(白)은 금(金)에 해당한다"고 하여, 흰옷을 입는 것을 금했는데, 이는 정말 잘못된 것이다. 저 구차스러운 술사가 어떻게 기자가 남긴 뜻을 알겠는가?
> —《동사강목》부권 상권, 잡설, 기자의 유제

순암은 스승 성호의 의견에 다른 문헌을 추가하여 '기자의 유제'에 관한 내용을 서술했다. 스승의 생각과 견해가 《동사강목》 서술에 상당한 영향을 미쳤음을 보여주는 대목이다.

성호는 다음의 편지에서도 기자조선이 문화국가였음을 강조했다.

> 그러므로 순이 유주를 처음 설치한 뒤로 백이가 가서 살았으며, 공자도 바다로 떠나가고자[13] 했으니, 동쪽의 노나라에 뗏목을 띄운다면 도착할

곳이 기자의 나라가 아니고 어디겠습니까?

-《성호전집》권26, ①안백순에게 답함, 병자년 (1756)〔答安百順 丙子〕

즉 요 지역은 중국과 대등할 정도의 문화국가 단군과 기자조선의 근거지였다. 이 때문에 은나라와 주나라의 명신인 부열(傅說)과 백이가 거주한 곳이며, 공자도 이곳에 와서 살고자 했다는 것이다.

## 평양에 남아 있는 기자 정전

기자조선의 문화가 조선시대까지 내려온 또 다른 사례는 평양의 기전(箕田)[14]이다. 순암도 평양의 기전에 관심을 갖고 성호에게 다음의 편지를 보낸다.

기전설(箕田說)은 일찍이 선생님의 글 《맹자질서(孟子疾書)》에서 보았습니다. 또 지금 경주의 전제(田制)는 원래 중국 진나라 원전(轅田)에서 유래한 것이라는 가르침에 감사드립니다.

-《순암집》권10, 동사문답, 성호 선생에게 올림, 정축년①(1757)〔上星湖先生書 丁丑〕

---

13) 《논어》'공야장(公冶長)'에 "나의 도가 행해지지 않으니, 뗏목을 타고 바다로나 나갈까 보다〔道不行 乘桴浮于海〕"라고 탄식한 공자의 말이 나온다.

14) 기자가 평양에 도읍해 만들었다고 하는 토지제도다. 정전법(井田法)을 모방해 한 이랑을 사방 70보(步)씩 전(田) 자 모양으로 파서 밭을 구획했다고 한다. 기자전(箕子田)이라고 부른다(《성호사설(星湖僿說)》권12, 기자전)

이 편지에서 순암은 평양의 기전과 함께 경주에서 시행된 토지제도를 언급하고 있다. 성호는 중국 진나라 토지제도인 원전제도도 경주에서 시행되었다고 설명했다. 성호는 이 제도를 중국 진나라 유민들이 진한 지역에 들어온 근거의 하나로 보았다.

> 기전에 대한 설명은 쉽게 다 말씀드릴 수 없습니다. 《맹자》에 나오는 50묘(畝), 70묘, 100묘에 대한 주자(朱子)의 주석은 결함이 있고 만족스럽지 않습니다. 때문에 《주자어류(朱子語類)》에서 "매번 도랑과 밭두둑을 고친다면 백성을 힘들게 하고 재물을 상하게 하니, 이는 왕망(王莽)의 정치가 됩니다"라고 했습니다. 또 "맹자가 직접 본 것이 아니기 때문에 그렇게 말한 것이다"라고 했지만, 맹자가 어찌 함부로 말하는 거짓말쟁이겠습니까? 내가 일찍이 사적으로 쓴 글 한 편이 있습니다.
>
> -《성호전집》권26, ④안백순에게 답함, 병자년(1756), 별지〔答安百順 丙子 別紙〕

여기에 더해서 성호는 정전제도가 주나라에서만 시행된 것은 아니며, 하·은·주 삼대(三代)에 걸쳐 꾸준하게 시행되었다고 설명했다. 성호는 삼대의 토지제도에 대해 같은 편지에서 길게 설명하고 있다. 이를 축약해 정리하면 다음과 같다.

> 하나라 정전: 1개 구획에 4명의 정부(丁夫) 혹은 남자〔夫〕 존재.
>
> 　　　　　1정(井) 36명의 정부 혹은 남자 존재.
>
> 　　　　　크기 사방 50보(步), 25무(畝).
>
> 은나라 정전: 1개 구획에 2명의 정부(丁夫) 혹은 남자〔夫〕 존재.
>
> 　　　　　1정(井) 18명의 정부 혹은 남자 존재.

크기 길이 100보(步) 너비 50보, 50무(畝). 실제 49무.

주나라 정전 : 1개 구획에 1명의 정부(丁夫) 혹은 남자(夫) 존재.

1정(井) 9명의 정부 혹은 남자 존재.

크기 사방 100보(步), 100무(畝).


참고로 정(井)은 사방 1리(里)며, 1정에 밭 전(田) 자 모양의 아홉 구획(九區)이 존재한 것은 세 나라가 모두 동일하다. 그러나 각 정부 (丁夫)가 받는 토지의 크기는 시대가 내려갈수록 커진다. 10분의 1세 는 세 나라가 변하지 않았다. 성호는 평양에 있는 기전은 은나라에서 시행된 정전제를 기자가 시행한 흔적이라고 보았다.

# 3

# 마한과 삼한의 이해

## 조선과 삼한의 뿌리

고려, 조선, 한(韓)은 과거 우리나라의 국호로 사용되었다. 고려는 고구려와 동의어로서, 고구려와 고려의 국호로 사용되었다. 조선은 단군조선·기자조선 등 가장 일찍부터 사용된 국호이고, 마한·진한·변한의 국호를 상징하는 한(韓) 역시 조선 다음으로 일찍부터 사용된 국호다. 성호와 순암이 주고받은 편지에서 가장 많이 언급된 국호는 단군조선과 기자조선이다. 두 사람이 살았던 조선시대는 유교(유학)와 유교문화가 국시로 존숭되고, 조선의 지배 엘리트들은 조선의 유교문화가 중국과 대등할 정도로 발달되어 있다는 자부심을 갖고 있었다. 나아가 유교문화의 원류로서 기자와 기자조선을 크게 중시했다. 중국 요 임금과 같은 시기에 건국된 문명국가 단군조선 역시 기자조선의 모태로서 중시했다.

한편 고구려·백제·신라의 삼국은 정통왕조가 없는 무통(無統)으로 처리한 반면, 삼한의 경우 단군과 기자조선을 잇는 정통왕조로 마한에 주목했다. 순암과 성호는 삼한 가운데 마한을 정통으로 보았다. 따라서 두 사람이 주고받은 편지에서 단군과 기자의 '조선'과 마한·진한·변한의 '한'의 어원에 대한 언급은 자연스러운 일이었다. 편지에는 우리의 상식을 뛰어넘는 국호에 관한 이야기들이 적혀 있어 흥미를 일으킨다. 먼저 조선의 어원에 대한 두 사람의 편지를 살펴보자.

## 선비산에서 유래한 조선의 명칭

성호는 다음의 편지에서 백두산은 선비산(鮮卑山)의 지맥이며, 조선의 명칭은 선비산에서 유래했다고 추정한다.

조선은 중국 선비들이 산수(汕水)로서 증거를 삼고 있습니다. 산(汕)이 선(仙)으로 소리가 나기도 하여 선(鮮)과 비슷하기 때문인데, 만족스럽지는 않습니다. 우리나라는 백두산 기슭에 있고, 백두산은 선비산에서 시작되어 동쪽으로 뻗어 나왔습니다. 요령과 심양 지역 또한 그 지맥입니다. 선비족의 부락은 매우 많으며, 동북 지역의 산세가 그 지역을 포괄하고 있습니다. 조(朝)라는 것은 동쪽입니다. 가장 동쪽 지역이라서 '조선'이라 이름을 지은 것일까요? 이에 대해 감히 단정 지어 말할 수 없습니다. 백순께서 꼭 스스로 살피고 궁구해보아야 합니다.

–《성호전집》권25, ⑦안백순에게 답함, 병자년(1756)〔答安百順 丙子〕

성호는 중국인들이 산수(汕水)라는 명칭과 동쪽을 뜻하는 조(朝)
에서 조선의 어원을 찾는 것에 부정적인 입장을 보이고 있다. 순암은
다음의 내용으로 논의를 이어나간다.

이전에 여러 책을 보았는데, "땅이 동쪽 끝에 있어 아침 햇살이 깨끗하고
밝다고 해서 조선이라 칭했다"라고 되어 있습니다. 이 설이 비교적 근사
한 것 같으나, 말의 뜻이 교묘해 상고시대의 순박한 기상이 없어 믿고 따
를 수 없습니다. 이번에 보내신 편지를 보니, "선비(鮮卑)의 '선'과 같다"
고 하셨습니다. 선비는 동북 지역의 오랑캐이고, 선비산이 동쪽으로 요동
과 심양을 지나 우리나라의 동북과 경계를 이루고 있어, 가르쳐주신 내용
과 같습니다. 다만 깊이 생각해보면, 조선의 명칭은 이미 하·은·주의 삼
대(三代) 때 나옵니다. 선비의 명칭은 중국 후한 때 시작됩니다. 시간의
선후가 같지 않아, 그 설명을 믿기 어려울 것 같습니다. 오랑캐의 거친 땅
은 원래 중국이 버린 땅이라서 그 명칭은 비록 오래되었으나 중국과 관계
가 없어 그에 관해 기록하지 않았기 때문입니까?

-《순암집》권10, 동사문답, 성호 선생에게 올림, 병자년②(1756)〔上星湖先生書 丙子〕

순암은 조선의 어원을 선비산에서 찾은 성호의 학설을 가장 근사한
것으로 여기고 있다. 그러나 조선의 명칭은 이미 중국 삼대 때부터 나
타나지만, 선비는 후한 때 처음 나오기 때문에 그대로 따르기 어렵다
는 의견을 제시한다.

그러나 성호는 다시 조선이 선비산에서 유래되었다는 연원을 밝힌다.

조선의 호칭에 대해 나 또한 분명하게 결론을 내릴 수 없습니다. 예전에

다음과 같이 생각한 적이 있습니다. 선비산은 원래 중국 동북 지역 국경 밖에 있습니다. 동호(東胡)의 한 종족이 그 아래 거주했는데, 부락이 번성해 선비라고 이름을 붙인 곳이 아주 많았습니다. 지금 동쪽 변경의 여러 산은 모두 이 산의 줄기였으며, 그 가운데 가장 동쪽이 우리나라입니다. 그 때문에 조선이라는 이름을 얻게 된 것이 아닌가 생각합니다. 고구려 유리왕(琉璃王)이 선비족과 전투를 벌인 것으로 보아, 고구려와 선비 사이는 멀지 않았음을 알 수 있습니다. 조선왕조가 처음에 조선과 화령(和寧)을 갖고 명나라에 국호를 요청했습니다. 화령은 과연 어디일까요? 《고려사》에 따르면, 화령은 동계(東界)의 화주(和州)입니다. 이곳은 왕조의 발상지입니다. 태조 이성계도 공민왕 때 화령백(和寧伯)에 봉해졌습니다. 이렇게 국호를 정할 때 반드시 그 근본을 들어 호칭합니다. 한번 생각해보시기 바랍니다.

－《성호전집》권26, ①안백순에게 답함, 병자년(1756)〔答安百順 丙子〕


이 편지에서 성호는 조선의 어원을 선비산에서 찾은 이유를 밝히고 있다. 국호가 왕조의 발상지와 관련해 정해진다고 생각하고 있다. 화령이 조선왕가의 발원지기 때문에 조선왕조가 개국 초 명나라에 국호로 요청한 것이라 예를 들었다. 선비산 역시 우리 민족의 발원지기 때문에, 거기에서 조선이라는 칭호를 얻었다고 밝히고 있다.

순암은 처음에는 선비산에서 조선의 명칭이 유래했다는 스승의 견해를 의심하지만, 결국 그 견해를 받아들여 아래와 같이 《동사강목》 서술에 반영한다.

어떤 사람은 "동방은 백두산 기슭이다. 백두산은 선비산에서 뻗어 내려온 것이다. 그 원류는 곤륜산(崑崙山)의 다른 갈래다. 후한 때 동호족 부락이 선비산 아래에서 생겼고, 산 이름을 따 선비국이라 했다"라고 말한다. 기자 때 요 땅의 절반이 그의 봉토였고, 선비산 동쪽에 있었기 때문에 조선이라 하였다. '조(朝)'는 동쪽이라는 뜻이다. …… 그 뜻이 비교적 가깝다. 단군 때 조선이란 칭호가 있었는지 알 수 없으나,《고려사》'지리지'에 따르면 단군을 전 조선, 기자를 후 조선으로 삼았다. 우리나라 사람들의 전설이 이미 오래되었다. 나는 옛 기록을 따라 그대로 적는다.

-《동사강목》부권 상권, 잡설, 조선명호

## 중국 한나라 유민이 삼한을 세우다

성호는 삼한(三韓)의 '한(韓)'에 대해 현재 우리들이 알고 있는 사실과는 아주 다른 해석을 내놓는다.

호강왕(虎康王)이 마한(馬韓) 왕을 축출하고 스스로 왕위에 오른 기록으로 보아, 한(韓)이라는 명칭은 이미 그 이전에 있었습니다. 장량이 창해군(滄海君)에게 역사(力士)를 얻었다고 하니, 창해라는 명칭 역시 그 이전에 있었습니다. 장량이 한(韓)나라의 원수를 갚기 위해, 무슨 이유로 아주 먼 곳에 이러한 인물들이 있다는 것을 알았고, 또 그들은 한마디 말로 의기투합해서 목숨을 던지고 달려왔겠습니까? (전국시대) 여섯 나라(제·초·연·한·조·위) 가운데 한(韓)나라가 먼저 망했고, 해외 나라 가운데 한(韓)이라는 명칭을 가진 나라가 셋(마한·진한·변한)이 있었습니다. …… 뒤에 마한 동쪽 지역에도 진나라를 피해 온 자들이 (진한에) 있었으며, 장량이 평소 마음과 행동을 같이하던 자들도 또한 창해에 있었습니다. 그 까닭이 무엇이겠습니까? 한나라 곡영(谷永)은 귀신과 방술을 신봉한 성제(成帝)를 달래려고, "진시황이 서복(徐福)과 한종(韓終)의 무리를 시켜 많은 어린 남녀를 싣고 바다를 건너 신선을 구하게 했는데, 도망해 돌아오지 않았습니다"라고 했습니다. 도망한 무리에 서복 외에 한종도 있었으며, 한종은 한(韓)나라의 후예였을 것입니다.

−《성호전집》권25, ⑦안백순에게 답함, 병자년(1756)〔答安百順 丙子〕


성호는 삼한의 연원을 전국시대 말기 진나라에게 가장 먼저 멸망한 한(韓)나라 유민이 한반도 남부 지역으로 들어온 데서 찾았다. 또한 그들이 건국한 왕조가 마한이라 했다. 창해군도 한나라 유민이 한반도로 들어와 거주한 곳으로 보았다. 성호는 기준이 마한을 쫓아내고 호강왕이 되기 이전에 이미 (마)한이 존재했다고 보았다. 조선 후기 실학자들은 이를 흔히 전(前) 마한이라 했다. 이에 대해 순암은 몇 가지 의문을 제기한다.

창해, 서복, 한종에 관한 사실은 부족한 제가 생각하지 못한 것들입니다. 선생님의 글을 읽어보니, 어떻게 대답해야 할지 모르겠습니다. 한(韓)은 중국 한나라의 땅이며, 창해는 우리나라 동해의 끄트머리, 수만 리나 되는 곳에 있습니다. 중국의 장량이 어찌 힘깨나 쓰는 사람이 이곳(창해군)에 있다는 것을 알았으며, 또 한마디 말로서 서로 뜻을 같이해서 황제의 명령을 저버리고 이곳에 왔겠습니까? 만약 평소 서로 아는 사이가 아니라면 반드시 이와 같이 할 수 없는 일입니다. 또 이때 진시황제의 권위가 풍속을 떨게 하고 바꿀 정도인데, 어찌 어리석은 오랑캐 사람들이 감히 황제에게 맞설 수 있겠습니까? 대개 (이들은) 형섭(荊攝, 형가荊軻와 섭정攝政)과 같은 무리로서 원수를 피해 도망해 장량을 위해 힘을 바친 사람들일 것입니다.

-《순암집》권10, 동사문답, 성호 선생에게 올림, 병자년②(1756)〔上星湖先生書 丙子〕

순암은 서복, 한종에 관한 사실을 처음 들었다며 당혹해한다. 이어서 중국 한나라 유민이 어떻게 우리나라의 창해군에 왔으며, 장량이 어떻게 이들이 이곳에 있는 것을 알고 결합해 진나라에 맞섰는지 의문을 제기한다. 순암의 의문은 다음의 편지에서도 계속된다.

선생님 가르침대로 한(韓)이라는 칭호가 한종(韓終)에서 비롯했다면, 한종이 유망민으로 나라를 세우고 호칭을 진국(辰國)으로 했다면, 그는 반드시 대영웅이며 그가 세운 나라의 규모나 제도는 작지 않을 것입니다. 그런데 어찌 겨우 20여 년 만에 망명해온 기준에게 패할 수 있겠습니까? 모두 증거는 없지만 저는 이같이 의심합니다. 선생님의 회답을 받고자 합니다.

-《순암집》권10, 동사문답, 성호 선생에게 올림, 병자년②(1756)〔上星湖先生書 丙子〕

순암은 한나라의 유민이 한반도에 나라를 세웠다면, 인물도 영웅일 것이고 나라의 규모도 적지 않았을 터인데 20년 만에 기준에게 망한 이유가 무엇인지 묻는다. 성호는 한나라 유민들이 한반도 남부의 삼한 지역으로 유입한 이유를 다음의 편지에서 밝히고 있다.

삼한시대 이전 삼남 지역은 변방이어서, 기자조선과는 교류가 없었습니다. 기준 때 마한왕을 축출하고 스스로 왕위에 올랐으니, '한'이라는 명칭은 호강왕 이전에 있었습니다. 한나라는 진나라에 가장 근접해, 한나라 백성들이 먼저 움직인 사실은 《전국책(戰國策)》에 기록되어 있습니다. 진나라를 피해 오는 사람들이 서하(西河)에서 중국을 거쳐 심양과 요령을 둘러서 영남(嶺南)으로 오기 힘들었을 것입니다. 때문에 그들은 바다를 곧바로 건너왔을 것입니다. 만약 한나라 사람들이 아니라면, 어찌 반드시 먼저 온 사람이 붙인 호칭을 뒷사람이 따라서 세 나라가 함께 칭하겠습니까? 제 생각으로는, 장량 때 삼한을 창해라고 칭했을 것입니다.

－《성호전집》권26, ①안백순에게 답함, 병자년(1756)〔答安百順 丙子〕

성호는 한반도 남부 지역에 한나라 유민들이 들어온 것은 대륙에서 바다를 통해 쉽게 접근할 수 있었기 때문이라 설명했다. 마한·진한·변한 세 나라가 함께 '한'이라는 호칭을 쓴 것은 한나라 유민들이 이곳에 와서 정착했기 때문이며, 장량과 연결된 창해는 특정 지명이 아닌 삼한을 표현한 것이라 보았다.


## 한나라 유민, 서복과 한종

한편 성호는 한나라 유민들이 진나라를 피해 유망(流亡)한 대표적인 예로 진시황의 명령으로 불로초를 찾다가 도망한 서복과 한종을 들며, 그들도 우리나라로 왔다고 했다.

서복 일행이 "지부산(之罘山) 아래에 이르러 고래에게 희롱당하고 멀리

신산(神山)을 바라보았으나 도착하지 못했다"라고 했습니다. 지부산은
바로 진시황이 올라 명(銘)을 새겼던 곳이며, 요해(遼海) 가운데 있으니,
그들이 바라보았던 것이 우리나라가 아니고 무엇이었겠습니까? 이것으
로 미루어 보면, 한(韓)이라는 명칭은 반드시 한종에서 시작된 것이며, 또
한 서복이 한나라 사람이 아니라는 것을 어떻게 알겠습니까? 백순께서도
일찍이 이것에 대해 생각한 적이 있습니까? 이것에 대해 생각한 바가 없
더라도, 의심스러운 점을 전할 수는 있지 않겠습니까?

－《성호전집》권25, ⑦안백순에게 답함, 병자년(1756)〔答安百順 丙子〕

순암은 서복 일행이 우리나라에 왔다는 사실에 의문을 제기하고,
이들은 일본으로 갔다는 답신을 보낸다.

지금 선생님의 글을 읽어보니 실제로 서복과 한종은 함께 바다를 건너 신
선을 찾아갔습니다. 이른바 삼신산(三神山)이 발해 가운데 있는데, 발해
의 동남쪽은 우리나라와 일본입니다. 때문에 서복 등이 간 곳은 두 나라
를 벗어나지 않습니다. 구양공(歐陽公)이 '일본도(日本刀)'라는 시에서,
"서복이 갈 때의 서적이 불타지 않아, 남은 책 100편이 지금도 남아 있네"
라고 했습니다. 강항(姜沆)의 《간양록(看羊錄)》에는 "서복이 왜국의 이기
주(伊紀州) 웅야산(熊野山)에 머물렀다. 지금 사당이 있다. 자손들은 진
씨(秦氏)다"라고 기록되어 있습니다. 이에 근거할 때 서복이 일본에 간
것은 분명합니다. 진씨라 칭한 것은 진한(辰韓)을 진한(秦韓)이라 칭한
것과 같습니다. 중국 진나라에서 왔기 때문입니다. 진나라에서 온 사람을
진이라 한다면, 한(韓)나라에서 온 사람은 한이라 하는 것이 이상하지 않
습니다. 다만 한종의 무리들이 단순히 난을 피해 도망한 사람들로서, 어

찌 군사력을 가진 위세로 수천 리 바다를 건너 그 나라에 들어갈 수 있었겠습니까?

-《순암집》권10, 동사문답, 성호 선생에게 올림, 병자년②(1756)〔上星湖先生書 丙子〕

순암은 서복과 한종이 우리나라가 아니라 일본 웅야산 지역에 정착했으며, 그 자손들이 진씨로 칭했다는 사실을 다른 기록을 인용해 밝히고 있다.

## 진나라 유민이 정착한 진국과 진한

순암은 다음의 편지에서 한강을 경계로 이북과 이남 지역의 국가 구성을 다르게 보았다. 참고로 이는 이미 한백겸 등에 의해 제기된 것이다.

한북(漢北, 한수漢水 이북)의 해동 지역은 조선(朝鮮)이 되고, 한남(漢南) 지역은 진국(辰國)이 됩니다. 중국 한(韓)나라 사람들이 동쪽 지역에 들어와 각각 부락을 세워 한이라 호칭하고, 진(秦)나라 사람들이 뒤에 들어와 또한 진한(秦韓)이라 해서, 다른 종족과 구별했고, 진국(辰國) 또한 그에 따라 한(韓, 진한)이라 칭한 것은 아닌지요?

-《순암집》권10, 동사문답, 성호 선생에게 올림, 병자년②(1756)〔上星湖先生書 丙子〕

성호는 순암의 견해에 동의하고, 진국(辰國), 진한(辰韓)을 중국 진나라와 연결시켰다. 또 창해는 특정 지역이 아니라 우리나라, 즉 동방을 가리킨다고 했다.

'진(辰)'이 '진(秦)'이라는 것은 《춘추좌씨전(春秋左氏傳)》의 진영(辰嬴, 진秦나라 목공穆公의 딸로서, 성씨 秦을 辰으로 표기한 예)을 증거로 삼을 수 있습니다. 때문에 나는 "진(秦)나라를 피해서 왔는데, 한(韓)나라 사람들이 먼저 와 있었다"라고 했습니다. 또 한종과 서복이 함께 왔다는 사실에서도 증명이 됩니다. 모두 진나라가 통일한 이후에 온 사람들이어서, 이를 합해 '진국(辰國)'이라고 한 것입니다. 한종은 한나라의 후손이며, 장량이 말한 창해군도 한나라 후손일 것입니다. 창해는 동방을 통칭하는 말이지, 강릉부(江陵府) 자체를 가리키는 명칭은 아닙니다. 최치원의 글에 "한 지방이 무사하고, 창해가 편안하다"라고 한 것을 통해 또한 알 수 있습니다.

-《성호전집》권26, ①안백순에게 답함, 병자년(1756), 별지〔答安百順 丙子 別紙〕

순암은 이같이 중국 한나라와 진나라 유민의 유입, 삼한의 유래, 진시황의 사자 서복과 한종의 행적 등을 두고 스승 성호와 편지로 활발히 토론했다. 스승의 견해에 의문을 제기하거나 자신의 견해를 밝히며 논쟁을 벌이기도 했다. 역사적 사실의 실체를 둘러싸고 250여 년 전 스승과 제자 사이에 벌어진 치열한 논전은 살펴본 대로 지금의 학술 수준을 뛰어넘는 높은 수준의 역사논쟁이라 할 수 있다. 순암은 마침내 성호의 견해를 대부분 수용하여 《동사강목》에 반영한다. 성호의 가르침이 책을 편찬하는 데 큰 길잡이가 되었음을 알 수 있다.

옛날 한강 이남의 땅이 삼한이 되었다. 한(韓)나라 사람들이 나라를 세웠기 때문에 한(韓)이라 했다. 진국(辰國)이라 한 것은 진(秦)나라를 피해 온 사람들이 진나라 통일 후에 왔기 때문에 진(辰)이라 했다. ……《한서

(漢書)》 '교사지(郊祀志)'에 따르면, 곡영(谷永)이 임금을 달래어, "진시황이 서복과 한종을 시켜 많은 어린 남녀를 싣고 바다에 들어가 신선을 구하게 했는데, 그 길로 도망하여 돌아오지 않았다"라고 했다. 한종 역시 한의 후예다. …… 서복은 왜국으로 도망갔고, 한종에 대해서는 전해지는 말이 없으나 동쪽으로 우리나라에 온 것이 아니겠는가? …… 이로 미루어 보면 한이라는 명칭은 한종의 무리에서 얻게 되었다. 장량의 시대에 삼한은 창해였는데, 한인이 나라를 세운 뒤에 그 칭호를 바꾸었다. 창해군이란 자가 어찌 한종의 무리가 아니라는 것을 알겠는가?

-《동사강목》부권 상권, 잡설, 진국삼한설

## 진 제국의 유산, 경주의 원전

성호는 진한을 중국 진(秦)나라 사람들이 지금의 경주 지역에 내려와서 정착한 것이라고 생각했다. 그 증거로 진나라 토지제도인 원전(轅田)이 경주에서 시행되었다고 밝히고 있다.

지금의 경주는 바로 중국 진나라 사람들이 도읍을 삼은 곳입니다.《여지승람》에서, (경주에) 정전(井田)이 있다고 한 것은 잘못입니다.[15] 경주 읍내는 모두 똑바르고 경사진 곳이 없는 것은 반드시 (기자의) 옛 제도인 것입니다. 진나라는 정전을 폐지하고 천맥(阡陌)을 열었습니다. ……《한서》 '지리지'에 "상군(商君)이 원전을 만들고, 천맥을 열었다"라고 했는데, 원전은 바로 진나라의 토지 이름입니다.《주례》주인조(輈人條)에 따르면, "수레의 끌채는 곧고, 구부러짐이 없다(唯轅直且無橈)"라고 했으니, 원전이라는 것은 곧은 전지(田地)입니다. 옛날에는 사물에 있어서 반드시 수레를 법식(法式)으로 삼았기 때문에 원전이라 한 것입니다. 그 뜻이 아주 분명합니다. 진나라는 주나라의 옛 도읍지였으며, 처음에는 모두 정전을 구획했다가, 이를 터서 원전을 만들었습니다. 진나라 사람들이 우리나라로 와서 원전을 처음으로 만든 것도 필연의 이치인 것입니다. 평양의 은나라 전지와 경주의 진나라 전지는 마치 부절(符節)을 맞춘 듯이 모두 합치됩니다. 천자가 관직을 잃자 사이(四夷)에서 배운다는 말을 어찌 믿지 않겠습니까? 이 두 단락은 지금까지도 제대로 파악한 사람이 없습니다. 오직 자세히 이해하기 바랍니다.

－《성호전집》권26, ④안백순에게 답함, 병자년(1756), 별지〔答安百順 丙子 別紙〕

성호는 요와 순 임금의 교화를 받은 단군과 기자조선 문명의 흔적이 평양에 기전(箕田)으로 존재했듯이, 주나라의 문명을 계승한 진나라 문명의 흔적이 진나라 유민이 도읍한 경주의 원전이라 했다.


## 변한과 가야는 같은 나라인가

한편 성호는 변한에 대해 어떤 생각을 했을까? 순암에게 보낸 다음의 편지에서 살펴볼 수 있다.

---

15) 《신증동국여지승람》 경주부(慶州府)조에 "신라 때 정전(井田)의 터가 아직도 남아 있다"라는 기록이 나온다.(《신증동국여지승람》 권21, 경상도)

신라는 처음에 낙동강 이동의 땅을 소유했고, 그 서쪽은 여섯 가야의 땅이었습니다. 변한은 그 남쪽에 있었으니, 반드시 지리산 이남의 여러 군현이 지금의 경상도와 전라도의 여러 군에 걸쳐 있었을 것입니다. 처음에는 신라에 항복했으나 뒤에는 결국 백제에 편입되었으니, 아마 지금 전라도 동남쪽의 여러 군현이 모두 변한의 땅이 아니겠습니까?

-《성호전집》권26, ①안백순에게 답함, 병자년(1756), 별지〔答安百順 丙子 別紙〕

성호는 이 편지에서 변한과 가야를 별개의 국가로 이해하고 있다. 마한은 백제, 진한은 신라, 변한은 가야를 잇는 것으로 이해한 조선 후기 실학자들의 일반적인 삼한 인식과는 다른 입장이다. 순암 역시 성호의 입장을 따르고 있다. 성호는 변한이 처음에는 신라, 뒤에는 백제에 편입된다고 설명했다. 나아가 변한은 원래 신라에서 나뉘어졌다고 보았다.

변(弁) 자의 뜻이 무엇인지 모르겠으나, 변한(弁韓)을 반드시 변진(弁辰)이라고도 합니다. 때문에 변(弁)은 또한 진(辰)이라는 것을 알 수 있습니다. 신라와 백제가 지리산을 경계로 삼은 것은 뒷날의 영토입니다. 그 처음으로 말하자면, 신라의 서쪽이 여섯 가야가 되고, 그 서남쪽이 변한인 것은 의심의 여지가 없습니다. 이제 영토 명칭이 변한 뒤의 것을 따르고, 또 매번 외국에서 전해 들은 것으로 억측을 하면 여러 가지로 어려움이 있을 것입니다. 이에 대해서는 할 말이 많아 끝까지 할 수 없습니다.

-《성호전집》권26, ①안백순에게 답함, 병자년(1756), 별지〔答安百順 丙子 別紙〕

성호는 이 편지에서 여전히 가야와 변한 지역을 구분했다. 또 '변한'을 '변진'이라 했다는 성호의 얘기는 변한과 진한이 원래 동일하거나 결합된 정치체였음을 알려준다. 그의 저서《성호사설》에서는 변한이 신라에서 분리되었기 때문에 '변진'이라 붙여진 것이라 설명하고 있다. 영토 명칭으로 생기는 혼선은 이미 변해버린 후대의 명칭으로 이해하거나 외국에서 전해 들은 사실에 근거한 잘못 때문이라 지적했다. 한편 순암은《동사강목》에서 변한과 가야의 영역이 별개로 구분된 것은 아니라고 하며, 성호와는 다른 입장을 나타냈다.

# 4
# 삼국시대의 이해

## 신화 속에도 역사적 진실이 있다

순암은《동사강목》편찬을 결심한 1754년 무렵 건국 설화 등이 황당하고 허황해서 받아들일 수 없다는 입장을 보이고 있다. 이해 성호에게 보낸 편지에 그런 입장이 잘 드러나 있다.

삼한 이전 군장(君長)들의 출생은 모두 황당하고 허황해 믿기 어렵습니다. 옛날에도 비록 알을 삼키거나 발자취를 밟고 회임했다는 글이 있으나, 후세에 어찌 다시 이런 사실들이 있겠습니까? 생각해보니 우리나라는 풍속이 어두워, 그 가운데 걸출하고 간악한 자가 여우 울음처럼 이런 말들을 선창해 백성들을 한쪽으로 몰아가게 하려 하니, 이러한 것은 과연 어떻게 해야 합니까?

－《순암집》권10, 동사문답, 성호 선생에게 올림, 갑술년(1754)〔上星湖先生書 甲戌〕

그러나 2년이 지난 1756년 성호에게 보낸 편지에서는 건국 설화 등에 대해 유연한 입장을 보이고 있다. 즉 순암은 단군 이후 황당해 근거가 없는 사실은 모두 생략했는데,《시경》대아(大雅)편의 '생민시〔生民之詩〕[16]'를 읽고 신화·전설에 대해 다른 생각을 하게 되었다는 얘기를 성호에게 보낸다.

《시경》의 '생민시'를 읽어보니 중국에도 또한 이런 사실들이 있어, 모두 그렇지 않다고 할 수도 없습니다. 또 주자는 "후세의 상서로운 사실은 진실로 가짜나 엉터리가 많다"라고 했습니다. 그러나 가짜나 엉터리라 해서 또한 진실이 전혀 없을 수 없습니다. 봉황이 오지 않았고 황하에 하도(河圖)가 나오지 않았다는 공자 말은 옳은 말은 아니며, '생민시'도 마찬가지입니다. 이러한 사실들 가운데 어떤 것을 취하고 버릴 것인지는 어려운 일입니다. 선생님의 가르침을 기다립니다.

-《순암집》권10, 동사문답, 성호 선생에게 올림, 병자년③(1756)〔上星湖先生書 丙子〕

참고로 '생민시'는 강원[17]이 천명에 따라 상제의 발자국을 밟아 감

---

16) '생민시〔生民之詩〕' 내용은 다음과 같다. "맨 처음 주(周)나라 사람을 낳은 분은 바로 강원(姜嫄)이시니, 사람을 낳기를 어떻게 낳았는가? 정결히 제사하고 교매(郊禖)에 제사하여 자식이 없음을 제액(除厄)하시고, 상제(上帝)의 발자국에 엄지발가락을 밟으사, 크게 여기고 멈춘 바에 흠동(歆動)해 임신하고 몸조심해 낳고 키우시니, 이가 후직이시다〔厥初生民 時維姜嫄 生民如何 克禋克祀 以弗無子 履帝武敏 歆攸介攸止 載震載夙 載生載育 時維后稷〕."

17) 강원은 유태씨(有邰氏)의 딸로, 제곡의 부인이자 주나라의 시조 후직(后稷, 弃)의 어머니다. 일설에는 강원은 고신씨(高辛氏) 후손의 비라고도 한다. 참고로 제곡은 태고 시대의 제왕으로 황제(黃帝)의 증손이라 하는데, 이름이 곡(嚳)이어서 제곡(帝嚳)이라고 부른다. 고신(高辛)은 그가 봉(封)해진 지명이라고 한다(《사기》, 제왕본기).

응해 주(周)의 시조를 잉태하고 낳아 기른 과정을 묘사한 시다. 순암
은 '생민시'가 믿을 수 없는 내용이지만, 주나라의 시원을 알려준다는
점에서 일정 부분 취할 게 있다는 입장이다. 이에 대한 성호의 입장은
다음의 편지에 나타난다.

> 보내신 편지에서 인용한 '생민시'에 대해 나는 항상 의심을 갖고 있습니다.
> 강원이 대인의 발자국을 밟고 기뻐서 사람의 기운을 느꼈다는 말은 너무
> 불경스럽습니다. 만약 그러했다면 (강원의 아들인) 후직은 제곡의 아들이
> 아닙니다. …… 그러한 설이 사람들의 이목에 익숙해져 버렸으니, 반드시
> 한 편의 사평(史評)을 지어 의심스러운 점을 후대에 전하게 해야 합니다.
> 　　　　　　　-《성호전집》권26, ④안백순에게 답함, 병자년(1756)〔答安百順 丙子〕

성호는 '생민시'가 아주 불경스러워 결코 역사적 사실로 받아들일
수 없다고 해, 황당한 얘기 속에서 역사적 진실을 읽을 수 있다는 순
암의 유연한 태도와는 다른 입장을 보이고 있다.

순암은 신화나 전설 가운데 받아들일 수 없는 것은 버려야 한다는
입장이다. 대표적인 예로 신라 시조의 성씨에 관한 사실이다.

> 신라의 김씨 성은 금독(金櫝, 금궤)에서 나왔다고 합니다. 그런데 김유신
> 은 수로(왕)의 후손입니다. 국자박사 설인선(薛仁宣)이 찬한 김유신 비
> 문에 "(김유신은) 소호 씨의 자손〔少昊之胤〕으로 신라 김씨와 동성이라
> 했습니다. 이에 따르면 김씨는 금독(金櫝)이니 금란(金卵)에서 나왔다는
> 설은 모두 잘못된 것입니다. 이로 미루어 보아 다른 사실도 모두 그러합
> 니다. 우리나라 사람들의 괴상한 설은 사실이 있는 것이 아니라 이름만

있습니다. 그 이름을 꾸며서 말을 만들었습니다. 김씨 성〔金姓〕 같은 것
도 금독(金櫝)이니 금란(金卵)과 같은 사실로 꾸민 것입니다.

-《순암집》권10, 동사문답, 성호 선생에게 올림, 병자년③(1756)〔上星湖先生書 丙子〕


그러나 신화나 전설 가운데 일부는 취해 역사적 사실 혹은 교훈으
로 받아들여야 한다는 입장이다. 그는《동사강목》부권 '괴설변증(怪
說辨證)'에서 우리 역사 속 건국 신화와 전설을 일일이 검토한다. 그
리고 마지막에 결론적으로 다음과 같은 자신의 입장을 밝히는데, 신
화나 전설 가운데 버릴 것이 있고 취할 것이 있다는 이른바 '취사론
(取捨論)'을 제기한다.

어떤 이가 나에게 묻기를, "그대가 우리나라 역사의 괴이설(怪異說)를 모
두 없애고 생략해 역사가의 요체를 보여주는 한편으로 천사옥대(天賜玉
帶), 만파식적(萬波息笛), 왕창근(王昌瑾)의 거울〔鏡〕 등과 같은 내용을
괴이하게 여기지 않고 역사책에 기록한 것은 무슨 까닭인가?"라고 했다.
나는 다음과 같이 대답했다. "이치에는 변하지 않는 것과 변하는 것이 있
고, 사실에는 헛된 것과 사실인 것이 있다. 그대로 둔 것은 고증하여 그럴
듯한 사실이기 때문이며, 없애고 생략한 것은 조작이나 허위가 있기 때문
이다. 옥대(玉帶)와 죽적(竹笛)의 사실을 역사책에 실은 것은 당시 임금
들이 하늘을 속이고 한 세상을 미혹케 한 그 실수를 나타내기 위해서다.
…… 중국의 정사(正史) 또한 이러한 예가 많다. 나는 이에 사실을 헤아
려 취사(取捨)했다"라고 말했다.　　　　　-《동사강목》부권 상권, 괴설변증

## 《삼국사기》의 오류를 비판하다

순암은 《동사강목》 편찬에 착수한 지 2년이 지난 1756년에야 처음 《삼국사기》를 구해 볼 수 있었다. 그런데 이 책을 읽고 순암은 비록 삼국시대에 관한 정사라고 하지만 사실을 뒷받침할 만한 문헌이 없어 단순히 연대를 이어 붙였고, 중국의 역사에서 사실을 뽑아서 내용을 채워 넣었지만 고증이 되지 않은 오류투성이라고 비판했다. 특히 백제의 역사에서 중국 기록이 부실했다고 평했다.[18] 성호에게 보낸 편지에서 다음과 같이 지적한다.

백제가 망하자 그 땅은 말갈, 발해, 신라로 각각 나누어졌다고 합니다. 이는 《당서》에서 인용한 것입니다. 말갈과 발해는 백제와 남북으로 멀리 떨어져 있습니다. 어찌 두 지역이 백제 땅을 나누어 가질 수 있겠습니까? 또 백제는 부여에서 나와서 중국인들이 많이 혼동해 호칭하는 경우가 많습니다. 《남사》[19]에 "진나라 때(265~316) 백제가 요서를 정벌해 소유했다"라고 되어 있습니다. 《북사》[20]에 "구태(仇台)는 처음 대방에서 왕이 되자, 공손탁(公孫度)이 딸을 처로 삼게 했다"라고 나오는 설(說)은 모두 부여의 사실인데, 백제의 사실로 혼동되어 있습니다. 중국사를 믿을 수

---

18) 《순암집》 권10, 동사문답, 성호 선생에게 올림, 병자년③(1756)〔上星湖先生書 丙子〕.

19) 《남사(南史)》. 당(唐)의 이연수(李延壽)가 지은 남조(南朝, 420~589), 송(宋)·제(齋)·양(梁)·진(陳) 170년 역사를 기록한 책.

20) 《북사(北史)》. 당나라 이연수가 편찬한 북조(北朝, 386~589.) 북위(北魏)·서위(西魏)·동위(東魏)·북주(北周)·북제(北齊)·수(隋) 등 여섯 왕조의 역사를 기록한 책.

없음이 대체로 이와 같습니다.

-《순암집》권10, 동사문답, 성호 선생에게 올림, 병자년③(1756)〔上星湖先生書 丙子〕

순암은 '요서경략설(遼西經略說)'과 구태(仇台) 관련 기록은 부여의 역사인데, 중국 역사서에서 백제의 역사로 잘못 기록한 것이라고 평가했다. 성호는 말갈과 백제에 관한 중국 기록의 오류를 지적한 순암에게 동의한다.

《삼국사기》의 오류는 참으로 말씀하신 바와 같습니다. 백제의 영토가 어찌 말갈의 세력에까지 들어간 적이 있겠습니까? 말갈이 남쪽을 침입한 사실은 우리나라 역사에도 기록되어 있으며, 그럴 수 있습니다. 압록강의 안팎이 말갈의 영토였으며, 그들은 갑자기 쳐들어왔다가 갑자기 도망쳤으며, 어느 지역인들 침략하지 않은 적이 없습니다. 만약 삼수(三水)와 갑산(甲山), 사군(四郡) 지역 등에서, 혹은 지금의 영동(嶺東)이나 혹은 고려의 동북계(東北界) 등의 험지를 통해 쳐들어왔다면 신라와 백제에도 도달할 수 있었을 것입니다. 말갈이 칠중성(七重城)을 침략한 것이 한두 번이 아니었으며, 칠중성은 지금의 적성(積城)이니, 그런 사실을 상상해 볼 수 있을 것입니다.

-《성호전집》권26, ④안백순에게 답함, 병자년(1756)〔答安百順 丙子〕

이 편지에서 성호는 백제가 망한 후 영토 일부가 말갈에 편입된 사실은 부정하지만, 말갈이 신라와 백제 지역으로 쳐들어왔던 것은 사실이라고 제언한다. 성호가 말갈의 영토가 압록강 안팎에 걸쳐 있다고 하자, 순암은 다음의 편지에서 말갈이 영동과 관북(關北) 지역 사이에 존재했다고 견해를 달리한다.

말갈은 항상 신라와 백제의 근심거리였습니다. '신라기'에 "아슬나주(阿
瑟那州) 지역은 말갈과 접해 있다. 지마왕(祇摩王)이 군사를 일으켜 이
들을 토벌하려 했다"라고 되어 있습니다. '백제기(백제본기)'에 "말갈은
우리의 북쪽 경계와 연해 있다"라고 되어 있습니다. 따라서 말갈은 숙신
별부(肅愼別部)가 아니겠습니까? 또는 말갈은 영동과 관북 지역 사이에
있지 않았는지요? 고려 때 여진은 간혹 배를 타고 쳐들어왔거나 우릉도
(芋陵島)를 노략질했는데, (말갈은) 이러한 무리들이 아닐까요? 만약 과
연 바다 건너와서 침범했다면 신라인들이 어찌 정벌하려 했겠습니까? 정
말 알 수 없는 것이니, 이에 대한 가르침을 얻고 싶습니다.

－《순암집》권10, 동사문답, 성호 선생에게 올림, 병자년③(1756)〔上星湖先生書 丙子〕

이 편지에서 순암은 또한 말갈의 계통에 대해 뿌리가 숙신별부며,
고려 때 여진족이 아닌가 하는 의문을 제기했다.


## 백제와 부여, 고구려 역사에 대한 의문

순암은 나아가 부여, 고구려 및 백제의 관계에도 중국 기록에 상당한
혼선이 있다고 평한다. 구체적으로 백제 시조 온조와 고구려 시조 주
몽의 관계, 주몽과 우태(優台)의 관계, 백제의 동명묘(東明廟) 제사
등이 그러하다. 순암은 이러한 의문점들을 성호에게 묻는다. 실제《동
사강목》부권 고이편에는 '부루는 두 사람이다〔夫婁當有二人〕', '백제

계파(百濟系派)', '우태와 구태의 구별〔優台仇台之別〕' 등의 항목을 만들어 사실관계를 밝히고 있다. 그러나 여기에서 소개할 편지는 고 이편 작성에 앞서, 백제사에 대해 묻고 답한 것이다.

《삼국사기》 등의 기록에 따르면 주몽은 북부여에서 난을 피해, 졸 본부여로 왔다. 졸본부여왕이 자기 딸을 주몽의 처로 삼게 했고, 왕 이 죽자 주몽이 왕위를 계승했다고 한다. 그 사실관계를 순암이 질문 했던 것으로 보인다. 순암이 질문한 편지는 확인할 수 없으나, 성호가 순암에게 보낸 편지에서 내용을 확인할 수 있다. 성호는 사실 여부에 부정적인 견해를 밝힌다.

주몽은 해모수(解慕漱)의 아들이고, 부여는 옛 도읍지입니다. 주몽이 난 을 피해 도망하면서 어찌 아버지의 나라를 버리고 다른 곳으로 도망했겠 습니까? '백제본기'에 주몽이 자기 처의 아버지〔妻父〕를 계승했다고 하 나, 믿을 수 없습니다.

　　　　　－《성호전집》권26, ①안백순에게 답함, 병자년(1756), 별지〔答安百順 丙子 別紙〕

다시 순암은 《삼국사기》 '백제본기'의 기록이 사실일 것이라는 편 지를 보낸다.

주몽은 맨손으로 도망했기 때문에 나라를 세울 리 없습니다. '백제기(백 제본기)'에서 "졸본왕(卒本王)이 딸을 처로 삼게 해 자신을 이어 즉위하 게 했다"는 것이 이치에 가까울 것 같아, 이 책과 같이 서술하려 하는데 선생님은 어떻게 생각하시는지요?

　　　－《순암집》권10, 동사문답, 성호 선생에게 올림, 정축년③(1757)〔上星湖先生書 丁丑〕

성호는 순암의 생각에 동의한다. 근거는 다음과 같다.

동부여 서쪽으로 요령과 심양 사이를 다 부여라고 부르니, 주몽이 비록
아버지의 나라에 이르렀다가 다시 이웃 나라의 사위가 되어 드디어 그 나
라를 병합한 것은 이치상 그럴 수 있는 것입니다. 그것이 '고구려기(高句
麗記)'에 실려 있지 않은 것은 주몽이 스스로 계승했기 때문입니다.

-《성호전집》권26, ⑥안백순에게 답함, 정축년(1757), 별지〔答安百順 丁丑 別紙〕

성호는 "부여는 종족의 갈래가 원래 같기 때문에 동쪽으로 옮겨서
도 동부여로 칭했고, 온조도 부여의 후예였기 때문에 남쪽으로 달아
나서도 또한 남부여라 칭했듯이",[21] 주몽도 부여의 다른 곳에 가서 왕
이 될 수 있음을 인정한 것이다.

한편 성호는 "역사가는 의심은 의심으로 남겨 두고, 그에 대해 별도
의 항목을 세워서 의심나는 것을 밝히는 것이 좋다"라는 충고를 한다.
즉 주몽이 졸본부여의 왕이 된 사실에 대해 별도의 고증이 필요하다
는 것이다. 실제 순암은 《동사강목》부권 고이편 '백제계파'에서 중국
과 국내 사료를 인용해 사실관계를 밝힌다.

---

21) 《성호전집》권26, ①안백순에게 답함, 병자년(1756), 별지〔答安百順 丙子 別紙〕.

## 고구려와 백제의 뿌리

순암은 백제 시조 온조가 주몽이 아니라 우태의 아들이라 보았다. 이는 백제가 고구려가 아니라 부여에서 유래했다는 것을 밝힌 것이다.

> 온조는 주몽으로부터 나왔다 하나, '백제기(백제본기)' 소주(小註)에 "부루(夫婁)의 서손(庶孫)인 우태의 아들이 되었다"라고 했고, 중국사에도 그렇게 되어 있습니다. 또 개루왕(蓋婁王)이 위(魏)나라에 올린 표문에도 "신(백제)과 고구려는 부여에서 나왔다"라고 해서, 고구려에서 나왔다고 하지 않았습니다. 그들의 성씨가 고구려가 아니라 부여를 따랐으니, 주몽의 후예가 아닌 것이 분명합니다. 이같이 서술하려는데 어떨지요?
> ─《순암집》권10, 동사문답, 성호 선생에게 올림, 정축년③(1757)〔上星湖先生書 丁丑〕

성호 역시 백제와 고구려가 부여에서 나왔다고 생각했다. 그러나 주몽이 우태라고 하며, 순암이 주몽과 우태를 다른 인물로 본 부분에서는 다르게 생각했다.

> 백제의 개루왕이 위나라에 올린 표문에 "신(백제)과 고구려의 근원은 부여입니다"라고 했습니다. 그런데 이것은 다른 곳에서 전해 들은 것이 아니어서 의심의 여지없이 믿을 만한 얘기입니다. 부여는 대개 가섭원(迦葉原)의 동부여를 가리키며, 그 왕은 해부루(解扶婁)입니다. 해부루는 금와(金蛙)를 아들로 삼았고, 금와는 주몽을 아들로 삼았습니다. 주몽은 장성해 활을 잘 쏘았기 때문에 주몽이라는 이름을 얻었습니다. 본명은 우태일 것이며, 당시에 그를 해부루의 서손이라고 지목했습니다. 이렇게 본다면

상하(上下)가 모두 통하게 됩니다.

-《성호전집》권26, ⑥안백순에게 답함, 정축년(1757), 별지〔答安百順 丁丑 別紙〕

성호는 온조에 대해서도 같은 생각을 드러내고 있다.

온조의 일도 또한 그러합니다. 사신(史臣)이 시조가 동명왕(東明王)이라고 이미 기록해놓았다면, 다른 책들을 두루 인용해 반드시 그렇다는 것을 단정하는 것도 안 될 것이 없습니다.

-《성호전집》권26, ⑥안백순에게 답함, 정축년(1757), 별지〔答安百順 丁丑 別紙〕

순암은 《동사강목》 부권 고이편 '백제계파'에서 주몽과 우태를 다른 인물로 보았다. 구체적으로는 북부여왕 부루의 서손인 우태와 부인 소서노 사이에서 비류와 온조가 태어났다고 보았다. 우태가 죽은후 주몽이 소서노와 결혼했지만, 비류와 온조를 친아들처럼 여겼다는 《삼국사기》 '백제본기' 기록에 근거해 주장했다. 한편 순암은 사료에 나타나는 구태와 우태를 동일 인물로 보았다. 성호에게 보낸 편지에서 "우태를 구태라 한 것은 부여왕 구태가 중국의 후한 말에 해당하고, 중국사에도 나타납니다. 그 까닭에 소리가 잘못 전해져 나타난 오류입니다"[22]라고 한 데서 알 수 있다.

순암은 온조가 주몽의 아들 혹은 백제가 고구려에서 나왔다고 주장하는 이들이 내세우는 근거의 하나로 백제가 동명묘를 세워 주몽을

---

22) 《순암집》 권10, 동사문답, 성호 선생에게 올림, 정축년③(1757)〔上星湖先生書 丁丑〕.

제사 지냈다는 것을 든다. 하지만 순암은 온조를 우태의 아들로 보기 때문에 백제가 주몽의 제사를 지낸 이유를 다르게 해석한다.

간혹 온조가 동명묘를 세운 것을 의심하는데, 이는 동명이 아들처럼 온조를 키웠고, 온조 또한 아버지처럼 섬길 정도로 동명왕이 가장 신성한 군주이기 때문에 묘를 세워 제사했던 것입니다. 이때의 오랑캐 풍습도 그러했을 수 있습니다. 묘를 세웠다는 한 구절로 그가 동명의 자손이라고 할 수 없을 것 같습니다. 중국사에도 백제는 시조 구태(仇台, 우태)의 묘(廟)를 국성(國城) 서쪽에 세우고, 1년에 네 번 제사를 드린다고 했습니다.

–《순암집》권10, 동사문답, 성호 선생에게 올림, 정축년③(1757)〔上星湖先生書 丁丑〕

순암은 동명(주몽)이 온조의 어머니 소서노와 재혼했다, 그 이전에 소서노는 우태와의 사이에 온조를 낳았다, 그러나 동명은 온조를 친아들처럼 키웠고 온조는 동명을 친아버지처럼 섬겼다, 동명은 또한 신성군주로 존경받았기 때문에 온조가 동명의 사당을 세워 제사를 지냈다고 했다. 단순히 묘를 세워 제사를 지낸 것으로 온조가 동명의 아들일 수는 없다고 했다. 실제로 백제는 동명과 별도로 시조 구태(우태)의 묘를 세워 1년에 네 차례 제사를 지냈다고 한다.


## 고구려를 중흥시킨 을파소

고구려 재상 을파소(乙巴素, ?~203)는 유리왕 때의 대신인 을소(乙素)의 자손이다. 서압록곡(西鴨淥谷)의 좌물촌(左勿村) 출신으로 농사를 지어 생계를 유지했다. 191년(고국천왕13) 안류(晏留)의 추천으로 고국천왕에 의해 고구려 지배세력들의 회의체의 의장격인 국상(國相)으로 발탁되었다. 을파소는 기존 지배세력들의 반발에도 불구하고 고국천왕의 강력한 지지를 받아 고구려의 새로운 정치질서를 수립하고, 진대법(賑貸法)을 실시한 인물이다. 순암은 을파소를 고구려를 중흥시킨 인물로 높이 평가했다.

> 을파소는 역사서술에서 마땅히 드러내 보여야 하는데, 적당한 필법을 모르겠습니다. 《강목(綱目, 자치통감강목)》에 "패공(沛公)이 장량을, 유비가 제갈량을 융중(隆中, 호북성 양양시)에서 만났다"라고 기록되어 있습니다. 이러한 필법에 따라, "압록처사(鴨綠處士) 을파소를 얻어 국상(國相)을 삼았다"라고 기록하는 것이 어떨지요?
>
> —《순암집》권10, 동사문답, 성호 선생에게 올림, 정축년①(1757)〔上星湖先生書 丁丑〕

성호 역시 을파소를 수천 년 역사에서 빼어난 인물의 하나로 높이 평가했다.

> 고구려 을파소는 천고(千古)에 빼어난 인물의 한 사람입니다. 마땅히 그를 밖으로 드러내 기록해야 합니다. 혹자는 그가 왕후를 세우는 일을 간언하지 아니한 사실로 그를 의심합니다. 아마도 사직한 뒤였고, 또 그 뒤에 즉위한 왕과 반드시 마음이 맞지는 않았기 때문일지 모르겠습니다.
>
> —《성호전집》권26, ①안백순에게 답함, 병자년(1756), 별지〔答安百順 丙子 別紙〕

한편 성호는 《성호사설》에서 을파소를 추천한 안류, 안류의 추천을 받아 을파소를 등용한 고국천왕을 더 높이 평가했다. 성호는 안류와 고국천왕을 각각 한나라의 터전을 마련한 진평(陳平), 그를 추천한 위무지(魏無知), 위무지에게 먼저 상을 준 한나라 고조에 비유했다.[23]

## 절의를 저버린 최치원

순암은 최치원에 대해 매우 비판적이었다. 최치원이 신라 신하면서 몰래 고려를 도와 작위를 받은 일은 절의를 저버린 일이라고 꼬집었다.

최치원은 신라의 중요한 신하면서 몰래 고려와 결탁해 "황엽청송(黃葉青松, 계림엔 누런 잎이 지고, 곡령鵠嶺[송악산]엔 푸른 소나무 무성하네)"이라는 시구를 남겼습니다. 지금 경주에 상서장(上書莊)이 있다는 것은 부끄러운 일입니다. 또 이러한 공로로 현종 때 작위를 받은 것입니다.
또《삼국유사》에 "태조가 견훤에 답한 편지는 최고운(崔孤雲, 최치원)의 글이다"라 했으나, 이는 황당하고 믿을 수 없습니다. 이러한 사실에 이르게 되면 반드시 이를 전하고 말한 자가 있었을 것입니다. 역사서를 보니, 최치원은 당나라 희종(僖宗) 갑오년(874, 경문왕14)에 과거에 합격했는데, 그의 나이 18세로서 정축년(857) 출생입니다. 고려 태조가 견훤에게 답변의 편지를 보낸 것은 무자년(928)으로, 이때 최치원의 나이 72세입니다. 혹시 이 편지가《고운문집(孤雲文集)》의 본집에 들어 있지 않음을

23)《성호사설》권22, 경사문, 을파소.

의심하면, "황엽청송"의 구절이 또한 문집에 들어가지 않은 것은 무슨 까닭입니까?

역사에서 이른바 "몰래 태조의 왕업을 도왔다"라고 한 것은 대개 그의 자취를 감추어 없애고자 했을 것입니다. 이러한 논의는 자못 심각합니다. 고운은 동국(東國)의 명망가인데, 일국의 명망가가 이런 일을 했다면 커다란 잘못이 아니겠습니까? 조선의 권근과 같은 무리가 이런 사람이 아닌가 여겨집니다. 이에 대해 가르침을 얻고 싶습니다.

　　-《순암집》권10, 동사문답, 성호 선생에게 올림, 정축년②(1757)[上星湖先生書 丁丑]


　성호는 순암이 지적했듯이 최치원이 절의를 어겼다고 예시한 여러 사례에 대해, "최치원은 바로 당시의 인물이니, 응당 거짓으로 말하지 않았을 것입니다"[24]라고 하면서도, 최치원에 대해 어떤 평가도 내리지 않았다. 그러나 《성호사설》에서 "최치원은 고려의 왕업을 비밀히 협찬한 패역을 저질렀으며, …… 불교와 노자 같은 이단으로 유교를 해친 우두머리로서 높이 평가할 수 없다"[25]고 쓰며 순암과 같은 입장을 보였다.

▬

24) 《성호전집》권26, ①안백순에게 답함, 병자년(1756), 별지[答安百順 丙子 別紙].
25) 《성호사설》권18, 경사문, 최문창.

# 5

# 고려 국왕에 대한 평가

## 고려왕실의 조상은 당나라 왕실인가

고려 태조 왕건은 후삼국을 통합해 고려를 창건한 군주였다. 그럼에
도 불구하고 순암은 태조 왕건의 조상, 고려왕실의 기원 등에 관한
《고려사》기록에 매우 비판적이었다.

참고로 고려왕실의 기원, 즉 태조 왕건의 조상에 대해서는 두 가지
상반된 기록이《고려사》에 실려 있다. 논의의 초점은 왕건의 조부 작
제건(作帝建)의 출생에 관한 것이다.《고려사》의 첫머리에 실린 '고
려세계(高麗世系)'에는 김관의(金寬毅)가 편찬한《편년통록(編年通
錄)》(고려 의종 때 편찬)에 근거해 당나라 숙종(肅宗, 재위 757~762)
이 고려에 와서 보육(寶育, 원덕대왕元德大王)의 딸 진의(辰義)와 혼
인하여 작제건을 낳았다고 쓰여 있다. 한편 태조가 즉위한 후 3대를
추존한 '세가'의 기록[26]에는 국조(國祖)를 보육이라 하고, 작제건은

그의 아들이라 적었다. 그리고 작제건의 비를 진의(정화왕후)라 했다. 《편년통록》에 따르면 진의는 보육의 딸이 된다.《고려사》는 상반된 두 사실을 기록한 후, 태조 즉위 후 추존한 기록을 사실로 인정했다.

그러나 두 상반된 기록에 대해 고려 말 역사가인 이제현의 견해 (《역옹패설》 수록)를 비롯해 후대 많은 역사가의 의견이 남아 있다. 순암과 성호 역시 이에 대한 견해를 남기고 있다. 순암은 당나라 숙종 설을 기록한《편년통록》의 오류를 비판했다.

> 김관의가 편찬한 역사서에 고려 왕씨가 당나라에서 기원한다고 합니다. 이는 황당하고 오류투성이로 말할 가치가 없습니다. 민지(閔漬) 역시 그 렇게 기록했습니다. 이때는 이교(異敎, 불교·도교 등)가 성행해 황당하고 망령된 것이 습관이 되어, 도리어 민간의 속되고 근거 없는 말들이 바로 믿을 만한 글로 둔갑하니 진실로 개탄스럽습니다.
>
> -《순암집》권10, 동사문답, 성호 선생에게 올림, 정축년②(1757)〔上星湖先生書 丁丑〕

'고려세계'에서 작제건은 당나라 숙종의 아들로 기록되어 있지만, 뒷날 충선왕 때 고려 역사가 민지는 숙종이 아니라 선종(宣宗, 재위 847~859)이라고 고쳤다. 그러나 순암은 이를 모두 믿을 수 없는 황당 한 것으로 단정했다. 성호 역시 순암과 같은 생각이었다.

태조 왕건은 원래 왕씨가 아닐 것입니다. 민지의 대답에 따르면, 당나라

---

26) 《고려사》권1, 태조 2년 3월.

귀한 성씨(貴姓)를 가진 사람의 부인이 되었다고 우리나라 역사책에 기록되어 있습니다. 그러니 당나라 숙종이니 선종이니 하는 얘기는 사실이 아닙니다. 유람을 다니는 손님의 부인이 되어서 과연 밝은 얼굴로 떳떳하게 얘기할 수 있겠습니까? 나라의 역사가 이렇게 기술되어 있는데, 누가 감히 근본을 파헤쳐 다른 말들을 만들어서 혼란스럽게 할 수 있겠습니까?

－《성호전집》권26, ⑥안백순에게 답함, 정축년(1757), 별지〔答安百順 丁丑 別紙〕

성호는 작제건이 숙종 또는 선종의 아들이라는 사실을 모두 부정했다. 성호는《성호사설》에서 작제건을 낳은 귀성(貴姓)은 이들이 아니라,《고려사》'세가'에 기록된 국조 원덕대왕으로 보았다. 성호는 태조의 조상들이 장군이나 아간(阿干)을 칭하는 것으로 보아, 딸(진의辰義)이 객상(客商)에게 시집을 갔기 때문에, 숙종이니 선종이니 하면서도 당나라 왕실의 성씨인 이(李)씨를 사용하지 않았다고 보았다. 그리고《고려사》에서 보육(寶育, 국조 원덕대왕) 이전의 호경(虎景), 강충(康忠)을 조상의 대수(代數)에 넣지 않은 것은(《편년통록》은 포함), 이들이 보육과 성씨가 달랐기 때문으로 해석했다.[27] 또 성호는 태조 왕건이 즉위 후 3대를 추존한 것은 "제후는 2소(昭)와 2목(穆)의 4대를 제사하는 법인데, 제사가 3대에 그쳤으니, 3대 이상은 누구인지 모르고 귀한 성씨의 사람인 것만 알았기 때문인 듯합니다"[28]라고 하며 왕건의 선대 가계가 매우 미약했다고 평했다.

한편 순암은《동사강목》에서 태조의 3대를 추봉한 사실을 기록한

27)《성호사설》권27, 경사문, 왕건세계 참고.

후, 이제현의 글(《역옹패설》 전집1)을 인용해 자신의 입장을 드러냈다.[29] 이제현은 의조(작제건)의 부친은 당나라 귀성(貴姓)이라며, 보육을 국조로 기록한 《고려사》 '세가' 기록의 잘못을 지적했다. 성호와 순암은 모두 작제건의 부친을 당나라 귀성으로 보고 있다.

## 왕실의 출생 설화와 왕씨 성의 유래

순암은 '고려세계'의 설화구조도 매우 불완전하며 예전 설화를 옮겨 적은 데 불과하다고 비판했다.

> 진의가 언니의 꿈을 사는 이른바 매몽설(買夢說)은 김유신 여동생 문희
> (文姬)의 설화와 같으며, "오줌으로 천하를 덮었다"는 사실은 현종의 어
> 머니에 관한 것입니다. 그와 같이 사실을 꾸며 전하는 흔적은 스스로 숨
> 길 수 없는 일입니다.
> ─《순암집》권10, 동사문답, 성호 선생에게 올림, 정축년②(1757)〔上星湖先生書 丁丑〕

순암은 '고려세계'에서 보육의 둘째 딸 진의가 오관산(五冠山) 꼭대기에 올라 소변을 누어 천하에 흘러넘쳤다는 언니의 꿈을 산 후 당나라 숙종과 동침해 작제건을 낳았다고 하는 이야기를 김유신의 누이

---

28) 《성호전집》 권26, ⑥안백순에게 답함, 정축년(1757), 별지〔答安百順 丁丑 別紙〕.

29) 《동사강목》 권5 하, 고려 태조 2년 3월.

와 경종의 비인 헌정(獻貞)왕후의 꿈 설화를 차용한 것으로 보았다.
김유신 누이의 설화는 김유신 여동생 문희가 경주 서형산(西兄山) 정
상에서 온 나라에 흘러넘치게 소변을 본 언니의 꿈을 비단치마를 주
고 사들여 무열왕의 비가 되었다는 내용이다.[30]

또 고려 경종 비 헌정왕후가 곡령(鵠嶺, 송악산) 정상에서 본 소변
이 나라에 흘러넘쳐 은빛 바다를 이루는 꿈을 꾸었는데, 점 치는 사람
이 아들을 낳으면 나라를 얻을 것이라고 예언했고 뒷날 사촌인 안종
(安宗) 욱(郁)과 사통(私通)해 낳은 아들이 현종으로 즉위했다고 전
한다.

한편 순암은 성호에게 보낸 다음의 편지에서, 왕씨의 유래 등에 관
한 자신의 생각을 밝히고 있다.

> 익재 선생(이제현)은《왕씨종족기(王氏宗族記)》를 인용해 "국조(國祖)
> 의 성은 왕씨다"라고 했으며,《성원록(聖源錄)》을 인용해 "의조(懿祖, 작
> 제건)가 용녀를 처로 삼았는데, 평주 사람 두은점(豆恩坫) 각간(角干)
> 의 딸이다"라고 했습니다. 용녀는 그녀의 이름인데, 이 말이 가장 믿을
> 만합니다.
>
> -《순암집》권10, 동사문답, 성호 선생에게 올림, 정축년②(1757)〔上星湖先生書 丁丑〕

순암은 익재 이제현의 견해를 따라, 고려왕실 성씨인 왕씨는 국조
원덕대왕 때 처음 사용되었고, 왕건의 조부 작제건이 혼인했다는 용

---

30)《삼국사기》권6, 신라본기, 문무왕 상.

녀(龍女)는 서해 용왕의 딸이 아니라고 했다. 그러나 성호는 순암과 다른 견해를 보이고 있다.

> 태조 왕건은 원래 왕씨가 아닐 것입니다. …… 고려는 도선의 말을 황제의 말과 같이 믿습니다. 왕건이라는 두 글자의 이름은 도선이 지어준 것입니다. '왕(王)'으로 성을 삼은 것은 아마도 왕건의 아버지인 세조 융(隆)이 정한 것인 듯합니다.
>
> ─《성호전집》권26, ⑥안백순에게 답함, 정축년(1757), 별지〔答安百順 丁丑 別紙〕

성호는 '왕건(王建)'은 이름에 불과하며, 왕씨는 왕건의 아버지 때 정한 것이라고 답했다. 성호는 왕씨 성은 태조의 부친인 용건 때 처음 사용했다고 하여, 순암과 다른 입장이다. 성호는 이 편지와 같은 취지의 얘기를《성호사설》에서도 밝히고 있다. "작제건, 용건, 왕건 3대가 모두 건(建)으로 이름을 붙였으니, 왕건의 '왕'자는 성이 아니고 이름이다. 도선이 왕건의 아버지 세조에게 내년에 아들을 낳으면 이름을 '왕건'이라 하라는 것으로 보아 왕건 두 글자가 이름임이 분명하다. 또 태조가 즉위 후 3대만 추존한 것은 그 이전은 알 수 없는 미천한 신분이기 때문이다"라고 논했다.[31]

---

31)《성호사설》권27, 경사문, 왕건세계.

## 고려 태조는 도적의 무리

순암은 여러 차례 성호에게 편지를 보내, 고려 태조에 대한 자신의 생각을 피력한다. 순암은 "이때 신라의 정통군주가 존재하고 있다. 궁예(弓裔)가 신라를 배반해 난을 일으켰고, 왕건은 그의 무리가 되었다. 따라서 왕건 또한 도둑의 무리다"[32]라는 입장을 갖고 태조 왕건을 평가한다.

태조 왕건이 왕위를 찬탈한 것은 분명합니다. 고려 사람들이 말을 부드럽게 순화시킨 것은 그의 이름을 존경하기 때문입니다. 저는 고려의 신하가 아니기 때문에 역사가의 원칙에 따라 "태봉의 장수 왕건이 왕이라 칭하고 그 군주 궁예를 쫓아냈다. 궁예는 도망하다가 죽었다〔泰封將王建稱王 逐其君弓裔 裔走死〕"라고 기술할 것입니다. 여기서 '태봉장(泰封將)'이란 것은 왕건이 궁예의 신하라는 말이며, '칭(稱)'이라 한 것은 스스로 높인 말이며, '축(逐, 궁예를 쫓았다)'이라 한 것은 실제로 일어난 사실을 기록한 것이며, '궁예사(弓裔死)'는 궁예가 도적〔群盜〕이라는 뜻입니다.

-《순암집》권10, 동사문답, 성호 선생에게 올림, 정축년②(1757)〔上星湖先生書 丁丑〕

순암은《동사강목》에서도 "태봉의 장수 왕건이 왕을 칭하고 나라 이름을 고려라 했다. 궁예가 도망하다가 죽었다〔泰封將王建稱王 國號高麗 弓裔走死〕"[33]라고 서술하고 있다. 성호에게 보낸 편지에서 밝힌 고려 태조에 대한 입장이《동사강목》에 그대로 반영되어 있다.

---

32)《순암집》권10, 동사문답, 성호 선생에게 올림, 병자년①(1756)〔上星湖先生書 丙子〕.

## 나약한 목종을 폐하고 왕위에 오른 현종

순암은 '동사문답'에서 목종과 현종에 대한 자신의 생각을 다음과 같이 피력했다. 《동사강목》의 편찬이 거의 마무리되는 1759년 성호에게 보낸 편지다.

목종 같은 경우는 특별히 나약〔懦孱〕하고 어리석은〔昏淫〕 군주지만 큰 잘못은 없습니다. 또 재위 말년에 대량원군(大良院君, 현종)을 불러들인 것은 정말로 마땅한 일이었다고 할 수 있습니다. 그런데 강조가 그 틈을 타서 난을 일으켰습니다. 순(詢, 현종)이 왕명을 받아 궁궐에 왔다면 마땅히 먼저 주상(목종)이 어디에 있는지 묻고, 주상의 명령을 받아 행동해야 했습니다. 그런데 그렇게 하지 않고 도리어 즉위하는 데 급급했습니다. 임금(목종)을 내쫓고 시해하는 일을 강조에게 일임해서 모르는 것처럼 행동했습니다. 역사가들이 "목종의 시해를 새 군주(현종)가 알지 못했다. 거란이 강조의 죄를 물었을 때 비로소 알게 되었다"고 한 것은 말이 되지 않습니다. 이 사실은 마땅히 "순(현종)이 궁궐에 이르러 스스로 왕위에 오르고, 왕(목종)을 폐해 양국공(讓國公)으로 삼았고, 끝내 시해했다"라고 서술하는 것이 어떻겠습니까?

-《순암집》권10, 동사문답, 성호 선생에게 올림, 기묘년②(1759)〔上星湖先生書 己卯〕

목종이 비록 나약하고 어리석은 군주지만, 말년에 현종을 후계자로

---

33) 《동사강목》 권5 하, 고려 태조 원년 6월.

세워 그를 받아들인 사실은 높이 평가했다. 기존《고려사》와 다른 평가다. 그러는 한편으로《고려사》에서 고려 중흥(中興)의 군주로 높이 평가받은 현종에 대해 매우 비판적이다. 목종의 명령으로 궁궐에 도착한 현종은 먼저 자신을 불러들인 목종의 소재를 묻지 않았고, 목종을 폐위시키고 시해한 강조에게 책임을 묻지 않은 잘못을 범했다는 것이다. 순암은 결국 현종이 목종을 폐하고 시해했다는 식으로 역사를 서술해야 한다고 주장하고, 이에 대해 성호의 견해를 물었다.

여기에 성호가 답한 기록은 현재 확인할 수 없다. 그런데 순암은《동사강목》에는 편지와 다르게, "강조는 순을 왕으로 삼고, 왕(목종)을 폐위시키고 양국공으로 삼았다. 곧 왕을 시해했다〔康兆立詢爲王 廢王爲讓國公 尋弑之〕"라고 썼다. 즉 현종이 목종을 시해한 것으로 본 편지와 달리 강조가 목종을 폐위시키고 시해했다고 기록했다. 그러는 한편으로 이 기록에 대해, 비록 강조가 목종을 시해했으나 현종도 이 일에 참여했다고 평가한다는 자신의 사론을 남겼다.[34]

## 조카의 왕위를 찬탈한 숙종

순암은《동사강목》에서 중요한 사건이나 인물에 대해 평가할 때 다른 사람의 평가를 인용해 자신의 생각을 우회적으로 드러내는 방식으로 서술하기도 했다. 숙종을 평가하는 대목이 바로 대표적인 예다. 순암

---

34)《동사강목》권6 하, 목종12년 2월.

은《여사제강》을 편찬한 유계의 숙종 평가를 인용한다.

유계는 이렇게 적었다. "숙종은 (자신의) 지위(地位)가 왕을 핍박하고 인망이 높은데다 이미 이자의(李資義)를 죽이고 왕국모(王國髦)와 소태보(邵台輔) 무리와 손잡아 위엄과 권세를 자신에게 돌아오게 했다. 헌종이 비록 선위하고 싶지 않았다고 해도 그럴 수 없었을 것이다. 숙종이 찬탈한 것이 아니고 무엇인가? 숙종 즉위 이듬해에 헌종이 죽은 것은 더욱 의심스럽다. 그렇지 않다면 공상(恭殤)이란 시호와 헌묘(獻廟)란 묘호가 어찌 예종 때에 이르러 올려졌겠는가? 이제현의 사평(史評)에는 말에 나타난 뜻 이외의 다른 뜻이 숨어 있음을 추측할 수 있다."

-《동사강목》권7 하, 헌종 원년 10월

유계는 숙종이 조카 헌종을 죽이고 즉위했다고 적었다. 그는 이제현의 사론에 담긴 숨은 뜻 역시 자신과 같은 생각이라 추정했다. 순암은 유계의 사론과 함께 이제현의 사론을 《동사강목》에 실었다. 이제현은 숙종의 즉위에 대해 주공(周公)이 어린 나이에 즉위한 조카 성왕을 보필하고, 박륙후(博陸侯, 한漢나라 곽광霍光)가 한 무제의 어린 아들 소제(昭帝)를 보필한 사례를 경계로 삼아야 한다고 했다.

순암은 자신의 생각을 《동사강목》에 직접 드러내지 않았지만, 이제현과 유계의 사론을 인용함으로써 이들과 같은 생각이라는 입장을 우회적으로 드러냈다. 실제로 순암은 《동사강목》을 완성하기 전 성호에게 보낸 편지에서 자신의 입장을 밝힌 바 있다. 즉 숙종이 조카 헌종의 왕위를 빼앗고 죽인 패덕한 짓을 저질렀다고 비난했다.

헌종은 분명히 계림공(鷄林公, 숙종)이 왕위를 빼앗고 시해한 것입니다. 헌종 원년(1095) 숙종이 소태보를 시켜서 이자의를 조정에서 죽였습니다. 그해 8월 희(熙, 숙종)가 중서령(中書令)에 임명되자, 백관들이 그의 집에 가서 축하했습니다. 그가 소리를 내어 사람들을 위협하는 것이 눈으로 보는 듯합니다. 그해 10월 헌종이 왕위에서 물러났는데, 숙종이 폐한 것이 아니겠습니까? 그리고 얼마 지나지 않아 (헌종은) 궁궐에서 나와 흥성궁(興盛宮)에 거처하다 죽었습니다. 이는 진실로 의심스럽습니다. 이제현은 "친척 가운데 주공 같은 사람, 신하 가운데 박륙후 같은 사람을 얻어 이들에게 맡겨 정사를 돕지 못했다면, 위태롭고 어지러움은 발을 들고 기다릴 수 있다"고 했습니다. 이것을 보면, 숙종이 헌종을 죽인 것이 분명합니다. "속이는지 미리 헤아리지 말고, 믿지 못하리라고 억측하지 말라"는 말은 진실로 성인의 가르침입니다. 역사가들의 주심법(誅心法, 마음속 악을 책하는 것)은 반드시 증거를 가지고 미루어 아는 것입니다. 만약 증거를 가리는 것이 어렵다면, 마음을 알 수 있습니다.

－《순암집》권10, 동사문답, 성호 선생에게 올림, 기묘년②(1759)〔上星湖先生書 己卯〕

그러나 성호는 신중한 입장을 보였다. 숙종이 헌종을 죽이고 왕위에 오른 구체적인 증거가 없다는 것이다. 그는 "숙종이 잘못한 증거를 찾는다면, 그의 죄를 성토하는 것은 무방하다. 그러나 드러난 사실이 없다"고 평했다.[35] 다른 편지에서도 같은 입장이었다.

---

35) 《성호전집》권27, ①안백순에게 답함, 기묘년(1759), 별지〔答安百順 己卯 別紙〕.

고려 헌종과 숙종의 일은 비록 의문점이 있으나, 분명한 근거가 되는
문헌이 없습니다. 헌종이 종묘에 들지 못한 것은 아마도 잘못된 예절
일 것입니다. 당나라 선종(宣宗)은 숙부가 조카를 계승한 경우입니다. 당
시에도 목종(穆宗) 이하의 신주를 옮기려는 논의가 있었고, 비록 시행
되지는 않았지만 잘못된 논의는 있을 수 있는 것입니다. 목종의 경우도
이런 종류의 것이 아니겠습니까? 밝은 자[明]가 소(昭)가 된다는 것은
예전에도 있었습니다만, 이는 어긋난 것입니다. 그러나 종묘에서 소목(昭
穆)을 문란하게 해서는 안 됩니다. 제가 일찍 언급한 게 있으나 지금 다
얘기를 할 수는 없습니다.

-《성호전집》권26, ⑨안백순에게 답함, 기묘년(1759)〔答安百順 己卯〕

성호는 순암과 달리 구체적인 증거가 없기 때문에 숙종의 왕위 찬
탈을 단정 지을 수 없다고 했다. 이러한 스승의 입장 때문에 순암은
숙종의 왕위 찬탈에 대해 직접 언급하지 않고, 유계와 이제현의 사론
을 인용해 간접적으로 자신의 입장을 드러낸 것으로 판단된다.


**조위총을 재조명하다**


무신정권 수립 직후인 1174년(명종4) 서경 유수 조위총(趙位寵)은
정중부, 이의방이 의종을 죽이고 명종을 세운 것을 토벌한다는 명분
으로 봉기했다. 현재 학계는 조위총의 봉기가 무신정권 성립 이후 최
초로 서북 지역에서 일어난 농민봉기로서, 무신정권기 대규모 농민봉
기의 단초가 되었다고 평가하고 있다.

그런데《고려사》는 조정에 반기를 들어 봉기를 일으킨 조위총을 반역열전에 넣지 않았다. 순암은 여기에 주목해 조위총을 새롭게 평가하고자 했다. 순암은 조위총 봉기의 빌미가 된 의종 시해 사건 후 즉위한 명종의 처사에 대해《동사강목》에서 주목할 만한 평가를 내렸다.《동사강목》을 집필하고 있던 1755년, 순암은 편지를 통해《고려사》와《동국통감》에서 조위총에 대한 기록이 달라 조위총을 어떻게 평가해야 하는지를 스승에게 묻는다.

> 조위총은《고려사》에서 "거의(擧義, 정의로운 행동)했다"고 되어 있습니다. 그리고 선생님께서도 글을 주셔서 그에 대한 가르침이 있었습니다. 그런데《동국통감》에 그런 사실이 보이지 않아 어떻게 서술해야 할지 모르겠습니다.《(동국)통감》의 필법에 다른 바가 있습니까?
>
> -《순암집》권10, 동사문답, 성호 선생에게 올림, 을해년(1755)〔上星湖先生書 乙亥〕

성호는 조위총을 반역행위로 평가한《동국통감》의 서술이 잘못되었다고 지적했다. 그의 봉기를 의로운 행동으로 보아야 한다는 입장이다. 순암이 편지에서 선생의 가르침을 받았다는 것은 성호가 순암에게 보낸 다음의 편지를 말한다. 성호는 이 편지에서 "마한의 주근(周勤)과 고려의 조위총 같은 사람은 반역자의 반열에 넣지 말아야 하며, 이들을 다시 생각해보는 것이 마땅합니다"[36]라고 했다. 즉 조위총을 마한의 주근과 같은 존재로 평가했다.

---

36)《성호전집》권25, ③안백순에게 답함. 을해년(1755)〔答安百順 乙亥〕.

참고로《삼국사기》'백제본기' 온조왕 34년(기원후 16)조에 따르면, "마한의 옛 장수 주근이 우곡성(牛谷城)을 근거로 반란을 일으켰다. 온조왕이 직접 군사 5,000명을 이끌고 공격하니, 주근이 스스로 목을 매어 죽었다. 그 시체의 허리를 베고, 아울러 그 처자를 죽였다[馬韓 舊將周勤 據牛谷城叛 王躬帥兵五千討之 周勤自經 腰斬其尸 幷誅其 妻子]"라고 기록되어 있다. 즉 마한의 주근은 백제에 반란을 일으킨 장수로 기록되어 있다.

그러나 성호는 이에 대해, "'마한의 옛 장수 주근이 군사를 일으켜 우곡성에 웅거(雄據)했으나, 이기지 못하고 사절(死節)했다'라고 써 야 한다. 이렇게 한 뒤에야 큰 법도가 어두워지지 않을 것이고, 권선 징악에도 근거할 바가 있을 것이다"라고 주장해, 마한을 위해 의리를 지킨 장수로 주근을 높이 평가했다.[37] 성호는 조위총의 봉기 역시 의 종을 시해한 무신정권에 저항한 의리 있는 행동으로 평가한 것이다.

순암은 위에서 살펴본 바와 같이 조위총을 의리 있는 행동으로 평 가한 성호의 생각에 동의했다. 한편 그는 조위총의 거사 후 행적에 대 해서는 몇 가지 의문점을 제기했다. 성호가 생각하지 못한 문제점을 제기한 것이다.

조위총의 거사 전후 행적은 분명하고 떳떳한 점이 결여된 듯합니다. 또 김보당(金甫當)과 조금 같지 않은 점도 있습니다. 거의해서 국왕을 시해 한 적을 토벌했다면, 그의 행적은 매우 정당합니다. 또한 "서경 유수 조위

37)《성호전집》권47, 삼한정통론.

총이 군사를 일으켜 정중부를 토벌했다"라고 서술해야 합니다. 그가 패했을 때는 "윤인첨(尹鱗瞻)이 서경을 공격해 점령했다. 조위총을 사로잡아 목을 베었다"라고 서술해야 합니다. 이러면 군사를 일으켜 적을 토벌한 뜻과 사사로움을 좇아 스스로 저지른 죄도 아울러 드러날 것입니다. 가르침을 구합니다.

-《순암집》권10, 동사문답, 성호 선생에게 올림, 을해년(1755)〔上星湖先生書 乙亥〕

이 편지에서 순암은 조위총의 행적에 대해 사사로움을 좇는 결함이 있다고 했다. 성호는 거기에 직접 답하지 않았지만,《성호사설》에서 자신의 입장을 간접적으로 드러내고 있다.

《동국통감》에는 역적처럼 씌어져 있으니, 이는 의리로 보아 크게 그릇된 것이다.《춘추》의 의리에는 임금을 죽인 역적은 누구라도 죽일 수 있다고 했다. 임금을 죽였는데 그 역적을 토벌하지 않고 그냥 둘 수 있겠는가? …… 마땅히 사책(史冊)에 쓰기를, "서경 유수 병부상서 조위총이 군사를 일으켜 역적을 토벌하다가 이기지 못하고 죽었다"고 했어야 할 것이다.

-《성호사설》권20, 경사문, 조위총

한편 순암은 위의 편지에서 조위총이 "사사로움을 좇아 스스로 저지른 죄"가 있다고 하면서도 구체적으로 서술하지 않았다. 그러나 성호가 보낸 다음의 편지를 보면 사사로움을 좇은 죄는 금나라에 구원을 요청한 사실이다. 성호는 이듬해 1756년 순암에게 보낸 편지에서, 금나라에 구원을 요청한 행위는 국왕을 시해한 원수를 응징하기 위한 것이며, 오히려 대단한 일로 평가해야 한다고 적시했다.

조위총에 관한 사실은 그의 올바른 사실만 보이지, 잘못된 점을 알 수 없습니다. 그가 금나라에 도움을 구한 것은 일(무신정변)이 성공하는 것을 싫어했기 때문이며, 국왕의 원수를 응징하겠다는 것 또한 대단한 것입니다. 역사를 기록한다는 것이 쉬운 일은 아니지요.

-《성호전집》권25, ⑥안백순에게 답함, 병자년(1756)〔答安百順 丙子〕

성호는《성호사설》에서 조위총을 다음과 같이 평가했다.

조위총의 실패는 운수가 나빠 그렇게 된 것이지 군사를 일으킨 것이 잘못이라고는 할 수 없다. 군신의 대의를 천지 사이에 숨길 수 없다 하며 강약을 헤아리지 않고 정의로운 목소리를 냈다. 이것이 바로 신하의 절조(節操)를 양심껏 했던 것이다. 역사를 짓는 자로서 다만 일의 성패를 갖고 그의 득실을 논했으니, 이런 말을 써서 후세에 전한다면 천지가 모두 깜깜해지는 데에 가깝지 않겠는가? 괴이하다 하겠다.

-《성호사설》권20, 경사문, 조위총

순암은 성호에게 편지를 보낸 1755년 무렵만 하더라도 조위총을 의로운 행동으로 평가한 성호와 입장이 같지 않았다. 그는《고려사》와《동국통감》의 상반된 평가에 대해 뚜렷한 입장을 갖지 못했던 것이다. 그러나 성호의 가르침을 받아 조위총을《고려사》와 같이 평가하게 되었다.

## 꼭두각시 군주 명종

조위총에 대한 입장을 분명히 한 순암은 의종을 시해한 무신권력자와 그들에 의해 옹립된 국왕 명종에 대해서 새롭게 평가하지 않을 수 없었다. 그는 《동사강목》 편찬이 마무리되는 1759년 성호에게 편지를 보내 명종을 어떻게 평가할 것인지를 물었다.

> 《성호사설》을 읽었더니, 선생님은 의종의 시해에 대해 "호(皓, 명종)가 임금을 시해하고 스스로 자리에 오른 죄를 마땅히 기록해야 한다"라고 했습니다. 이때 정중부 등이 권력을 제멋대로 휘둘러 임금을 폐했습니다. 호는 단지 코가 꿰어 그들의 요구를 들었을 뿐입니다. 어찌 감히 자신의 손발을 움직일 수 있었겠습니까? 이 때문에 명종에게 죄를 씌우는 것은 지나친 것 같습니다.
>
> -《순암집》권10, 동사문답, 성호 선생에게 올림, 기묘년②(1759)〔上星湖先生書 己卯〕

순암은 《성호사설》에 실린 명종에 대한 평가를 읽고 이같이 질문했다. 이 질문에는 무신권력자의 감시와 통제를 받는 꼭두각시 군주였던 명종에게 의종 시해의 책임을 전가하는 것은 지나치다는 순암의 생각이 담겨 있다.

성호는 명종이 무신권력자의 통제와 감시를 받는 무력한 군주이기는 했으나, 의종이 시해되었을 때 바로 시신을 수습해 장례를 지내지 않은 것에 대해서는 죄를 물어야 한다는 것이었다.

조위총은 서경을 거점으로 해 군사를 일으켰다가 윤인첨에게 사로잡혀

참형을 당했는데도 반역열전에 들지 않았다. 의종 시해에 정중부와 이의방이 괴수였는데, 명종 호가 비록 즉위했으나 정중부 등을 존대하고 총애할 뿐 아니라, 가마솥 속에 들어 있는 의종의 시체를 수습해 매장조차 하지 아니했다. 임금을 시해하고 장사도 지내지 않은 죄를 조위총이 성토했기 때문에 5년이 지난 뒤에야 비로소 발상해 매장했다. 이는 비단 정중부 등만이 역적질을 한 것이 아니다. 역사가는 마땅히 명종이 임금을 시해하고 스스로 즉위한 죄를 기록했어야 할 것이다. 어찌 조위총을 허물할 처지가 되겠는가? 조위총을 비난한《고려사》는 사람의 뜻을 분발케 한다.

-《성호사설》권25, 경사문, 신우(辛禑)

한편 성호는 다른 글에서 당시 명종이 무신권력자의 통제와 견제를 받아 아무것도 할 수 없었다고 명종의 처지를 헤아리기도 했다.

이때 명종은 비록 역신(逆臣)의 후원으로 국왕으로 즉위했으나 한나라 헌제(獻帝)나 당나라 소선제(昭宣帝)에 지나지 않아 왕 자리만 차지했고 그들에게 통제와 견제를 받게 되었으니, 어찌 명종이 (조위총을) 구원하고 싶어 했겠는가?                     -《성호사설》권20, 경사문, 조위총

《동사강목》편찬을 시작할 당시 순암은 조위총과 명종에 대해 뚜렷한 입장을 갖지 못했다. 그러나 스승 성호의 저술인《성호사설》을 읽고, 그 내용을 다음과 같이 그대로 서술했다.

조위총의 평가:《춘추》의 의(義)에, 군주를 죽인 적은 어느 사람이나 죽일 수 있다. 군주가 시역을 당했는데 적을 토멸(討滅)하지 않으면 신하가

있다고 말할 수 있겠는가? 위총의 일은 이른바 먼저 발병(發兵)하고 뒤에 보고한 것이니 힘으로 이기지 못해 죽음에 이른 것은 하늘의 뜻이다. …… 위총의 기병은 의종이 시해를 당한 이후에 있었으니 복수의 거사를 어찌 그만두겠는가? …… 《고려사》는 위총을 반역열전에 넣지 않고 일반 열전에 넣었고, 《여지승람》 역시 그를 평양의 명환(名宦)으로 기록해 실었으니, 사람의 뜻에 조금은 맞았다.

명종의 평가: 비록 명종이 이미 즉위해 명위(名位)가 정해졌다 하더라도, 명종이 적신(賊臣)들에게 옹립되어 의종의 시해에 대해 즉위를 사양하는 절개를 지키지 못하고 왕위를 향유하면서, 임금이 폐위되어도 의문을 표시하지 아니하고, 임금이 시해당해도 묻지 아니했다. 또 수년이나 장사 지내지 않고 상례(喪禮)를 행하지 않았다. 역모에 참여하지 않았지만, 명종 역시 흉역(兇逆)의 무리다.　　　-《동사강목》권9 하, 명종 6년, 순암의 사론

# 6

# 고려 역사와 인물의 평가

## 동진국의 역사

동진국(東眞國)의 역사에 대해 순암과 성호는 다음과 같이 편지를 주고받았다.

> 동진국의 역사를 고찰했으나, 얻은 것이 없습니다. 혹시 《요사》에 실려 있지 않는지요? 동진국과 같은 경우는 막연해 어떤 국가인지 알 수 없으니, 진실로 개탄스럽습니다.
>
> ─《순암집》권10, 동사문답, 성호 선생에게 올림, 병자년 ①(1756) 〔上星湖先生書 丙子〕

> 동진국은 금나라에 예속되었다가 금나라 말기에 반란을 일으킨 사실이 《금사》에 실려 있습니다. 우리나라는 동진국과 접경을 이루고 있어 장래에 반드시 금나라에서 일어난 화가 있을 것입니다. 따라서 동진국을 자

세하게 살펴볼 필요가 있습니다. 동진국의 위치는 영고(靈古)와 오라(烏喇) 사이로 생각됩니다.

－《성호전집》권25, ㉠안백순에게 답함, 병자년(1756)〔答安百順 丙子〕

성호는 위 편지에서 동진의 역사를 구체적으로 언급하지 않았다. 그러나 그의 저서《성호사설》에서 다음과 같이 정리하고 있다.

(원나라) 태조 10년(1215) 금나라 선무사(宣撫使) 포선만노(蒲鮮萬奴)가 요동을 점거한 후 자칭 천왕(天王), 국호는 대진(大眞), 원년은 천태(天泰)로 고쳤다. 이듬해 원나라에 항복하고 그의 아들 첩가(帖哥)로 입시(入侍)하게 했다. 얼마 후 다시 배반해 국호를 동하(東夏)라고 했다. 15년을 지난 임진년(1232, 원 태종4) 원나라에 사로잡혔다. 이것이 동진의 시말이다. 　　　　　　　　　　　　　　　　　－《성호사설》권20, 경사문, 동진

참고로 동진국은 함평로선무사(咸平路宣撫使)인 금나라의 무장 포선만노가 1215년 요동을 근거지로 삼아 세운 국가다. 처음 국호를 '대진', 연호를 '천태'라 했다. 뒤에 몽골의 칭기즈칸에게 쫓겨 두만강 유역으로 이주해 국호를 동진국으로 고치고 두만강과 압록강 주위에 있는 여진족을 통합했다. 1217년 몽골과 화맹(和盟)하고 고려를 구한다는 구실로 고려의 동북쪽을 침입했고, 1218년에는 고려에 침입한 거란족을 동진국이 몽골군과 함께 지금의 평양 강동성(江東城) 지역에서 섬멸한다. 이를 계기로 고려와 몽골은 형제맹약을 맺는다. 동진국은 1233년 몽골의 공격으로 멸망했다. 그러나 이후에도 동진국의 잔존세력이 만주 지역에 거주하면서, 고려와 몽골 사이를 오가며 존속

했다. 1258년 고려인 조휘와 탁청(卓靑)이 반란을 일으켜 몽골에 투항해 고려의 동북 지역이 몽골에 편입되며 쌍성총관부가 설치된다. 이 무렵을 전후해 동진국의 활동이 《고려사》 기록에 나타난다. 따라서 현재 남아 있는 기록에 따를 경우 동진국의 역사는 순암의 표현과 같이 자세하게 알 수 없는 것이 사실이다.

### 길재, 천지를 붙잡고 일월을 꿰뚫은 절의

순암은 인물평가의 기준으로 왕조에 대한 절의를 중시했다. 또 《고려사》를 편찬하면서 절의를 지킨 인물들의 행적을 기록한 '은일전(隱逸傳)'을 만들지 않은 것에 불만을 표시했다. 성호에게 보낸 편지에 이러한 생각이 담겨 있다.

> 《고려사》에 '은일전'을 넣지 않고, 그 속에 야은 길재 열전을 싣지 않은 것은 역사가의 잘못입니다. 야은을 고려 역사에서 다루지 않는다면 장차 조선 역사에서 다루려 한 것일까요? 말이 되지 않습니다.
> ─《순암집》권10, 동사문답, 성호 선생에게 올림, 갑술년(1754)〔上星湖先生書 甲戌〕

성호 역시 동감을 표시한다.

> 《고려사》에 '은일전'이 없는 것은 비판을 받아야 할 것입니다. 절의를 지킨 사람들이 적지 않았을 터인데, 관련 자료가 없어 애석할 따름입니다.
> ─《성호전집》권24, ⑪안백순에게 답하는 편지, 갑술년(1754)〔答安百順 甲戌〕

순암은《고려사》에 '은일전'을 두지 않아서, 길재와 같이 절의를 지킨 인물의 행적이 크게 드러나지 않은 것을 아쉬워했다. 실제로 순암과 성호는 왕조 교체기에 절의를 지닌 대표적인 인물로서 길재(吉再, 1353~1419)에 주목했다. 두 사람은 고려왕조에 대한 의리로 조선왕조에서 벼슬하지 않은 길재의 태도를 높이 평가했다.

길재는 우왕 때 과거에 합격해 관리가 되었다가, 공양왕 2년(1390) 벼슬을 버리고 귀향했다. 그는 고려 말 짧게 관리 생활을 했고, 귀향 당시 관직은 문하주서(門下注書, 정7품)의 하위직에 지나지 않았다. 그 때문에 현재의《고려사》기록에 그의 행적이 기록되어 있지 않다. 그가 주목받은 것은 조선 정종 2년(1400), 길재와 동문수학한 세자 이방원의 추천으로 서울에 올라왔을 때다. 이때 길재는 봉상박사(奉常博士)에 임명되자, 곧바로 사직하고 귀향한다. 사직 상소에는 다음의 내용이 담겨 있다.

> 신은 본래 한미한 사람으로 '신씨(辛氏)의 조정'에 벼슬해, 과거에 뽑혀서 벼슬이 문하주서에 이르렀습니다. 듣건대 "여자는 두 남편이 없고, 신하는 두 임금이 없다"고 합니다. 전리(田里)로 돌아가게 해 두 성을 섬기지 않으려는 신의 뜻을 이루게 하고, 효도로 노모를 봉양하게 해 여생을 마치게 하소서. ─《정종실록》2년 7월 2일

길재의 처신은 사림파가 대두한 조선 중기 이후 불사이군(不事二君)의 절의를 지킨 표본으로 높이 칭송받았다. 순암과 성호 역시 길재를 높이 평가했고, '은일전'을 두어 길재와 같은 절의의 인물 전기를 기록하지 않은《고려사》찬자의 편찬 태도를 비난했다. 그러나 길재

가 조선 정종에게 올린 사직 상소문에서 고려왕조에서 과거에 합격해 관리를 지내던 당시를 '신씨의 조정〔辛氏之朝〕'으로 표현한 것에 유감을 표시했다. 먼저 순암의 지적이다.

야은이 가장 적절한 처신을 했으나, '신조(辛朝)'라는 두 글자 속에 마음과 입이 일치하지 않은 잘못이 있습니다. 또 아들에게 조선왕조에 벼슬하기를 권한 것은 조선왕조에 대해 크게 반대하지 않은 태도 때문이 아닐까요?
　　　-《순암집》권10, 동사문답, 성호 선생에게 올림, 경진년(1760)〔上星湖先生書 庚辰〕

순암은 길재가 조선왕조에서 벼슬하지 않았지만, 아들에게 벼슬을 권유하고, 자신이 과거에 합격해 벼슬을 한 우왕 때를 '신씨의 조정'이라 한 것은 그가 조선은 물론 고려에 대해서도 철저하지 않은 태도, 즉 절의에 대한 불철저한 태도 때문이 아닌가 하는 문제를 제기한다. 고려를 섬겼기 때문에 조선을 섬길 수 없다고 하면서, 자신이 벼슬한 우왕과 창왕 때를 왕씨를 가탁(假託)한 가짜 왕조라고 말한 것은 절의에 대해 철저한 태도가 아니라고 순암은 생각했다.

다음의 글에서 알 수 있듯이 성호 역시 순암의 생각과 같다.

길재는 조선 건국 후 서울로 불려 왔으나 관직을 사직했습니다. 그것만으로도 하늘과 땅을 붙잡고 태양과 달을 꿰뚫을 정도의 절개를 지녔다고 말할 수 있습니다. 그런데 길재가 관직을 사직하는 상소문에서 우왕과 창왕은 고려 말 권신 신돈의 자식이라는 뜻에서 '신씨의 조정'이라는 말을 남긴 것은 유감스럽습니다. 두 국왕이 왕씨가 아닌 신씨라 하더라도, 그는 당시 두 국왕이 신씨라고 생각하지 않아서 벼슬을 했을 것입니다. 그런데

조선이 건국되고, 세상이 바뀌었다고 해서 벼슬을 처음 했던 그때의 생각
을 바꾼 것이라면 그것은 잘못입니다. 두 왕조의 임금을 섬길 수 없다는
'불사이군'이라는 말로서 사직하는 것이 더 바람직했을 것입니다.

－《성호전집》권24, ⑪안백순에게 답함, 갑술년(1754)〔答安百順 甲戌〕


성호는 길재가 당시 우왕과 창왕이 신씨라는 사실을 알고 관리생활
을 한 것은 아니었는데, 조선이 건국되고 세상이 바뀌었다고 해서 그
렇게 언급한 것은 올바른 처신이 아니었다고 분명하게 비판하고 있
다. 그러나 성호는 "하늘과 땅을 붙잡고 태양과 달을 꿰뚫을 정도의
절개"를 지닌 인물로 길재를 높이 평가했다. 즉 성호는 길재가 끝내
조선왕조에 벼슬하지 않은 것은 훌륭하다며 높게 평가했다. 이처럼
성호는 순암과 다르게 길재의 절의를 높이 평가하는 등 길재에게 보
다 유연한 태도를 보였다.

스승 성호의 영향을 받은 탓인지 순암은 《동사강목》에서 1390년
(공양왕2) 길재가 관직을 버리고 귀향한 사실을 기록하고, 그의 행적
을 자세하게 기록했다.[38] 즉 《고려사》에 누락된 길재의 행적을 《동사
강목》에 추가해 서술한 것이다. 《동사강목》 '고려편'이 새로 쓴 고려
사라는 사실은 길재에 대한 서술에서도 잘 나타나 있다. 반면 고려와
조선에 대한 분명하지 않은 길재의 태도에 비판적인 순암의 입장은
《동사강목》 기록에 전혀 나타나지 않는다. 한편으로 두 사람은 절의
의 차원에서 길재의 긍정적인 측면과 부정적인 측면을 함께 조명한,

---

38) 《동사강목》 권17 하, 공양왕 2년 참고.

시시비비가 분명한 역사가의 면모를 잘 보여주고 있다.

## 압록강을 건너지 않은 김주

《동사강목》은 고려가 멸망하고 이성계가 조선 태조로 등극한 사실을
기록한 다음, 최종 서술을 다음과 같이 시작하고 있다.

> 혁명이 일어날 즈음에 절의를 지킨 사람은 정몽주, 길재, 서견(徐甄) 등
> 여러 사람 외에, 또 이양중(李養中), 김주(金澍), 원천석(元天錫) 등 몇
> 사람이 있다. 이들도 지조를 지켜 굴하지 않았으니, 우뚝하게 뛰어나다
> 할 만하다.　　　　　　　　　　　－《동사강목》권17 하, 공양왕 4년 추7월

이양중, 김주, 원천석 세 사람의 행적은 이후에 각각 자세하게 기록
되어 있다. 앞에서 지적했듯이 순암은 《고려사》에 '은일전'이 없음을
아쉬워했는데, 독립 열전을 가질 수 없는 강목체 역사서의 한계를 극
복하기 위해 이러한 형식으로 절의를 지킨 은일의 인물을 발굴해 기
록한 것이다.

한편 1760년 완성된 《동사강목》 초고본 여백에는 순암이 김주의 행
적을 정리해 추가한 기록이 있다. 김주에 관해 추가한 기록이 현재의
《동사강목》에 그대로 반영되어 있다. 즉 위의 세 인물 가운데 김주의
행적은 《동사강목》을 수정하는 가운데 추가된 것으로 보아야 할 것이
다. 특히 《동사강목》 편찬 과정에서 순암은 성호에게 편지를 보내, 김
주의 행적에 관해 진위를 질문한 적이 있다. 당시 순암이 보낸 편지와

성호의 답변은 다음과 같다.

김시양(金時讓, 1581~1643)은 《일록(日錄, 하담파적록荷潭破寂錄)》에
서 김주에 관한 사실이 잘못된 것이라며 의문을 제기했습니다. 공양왕 기
록을 살펴보니 (중국과의) 사대에 관한 일은 비록 작은 일도 반드시 자세
하게 기록하고 있는데, 예의판서(禮儀判書) 김주가 중국 경사(京師)에
조회한 사실은 없습니다. (김시양의 말과 같이) 과연 의심할 만합니다.
　　　－《순암집》권10, 동사문답, 성호 선생에게 올림, 병자년②(1756)〔上星湖先生書 丙子〕

김주에 관한 사실은 윤근수(尹根壽, 1537~1616)의 《월정집(月汀集)》에
그의 열전이 실려 있는 것을 본 적이 있습니다. 김시양은 김주의 행적이
사실이 아니라고 밝힌 적이 있는데, 그것이 사실입니다.
　　　－《성호전집》권26, ①안백순에게 답함, 병자년(1756), 별지〔答安百順 丙子 別紙〕

《동사강목》을 편찬하던 무렵 순암이 성호에게 김주의 행적을 질
문하자, 성호는 사실이 아니라고 말했다. 성호의 답변에 따라 순암은
1760년 완성된 초고본 《동사강목》에 김주에 관한 사실을 수록하지 않
았다. 그러나 이후 《동사강목》을 수정하는 과정에서 김주의 행적을
자세하게 실었다.
　　문제가 된 김주의 행적은 윤근수가 지은 '농암선생전(籠巖先生
傳)'[39]에 실려 있다. 농암(籠巖)은 김주의 호이며, 그는 선산 사람이

───
39) 《월정집(月汀集)》 권4, 잡저(雜著).

다. 김주는 중국에 사신으로 갔다 돌아오는 길에 압록강에서 조선이
건국되었다는 소식을 듣는다. 그는 충신은 두 임금을 섬기지 않는다
면서, 조복(朝服)과 신발을 부인에게 보내고 다시 중국으로 돌아갔다.
또 부인에게 중국으로 돌아간 날을 기일(忌日)로 삼고, 장사를 지낸
뒤 지문(誌文)과 묘갈(墓碣)을 쓰지 말라고 했다. 이후 그는 중국 초
(楚) 땅에서 살았다고 한다. 후일 중국에서 살던 김주의 후손이 명나
라 사신으로 일본에 가는 길에 조선에 들러 조상 김주에 관한 사실을
알렸다. 윤근수는 자신이 전해 들은 김주의 행적을 자신의 문집에 '농
암선생전'으로 남겼던 것이다.

김주에 관한 사실은 오운(吳澐)의 《동사찬요》에도 수록되어 있다.
그러나 김시양은 《하담파적록》(《대동야승(大東野乘)》 수록)에서 이
를 다시 소개하면서, 김주가 당시 사신으로 간 기록이 없으며, 그가
고려에 충절을 지켜 귀국하지 않은 사실은 큰 사건인데도 관련 사실
이 남아 있지 않은 것으로 보아 사실이 아니라고 했다.

순암도 성호에게 보낸 편지에서 당시 중국과의 사대 관련 일은 빠짐
없이 기록되어 있는데, 김주에 관한 기록이 남아 있지 않은 것을 근거
로 김주의 행적에 의문을 제기했던 것이다. 성호 역시 같은 생각이었
다. 때문에 김주의 행적은 초고본 《동사강목》에는 수록되지 않았다.

그러나 순암은 《동사강목》 부록에서 별도의 항목을 만들어, 김주
의 행적에 대해 사실 고증을 했다. 《고려사》 기록에 김주가 사신으로
간 사실이 없고, 당시 그의 관직 예의판서는 공양왕 때 관직이 아니
며, 김주와 같이 커다란 절의의 인물에 관한 기록이 전혀 없는 점으로
미루어 보아 사실이 아닌 것으로 보인다고 했다. 그러나 《동사찬요》,
《여사제강》, 《동사회강》 등의 역사서에 김주의 행적을 모두 싣고 있기

때문에《동사강목》에도 그의 행적을 싣는다고 했다.[40] 이 기록은 성호의 사후《동사강목》을 수정하는 과정에서 순암이 추가한 것이며, 이에 근거해《동사강목》본문에 추가한 것이다.

## 양촌은 목은을, 목은은 포은을 따라잡을 수 없다

순암과 성호가 주고받은 편지에서 인물평가의 주요한 기준으로 절의, 즉 왕조와 국왕에 대한 충절과 의리가 중시되었다. 앞에서 길재와 김주를 평가한 사실에서 이미 확인한 바 있는데, 고려 말 정몽주, 이색, 권근을 평가하는 데도 이러한 기준이 적용되고 있다. 성호는 포은을 다음과 같이 평가했다.

포은 정몽주와 같은 인물에 대한 평가는 국론의 경우에도 숨기거나 회피할 일은 아닙니다. 지난날 선죽교를 지나면서 숭양서원(崧陽書院)에서 제사를 지내고 편액이 밝게 빛나고 있는 것을 보았습니다. 포은의 평가에 나라에서 어떤 제재도 없으니, 그에 대해 새롭게 고찰해 특별히 기록하는 것이 불가능한 것은 아닐 것입니다. 그에 대해 "구관(具官) 아무개가 죽었다[死]"라고 기록하는 것이 어떻겠습니까?

　　　　-《성호전집》권27, ①안백순에게 답함, 기묘년(1759), 별지[答安百順 己卯 別紙]

――

40)《동사강목》부권, 고이, 김주(金澍)의 사실 참고.

이 편지가 작성된 1759년 이전에 순암이 성호에게 포은 정몽주를 어떻게 평가하며, 그의 죽음을 《동사강목》에서 어떻게 서술할 것인가 하는 질문을 보낸 것으로 판단된다. 순암이 보낸 편지는 현재 확인할 수 없다. 위의 편지는 순암의 질문에 대한 성호의 답신으로 생각된다.

성호는 지금 시점에서 포은에 대한 평가는 숨기거나 회피할 필요가 없으며, 새롭게 평가할 필요가 있다고 답했다. 또 "구관 아무개가 죽었다"라고 기록할 것을 제안했다. 새로운 평가는 어떤 것일까? 편지의 내용을 미루어 보건대 포은은 고려를 위해 절의를 지킨 인물로 재평가되어야 한다는 것이다.

순암은 이듬해(1760) 정몽주의 죽음에 대해 다음과 같은 편지를 성호에게 보냈다.

《동각잡기(東閣雜記)》에 "선죽교의 변란 때 포은은 땅에 떨어졌다 일어나서 급히 달아났다"라고 했습니다. 이렇게 도망해서 죽음을 면할 수 있겠습니까? 이는 몸을 빼내어 관청에 돌아가면 조치할 바가 있어서 그렇지, 죽음을 두려워한 것은 아닙니다. 대체로 당시 사관들이 적격한 인물이 아니라서, 사실에 입각해 바르게 서술해서 사실을 드러낼 수 없었습니다. 그래서 변란을 덮고, 마음대로 좋아하거나 미워해서 오히려 뒷사람들의 의심을 더욱 불러일으킨 것입니다. 이는 태조의 뜻이 아닙니다.

－《순암집》권10, 동사문답, 성호 선생에게 올림, 경진년(1756)〔上星湖先生書 庚辰〕

순암은 정몽주가 이방원 일파의 공격을 받아 도망갔다는 이정형(李廷馨, 1549~1607)의 《동각잡기》 기록에 대해 자신의 의견을 피력했다. 정몽주가 도망한 것은 죽음이 두려워서가 아니라, 관청으로 가서 어떤 조치를 취하기 위해서였다는 것이다. 절의를 지킨 정몽주의 죽음 앞에서도 당당하고 떳떳한 모습을 강조하기 위해 그렇게 해석한 것이다. 절의를 지킨 인물을 높이 평가하려는 자세를 읽을 수 있다.

그러나 성호에게 보낸 편지와 다르게 《동사강목》 초고본이 완성된 1760년 이후에도 정몽주의 죽음에 대해 명확한 입장을 정하지 못하고 있었다. 1771년 윤동규에게 보낸 편지에서 확인할 수 있다.

정몽주의 죽음에 대해 여러 역사책의 필법이 잘못된 곳이 많습니다. 《고려사》 '세가'는 "판전농시사 조영규가 시중 정몽주를 죽였다(判典農寺事 趙英珪殺侍中鄭夢周)"라고 기록했습니다. 그런데 조영규가 함부로 죽였겠습니까? 《여사제강》에는 "시중 정몽주를 죽였다(殺侍中鄭夢周)"라고 기록했습니다. 죽인 사람이 누구입니까? 조선왕조는 정몽주의 충절을 이미 포상했습니다. 따라서 그에 대해 거리낌 없이 '사(死)'의 예로 표기해야 합니다. 그럴 경우 반드시 먼저 죽음에 이른 까닭을 쓴 후에 '사(死)'라고 써야 합니다. 그렇지 않고 '사(死)'라고 쓰면 문장의 흐름이 이어지지 않습니다.

그래서 저는 세 종류의 강(綱)을 설정하고 있으나, 아직 결정하지 못하고 있습니다. 하나는 "무슨 관직 무슨 성씨 아무개가 태조를 해치려다 이기지 못하고 죽었다(具官姓某謀害我太祖 不克死之)"라고 기록했으나, 이는 너무 직설적인 것 같습니다. 또 하나는 "태조가 해주에서 돌아오자, 조영규 등이 무슨 관직 무슨 성씨 아무개를 길에서 기다리고 있다가 죽였다(要擊具官姓某於路殺之)"라 기록하고, 또 다른 하나는 "무슨 관직 무슨 성씨 아무개가 태조 집에 문병하고 돌아가자, 조영규 등이 쳐서 죽였다(趙英珪等 要擊殺之)"라고 기록했습니다. 어느 것이 좋을지 가르쳐주시기 바랍니다.

-《순암집》권3, 소남 윤장(윤동규)의 별지에 답함, 신묘년(1771)〔答邵南尹丈別紙 辛卯〕


그러나《동사강목》수정본과 유통본은 이 세 가지 경우와 다르게
서술되어 있다. 즉 정몽주가 피살된 이유나 그를 죽인 주체를 드러내
지 않고, "수시중 정몽주가 죽었다〔守侍中益陽伯鄭夢周卒〕"라고 서술
되어 있다.[41]

순암은 이색과 권근을 역시 절의를 기준으로 평가했다.


창왕이 즉위한 후 목은 이색이 스스로 요청해 명나라 조정에 간 뜻은 비
참한 일입니다. 고려 말 명유(名儒)들이 많이 일어났으나, 그들의 절의는
만족스럽지 않습니다. 목은은 어떻습니까? 그는 삶과 죽음의 사이에서
구차했습니다.

-《순암집》권10, 동사문답, 성호 선생에게 올림, 경진년(1760)〔上星湖先生書 庚辰〕


양촌(권근)이 자신을 변신해 자취를 고친 행위〔化身改迹〕는 실로 우리
들의 수치입니다. 그러나 변혁의 때에 집안과 가문을 뒤엎는〔碎家覆宗〕
사람들이 줄을 잇고 있습니다. 이 무렵의 양촌 또한 이런 부류에서 벗어
날 수 없습니다. 그러나 그에게는 늙은 부친이 계셨습니다. 그가 기로지
송(耆老之頌, 늙은이를 기리는 글)과 계룡지행(鷄龍之行, 이성계가 신도
新都인 계룡산에서 양촌을 부르자 그곳에 가면서 쓴 글)을 한 것은 늙은

---

41) 《동사강목》권17 하, 공양왕 4년 하4월.

부친을 섬기려는 부득이한 사정에서 나온 것입니다. 그의 뜻을 용서할 수 있겠습니까? 뒷날 양촌은 (태종에게 올린) '진정표(陳情表)'에서 자기가 공로를 세운 것을 낱낱이 적어 원종공신(原從功臣)에 책봉되기를 원했습니다. 지난 왕조의 구신으로서 그 곤란한 행적으로 의심과 비방을 해소하려는 뜻이 가련합니다.

-《순암집》권10, 동사문답, 성호 선생에게 올림, 경진년(1760)〔上星湖先生書 庚辰〕

권근의 평가를 요청한 편지에 성호가 직접 답변한 편지는 찾을 수 없다. 다만 이색에 대한 평가 및 이색, 권근, 정몽주 세 사람을 비교해 평가한 글은 찾을 수 있다.

이색이 자신에 대해 매우 슬퍼했으나 가마를 타고 태조에게 들어가 보았다는 것은 구차하게 산다는 비난을 면치 못했다. 이로 본다면 태조에게 굴하지 않았다는 것은 비슷한 말이나 절개를 세웠다고는 말할 수 없다.

-《성호사설》권21, 경사문, 목은불굴(牧隱不屈)

성호는 이색이 비록 이성계에게 완전히 무릎을 꿇어 조선왕조를 섬긴 것은 아니나, 고려왕조를 위해 자신의 절개를 지킨 것은 아니라는 평가를 내렸다.

한편 성호는 양촌 권근, 목은 이색, 포은 정몽주에 대해 다음과 같이 재미있는 평가를 남겼다. 물론 절의론의 입장에서 평가한 것이다.

고려 말기의 인망(人望)은 세 사람이었는데, 양촌은 목은에 미치지 못하고 목은은 포은에 미치지 못했다. 남의 신하로서는 마땅히 포은을 본받아야 하기 때문에 조선왕조에서 포은을 맨 먼저 포상하고 높였다.

-《성호사설》권21, 경사문, 목은불굴


## 이성계를 제거하려는 최영의 음모

최영은 고려 말 왜구를 진압하고 임견미(林堅味), 염흥방(廉興邦) 등의 권세가를 제거해 고려의 내정을 안정시켰고, 왜구와 홍건적의 침입을 막아 고려왕조를 위기에서 구해낸 영웅적인 인물로 평가받았다. 그러나 요동정벌로 인해 그의 공로가 모두 가려지고 역사의 죄인으로 평가받았다.《고려사》에 실린 최영에 대한 대표적인 평가는 다음의 글에서 알 수 있다.

> 전법판서(典法判書) 조인옥(趙仁沃)과 이제(李濟) 등이 상소하기를, "최영이 공민왕과 우왕을 섬겨 나라를 안정시킨 공로는 큽니다. 중요한 이치〔大體〕를 모르고 여러 의논들을 돌아보지 않고 요동정벌을 결정해 명나라 천자에게 죄를 얻어서 거의 나라를 뒤엎을 지경에 이르게 했습니다. 그동안 그의 공로는 (요동정벌의) 죄를 가리지 못합니다."

-《고려사》권113, 최영 열전


최영은 요동정벌로 명나라 천자에게 죄를 얻어 나라를 위기에 빠뜨린 잘못을 저질렀고, 그 잘못은 그동안 이룩한 공로를 덮고도 남을 만하다는 평가다. 이는《고려사》를 편찬한 조선 초기 역사가의 평가이자 조선왕조의 공식적인 입장이기도 하다.

그러나 순암은 요동정벌을 《고려사》와 다른 각도에서 해석했다. 요동정벌은 최영이 이성계를 제거하려는 정치적 목적에서 단행되었다는 것이다. 순암은 성호에게 자신의 생각을 피력했다.

최영은 연만하고 노련한 장수로서 본래 지혜와 계책이 많았는데도 요동을 정벌하려 했으니 자신을 그렇게도 알지 못했을까요? 그의 뜻은 비록 우리 태조에게 허물을 돌리려 했다지만, 나라를 비운 채 무리를 동원해 남에게 주고 스스로 패한 것입니다. 당시는 공양왕 때와는 다릅니다. 최영은 재상의 지위에 있으면서 몸소 대병을 장악하고 있어, 무슨 일인들 하지 못할 것이 없는데도 그런 졸렬한 계책을 내어놓았으니 참으로 알 수 없습니다.

-《순암집》권10, 동사문답, 성호 선생에게 올림, 경진년(1760)[上星湖先生書 庚辰]


순암은 당시 최고의 장수인 최영이 요동정벌을 시도한 것은 큰 실책이라 평가했다. 또 요동정벌의 목적이 철령위를 설치해 고려의 영토를 빼앗으려는 명나라를 응징하려는 것이 아니라, 당대 또 다른 최고 권력자인 이성계를 제거하려는 정치적인 목적이었다는 색다른 평가를 내놓았다. 즉 명나라 정벌의 책임을 이성계에게 물어 그를 제거하려 했다는 것이다. 순암의 이러한 생각, 요동정벌 음모론은 오로지 자신의 생각이었을까? 순암은 《동사강목》에 다음과 같은 사론을 남겼다.

어떤 이는 말하기를, "이때 우리 태조께서 높은 덕이 날로 성해 공을 시기하는 자가 모함하려고 중국을 부추겨 고의로 우리나라에 일이 벌어지게 했다"고 하는데, 후일 윤이(尹彝), 이초(李初)의 일을 보면 그런 것 같다.

-《동사강목》권16 하, 우왕 14년 2월, 순암의 사론

순암은 태조 이성계를 모함하기 위해 최영이 요동정벌을 한 것이라
는 말을 인용하고 있다. 요동정벌 음모론은 순암이 처음 제기한 것이
아니었다. 이 음모론은 성호의 영향을 받은 것이었다. 성호는《성호사
설》에서 최영이 이성계에게 요동정벌을 시킨 후 그것을 빌미로 명나
라를 자극해, 이성계를 제거하려 했다고 판단했다.

　　내가《고려사》를 고찰해보니, 대개 이런 이유가 있었다. 우리 태조 이성계
　　의 위세와 명성이 날로 강성해지자 국내의 병력으로는 도저히 그를 억눌
　　러 막을 수 없었다. 최영의 무리는 상국(上國, 명나라)의 힘을 빌려 그들
　　이 하고 싶은 일을 도모하려 했다. 이때 명나라는 새로 천하를 평정하느
　　라, 외국을 공격할 생각이 없었다. 때문에 변방 고을의 일(요동정벌)을 벌
　　여 명나라 황제의 분노를 불러일으키려 했다.

　　　　　　　　　　　　　　　　　－《성호사설》권20, 경사문, 최영공요(崔瑩攻遼)


　　성호는 이 글의 다른 부분에서 1388년 10월 이색이 고려에 대한 감
국(監國)과 자제(子弟)의 입학을 요청하러 명나라에 간 것이, 실제로
는 위화도회군으로 실권을 장악한 이성계 일파를 제거하기 위해 명나
라 황제에게 군사를 요청하러 간 것이라며 음모론을 뒷받침했다. 또
윤이, 이초의 사건도 이성계를 제거하려는 또 다른 증거라 강조했다.
　　한편 순암은 요동정벌 음모론은 원래 심광세(沈光世, 1577~1624)
가 처음 제기했다고 전한다. 심광세가 언급한 내용은《동사강목》에
다음과 같이 인용되어 있다.

　　심광세가 말했다. …… "내가 선정(先正)으로부터 여러 비사(秘史)를 들

었는데, 당시 우리 태조가 공명(功名)이 날로 성하고, 또 이씨가 왕이 된다는 설이 있어, 최영이 실로 시기했으나 죄를 줄 구실이 없어, 요동을 치게 해서 중국에 죄를 얻도록 하여 제거하려고 이 계책을 만들었다 한다. 슬프다. 나라를 비워두고 군대를 주어, 남을 위태롭게 하고 스스로 편안하고자 하고도 화를 당하지 않은 자가 있겠는가? 최영이 늙어 노망해서 그런 것이 아니겠는가?"  —《동사강목》권16 하, 우왕 14년 4월

여기에서 알 수 있듯이 순암은 성호뿐만 아니라 조선 중기 심광세도 요동정벌 음모론을 제기했음을 밝히고 있다. 그리고 역사서로서는 《동사강목》이 처음으로 음모론을 제기했다. 앞에서도 밝혔듯 《고려사》 기록과는 다른 시각이다.

《고려사》에 따르면 최영이 요동정벌을 주도했다는 최초의 기록은 위화도회군 직후인 1388년 7월 우인열(禹仁烈)과 설장수(偰長壽)가 명나라에 올린 표문에 나온다.

근래 최영이 권신 임견미 등을 목 베어 죽이고, 드디어 문하시중이 되었습니다. 그는 군국(軍國)의 권한을 마음대로 해 사람을 함부로 죽이고 군사를 일으키기를 유도해 요양을 공격하려 했습니다. 여러 장수가 모두 불가하다고 했습니다.

—《고려사》권137, 우왕 열전, 우왕 14년, 창왕 즉위년(1388) 7월

명나라에 보낸 표문에서 우왕은 최영의 요동정벌로 명나라에 저지른 죄를 씻기 위해 왕위에서 물러나고, 아들 창왕을 책봉할 것을 요청했다. 즉 명나라를 공격한 요동정벌은 최영이 주도한 것으로 밝히고

있다. 이성계 일파는 위화도회군과 함께 우왕을 폐위시키고 창왕을 내세운 명분을 최영의 잘못된 요동정벌에서 찾으려 했던 것이다. 요동정벌 책임론은 이렇게 고려 말 최대 정파인 이성계 일파와 최영 일파의 권력투쟁과 정당성 획득에 매우 중요한 이슈였다.

4부

# 《동사강목》 수정과 역사 재해석

# 1
## 초고본을 수정하다

### 완전하지 않은 1760년의 초고본

1760년 순암은 초고본을 완성했지만, 그 내용은 결코 완전한 것이 아니었다. 다음의 편지에서 확인할 수 있다.

> 선생(성호)께서 저술하신 '홍범설'은 우리 동방의 커다란 문장이니 그것을 '동사' 첫머리에 실었으면 합니다. 다만 그 문장이 서문 체제가 아니어서 감히 노형에게 청하오니, 그 아래에 발문 몇 줄을 붙여서 '홍범설'에 대한 선생의 근본 취지를 분명하게 밝혀주시기를 간절히 바랍니다.
>
> -《순암집》권4, 이경협에게 보냄, 계사년(1773)〔與李景協書 癸巳〕

《동사강목》은 사문(師門, 성호)의 가르침을 받아 심력을 기울여 완성한 지 거의 20년이 되었습니다. 그러나 종이를 준비하기 어려워 아직까지 손

을 놓고 있습니다. 힘은 날로 쇠해가고 도와줄 후생들도 없으니, 천고의
한을 남길까 염려됩니다.

-《순암집》권4, 이경협에게 답함, 을미년(1775)〔答李景協書 乙未〕

　현재 유통되는《동사강목》은 서문 형식으로 성호의 '홍범설'과 그
조카 이병휴(이경협)의 발문이 실려 있다. 그러나 위의 편지 가운데
첫 번째 편지에 따르면, 초고본이 완성된 지 13년이 지난 1773년까지
도 성호의 '홍범설'과 이병휴의 발문 등이 갖추어지지 않은 미완의 상
태임을 보여준다. 두 번째 편지에 따르면, 1775년 당시 순암은《동사
강목》을 완성하지 못한 자책감과 초조한 심정을 피력하고 있다.
　위의 편지에 따르면 단지 종이가 부족하거나 서문이 빠져 있을 뿐
이지,《동사강목》이 미완의 상태라고 단정할 수는 없다. 그러나 다음
의 편지를 살펴보면 내용 자체도 완성되지 않았음을 확인할 수 있다.

　우왕과 창왕 문제는 후세의 공정한 필법에 맡기는 것이 옳습니다. 저도
(임상덕의《동사회강》과 같이) 공민왕이 죽은 해로 끝내려 했습니다. 그
러나 공민왕 이후 18년간 크게는 국가의 흥망과 어진 사람과 어리석은
사람의 진퇴 등을 묻어둘 수가 없습니다. 그런데 번거롭고 편찬 원칙이
없는《동국통감》이나 소략하게 정리한《여사제강》과 같은 역사책을 믿을
만한 역사책으로, 또한 소략하고 오류가 많은 임상덕의《동사회강》을 차
마 그대로 전하게 할 수 없습니다. 그래서《동사강목》을 만들면서 공민왕
이후는 두 부를 따로 만들어 하나는 우왕 원년(1375) 이후를《고려사》'열
전'의 예처럼 서술하고, 약간의 의례(편찬 원칙)를 두었습니다. 다른 하나
는 여러 역사책과 같이 분주(分註)를 하면서 강(綱)을 두어 표제로 삼고,

사실에 근거한 서술로 원래의 뜻을 잃지 않으려 했습니다. 그러나 어느
것을 취할지는 아직 정하지 못하고 있습니다.

-《순암집》권3, 소남 윤장(윤동규)의 별지에 답함, 신묘년(1771)〔答邵南尹丈別紙 辛卯〕


순암은 초고본이 완성된 지 10여 년이 지난 1771년까지 우왕과 창
왕 부분을 어떻게 서술할지 입장을 정하지 못하고 있다. 또 같은 편지
에서 정몽주의 죽음도 아직 서술 원칙을 정하지 못하고 있음을 고백
하고 있다.

정몽주의 죽음에 대해 여러 역사책의 필법이 잘못된 곳이 많습니다.《고
려사》'세가'는 "판전농시사 조영규가 시중 정몽주를 죽였다〔判典農寺事
趙英珪殺侍中鄭夢周〕"라고 기록했습니다. 그런데 조영규가 함부로 죽였
겠습니까?《여사제강》에는 "시중 정몽주를 죽였다〔殺侍中鄭夢周〕"라고
기록했습니다. 죽인 사람이 누구입니까? 조선왕조는 정몽주의 충절을 이
미 포상했습니다. 따라서 그에 대해 거리낌 없이 '사(死)'의 예로 표기해
야 합니다. 그럴 경우 반드시 먼저 죽음에 이른 까닭을 쓴 후에 '사(死)'라
고 써야 합니다. 그렇지 않고 '사(死)'라고 쓰면 문장의 흐름이 이어지지
않습니다. 그래서 저는 세 종류의 강(綱)을 설정하고 있으나, 아직 결정하
지 못하고 있습니다.

-《순암집》권3, 소남 윤장(윤동규)의 별지에 답함, 신묘년(1771)〔答邵南尹丈別紙 辛卯〕


이상의 여러 사례로 미루어 보아, 순암의 《동사강목》은 초고본을
완성한 이후에도 계속 수정해야 했던 미완의 상태임을 알 수 있다. 그
렇다면 순암은 어떤 내용을 수정했을까? 이러한 내용을 확인할 수 있

는 중요한 자료가 바로 연세대학교에 소장된 필사본《동사강목》초고 본과 수정본이다.

연세대 소장 필사본《동사강목》가운데 초고본은《동사강목》의 편 찬, 수정, 유통의 갈래를 파악하는 데 도움을 주며, 초고본과 수정본 사이에 드러난 서술 내용의 변화 및 순암의 역사의식과 역사서술의 변화를 확인할 수 있는 귀한 자료다. 연세대 소장 초고본 필사본 여백 에는 수많은 수정 흔적이 남겨져 있다. 구체적으로 국왕의 이름과 시 호, 각종 연호와 연기(年紀), 인명, 제도, 지명 등의 수정, 새로운 사실 의 추가, 내용의 삭제와 이동 등 여러 수정의 흔적이 필사본의 여백에 빼곡히 적혀 있다. 또 강(綱)의 기사를 목(目)으로, 목의 기사를 강으 로 수정한 경우도 적지 않다. 수정한 곳은 모두 3,300여 곳에 이른다. 1778년 이후 순암이《동사강목》을 수정한 과정과 내용을 고스란히 보 여준다.

필사본 여백에 이같이 수정·삭제·추가 등으로 가필된 필적은 순암 의 것이며, 그가《동사강목》을 직접 수정한 증거다. 그가 수정·삭제 ·추가한 내용은 현재 유통되고 있는《동사강목》에 그대로 반영되어 있다. 따라서 초고본 필사본은 가필의 흔적이 있는 부분을 제외하면 1760년 최초로 완성한《동사강목》원본으로 판단된다. 이제 초고본과 수정본을 통해 순암이 수정한 내용을 살펴보기로 하자(순암이 1760 년 이후 초고본을 수정한 구체적인 내용과 수정 통계는 부록에 수록 된 〈자료 3〉과 〈자료 4〉를 참고).

## 연월일 간지와 자구 수정

순암은 초고본 여백에 가필 형식으로 수정한 내용을 정리했는데, 그 방식은 다음과 같다. 첫째, 자구(字句) 1자를 각각 수정, 삭제 혹은 추가한 경우다. 가장 많이 나타나는 수정 방식이다. 모두 2,895곳이다. 둘째, 연월일의 간지를 추가한 경우다. 모두 160곳이다. 셋째, 새로운 사실을 찾아내 초고본의 여백에 적어놓은 경우다. 모두 221곳이나 된다. 넷째, 초고본의 내용을 수정 혹은 삭제하거나, 문장을 다른 곳으로 이동하거나, 강과 목을 서로 바꾸는 경우 등이다. 모두 50곳이다. 전체 3,326곳의 수정 흔적을 확인할 수 있다. 각각의 수정 내용을 구체적으로 살펴보자.

첫째, 해당 글자를 지우거나, 지운 곳에 새로운 글자를 추가한 경우다. 또는 해당 글자를 수정하지 않았지만, 한 글자를 추가한 경우다. 이러한 수정은 내용이 바뀔 정도는 아니지만, 그만큼 초고본의 내용에 많은 오자와 탈자가 있었음을 보여준다.

둘째, 연월일의 간지를 추가한 경우인데, 대표적인 예를 들면 다음과 같다. 괄호 안 간지가 순암이 초고본에 수기(手記)로 추가한 것이다.

① 三月(**壬午**)朔 日食(권7 상, 현종 10년)

② 秋七月(**甲戌**)朔 日食(권7 상, 현종 12년)

③ 冬朔十月(**癸酉**)朔 日食(권7 상, 현종 18년)

④ 林彦 與弘正 率精銳急攻破走之 (**丙申**) 左軍到石城下(권8 상, 예종 2년 12월)

①~③과 같이 대체로 일식이 일어난 날짜의 간지를 추가한 경우가 많다. 왜 이러한 경우가 많이 나타날까? 일식 현상은 중국 등지에서도 동시에 관측되기 때문에, 초고본 편찬 이후 천문관측 자료나 중국 자료에서 같은 현상을 찾아내고, 구체적인 연월일이 기록된 경우 해당 간지를 초고본에 추가한 것으로 추정된다. 한편 ④의 경우는《고려사》'세가'와 '열전' 등에 분산된 자료를 모아서 편년 형식으로《동사강목》을 편찬하는 과정에서 간지가 확인되어 추가한 경우다.

첫째와 둘째 경우와 같이 연월일의 간지를 추가하거나, 한 글자를 수정·삭제·추가하더라도 서술 내용에 큰 변화가 있지는 않다. 그러나 이렇게 많이 수정한 흔적은 최초로 완성된《동사강목》초고본이 그만큼 역사서로서 불완전하다는 사실을 뒷받침한다. 그런데 다음의 셋째와 넷째의 경우는《동사강목》초고본 내용의 큰 변화를 가져왔다.

## 새로운 사실 추가

셋째, 새로운 사실을 찾아내 초고본의 여백에 적어놓은 경우로서, 수정본을 확인해보면 실제 서술에도 그대로 반영되어 있다. 몇 가지 예를 살펴보자.

순암은 고려 태조가 궁예를 내쫓고 고려를 건국한 사실을 기록한 후,《자치통감》을 인용해 다음과 같은 사실을 추가했다.

《자치통감》에 따르면, "대봉(大封, 태봉) 왕 궁예는 성품이 잔인했다. 해군통수(海軍統帥) 왕건이 그를 죽이고 스스로 즉위해 다시 고려왕이라 칭했다. 개주(開州)를 동경(東京), 평양을 서경(西京)으로 삼았다. 왕건은 검약하고 관후(寬厚)해 백성들이 편안했다."[1]

고려를 건국한 직후 개주(개경)을 동경, 평양을 서경으로 삼았다는 기록이 기존의 기록과 다르다. 또 순암은 초고본 여백에 고려 성종 14년(995) 10도제(十道制)를 실시한 기록 다음에 고려 초기 군현 실상에 대해 아래의 사실을 추가했다.

살펴보건대, 한백겸은 다음과 같이 말했다. "고려 초 주현을 개정했는데, 그 숫자와 명칭이《고려사》'지리지'에 잘 나타나 있지 않다"라고 했다. 《강목(자치통감강목)》에, "고려 왕건이 2경(京) 6부(府) 9절도(節度) 1백 20군 두었다"고 했는데, 이 사실은 고려 초를 말한다. 태조 때 송경(松京) 과 서경이 있었고, 신라 때 1소경 9주 128군이 있었다. 이는 신라의 옛 제도를 그대로 따라 큰 변동이 없었다는 말이다.《문헌통고(文獻通考)》에, "고려왕은 촉막군(蜀莫郡)에 거주했다"고 하는데, 촉막은 송경의 잘못이며 개성부다. 신라는 동주 낙랑(東州樂浪)이라 해서 동경(東京)이라 불렀다. 백제는 전주 금마군(金馬郡)이라 해서 남경(南京)이라 불렀다. 평양은 진주(鎭州)라 해서 서경으로 불렀다. 무릇 3경 4부 8목 108군 390현 3,700개의 섬이 있다고 했다. 이는 현종 때의 사실을 말한 것이다. 현종 때 신라 옛 수도에 동경을 두었으니, 송경, 서경과 함께 3경이 된 것이

---

1) 《동사강목》초고본 권5 하, 고려 태조 원년 6월, "資治通鑑曰 大封王躬乂性殘忍 海軍統帥王建殺之 自立復稱高麗王 以開州爲東京 平壤爲西京 建儉約寬厚 國人安之."

바로 그러하다. 또 4도호부 8목을 두었으니, 4부 8목이 바로 그것이다."[2]

순암은 한백겸의 글, 《자치통감강목》과 《문헌통고》의 기록을 인용해 고려 군현제도에 관한 사실을 추가했다. 즉 고려 초기 군현 숫자는 통일신라의 것을 계승한 것이며, 중국 자료에 실린 고려 군현 자료는 고려 현종 때 사실이 반영된 것이라고 밝히고 있다. 이같이 추가한 내용은 《고려사》와 《고려사절요(高麗史節要)》에 없는 새로운 사실인데, 수정본에 실제로 반영되었다. 순암은 전운사(轉運使) 제도를 폐지한 사실〔綱〕 다음의 목(目) 항목에 새로운 사실을 추가했다.

綱. 이해에 여러 도의 전운사를 없앴다.

目. 국초 여러 도에 전운사를 두었다가 이때 없앴다. 이로부터 5도와 양계를 정했다. 관내 중원 하남을 합해 양광도, 영동·영남·산남을 합해 경상도, 강남·해양을 합해 전라도, 삭방을 교주도, 관내도·소관·황해 등지를 분할해 서해도로 각각 삼았다. 대령 동쪽에서 남쪽으로 평해, 북쪽으로 등주까지를 동계로 삼았다. 패수 서쪽은 북계로 삼았다. 6개의 적현과 7개의 기현은 상서도성에 직속하게 했다. 모든 도에 안찰사를 두어 통솔하게 했다.[3]

---

2) 《동사강목》초고본 권6 상, 성종 14년, "按韓氏百謙曰 麗初改定州縣 而其數與名號 麗志不著焉 綱目云 高麗王建 有二京六府九節度百二十郡 此言麗初也 太祖時有松京西京 新羅有一小京九州百二十八郡 則 此因羅舊而無大變革者也 文獻通考云 高麗王居蜀莫郡 蜀莫松京之訛 日開城府 以新羅爲東州樂浪號東京 以百濟爲全州金馬郡號南京 平壤爲鎭州號西京 凡三京四府八牧百十八郡三百九十縣三千七百島 此言 顯宗時也 顯宗置東京於新羅故都 則與松京西京爲三京是矣 又置四都護府八牧 則其曰四府八牧是矣."

순암은 이 기록과 같이 수정본에 현종 20년(1029) 전운사 제도가
폐지된 후 5도 양계 제도가 시행되었다고 정리했다. 이는《고려사》기
록과 전혀 다른 해석이다.《고려사》'지리지' 서문에 따르면, "현종 초
절도사를 없애고, 5도호 75도 안무사를 설치했다. 곧 안무사를 없애고,
4도호 8목을 두었다. 이후에 5도 양계 제도가 정해졌다"고 기록되어
있다.[4] 5도 양계 제도는 현재 연구성과에 따르면 고려 중기 예종 때
이후 점진적으로 성립된다고 한다. 순암의 견해와 많이 다르다.

순암이 이렇게 새롭게 추가한 사실은《동사강목》이 단순히 전사(前
史)를 그대로 답습하는 이른바 '술이부작(述而不作)'의 사서가 아님
을 보여주는 증거다. 또 초고본 이후 상당한 수정이 이루어졌음을 잘
보여주는 예다. 다음은 탈락된 사료를 새로 추가한 경우다.

(태조9) 동12월 고려 임금이 서경에 행차해 주진을 순력했다. 고려가 후
당에 장빈을 사신으로 보냈다〔冬十二月 高麗君幸西京 巡歷州鎭 高麗
遣使張彬 如後唐〕.
정해 4년(태조10) 춘정월 고려 임금 건이 견훤을 치자, (신라)왕이 군사
를 내어 도와서 축산(뒤에 용주로 고침. 지금의 용궁)을 빼앗았다. 견훤이
맹약을 어기고 여러 차례 변방을 침략해 강제로 병탄할 뜻이 있어서, 왕

---

3) 《동사강목》초고본 권7 상, 현종 20년, "是歲 罷諸道轉運使 國初 諸道有轉運使 至是罷之 自是以後 定
爲五道兩界 合關內中原河南而爲楊廣道 合嶺東嶺南山南而爲慶尙道 合江南海陽而爲全羅道 以朔方爲
交州道 割關內所管黃海等地 爲西海道 自大嶺以東 南至平海 北至登州曰東界 浿西爲北界 赤縣六畿縣
七 直隷尙書都省 諸道置按察使以統之."
4) 《고려사》권56, 지리지 서문, "顯宗初 廢節度使 置五都護七十五道安撫使 尋罷安撫使 置四都護八牧 自
是以後 定爲五道兩界."

4부《동사강목》수정과 역사 재해석   229

건이 공격했다. 견훤이 왕신의 상여를 고려에 호송했다〔丁亥四年 春正月 高麗君建 伐甄萱 王出兵助之 取竺山(後改龍州 今龍宮) 甄萱違盟屢侵 邊 頗有强呑之志 故高麗王伐之 甄萱送王信之喪于高麗〕.

2월 후당에 병부시랑 장분을 사신으로 보냈다. 후당은 (장)분에게 검교공 부상서, 부사 박술홍에게 겸어사중승, 이충식에게 겸시어사를 제수했다 〔二月遣使 兵部侍郎張芬 如後唐 唐授芬檢校工部尙書 副使朴述洪 兼御 史中丞 李忠式 兼侍御史〕.

3월 고려 왕건이 견훤의 군사를 운주성 아래에서 격파했다〔三月 高麗君 建 破甄萱兵於運州城下〕.

하4월 웅주를 공격했으나 이기지 못했다〔夏四月 功熊州不克〕.

추8월 고려 왕건이 견훤을 공격해 강주를 함락했다〔秋八月 高麗君建 功 甄萱康州下之〕.                                    -《동사강목》초고본 권5 하

위 인용문과 같이 고려 태조 9년(926) 12월부터 10년(927) 8월까 지의 기록이 수정본에 추가되어 있다. 앞의 경우처럼 다른 자료에서 찾아낸 새로운 사실이 아니라, 초고본을 필사하는 과정에서 실수로 빠 뜨린 것을 수정 과정에서 발견해 추가한 것으로 보인다. 1760년 완성 된 초고본《동사강목》이 미완의 상태임을 알려주는 좋은 예다.

한편 국왕이 사망했을 경우 재위기간과 수명 시호를 보충하는 기록 도 적지 않다. 괄호 안이 초고본에 수기(手記)로 추가한 것이다.

① 薨于重光殿 (**在位二十二年**) 壽四十
② 薨于延英殿 (**在位三年**) 壽十九 (**自王薨至此二十八日而葬**)
③ 薨 (**在位十二年 壽三十三**) 王寬仁

①은 고려 현종, ②는 고려 덕종, ③은 고려 정종의 재위기간과 사망 당시 나이를 다른 기록에서 찾아 추가한 것이다.

한편《동사강목》편찬에 참고한 서책 목록에《보한집(補閑集)》(최자崔滋 찬),《여지고(輿地考)》(한백겸 찬),《경세서보편(經世書補編)》(신익성申翊聖 찬),《반계수록(磻溪隨錄)》(유형원柳馨遠 찬),《해동명신록(海東名臣錄)》(김육金堉 찬) 등을 추가하고 있다. 이들 서책은 수정 과정에서 새롭게 참고한 후 목록에 추가한 것으로 보인다.


## 내용 수정과 이동

넷째, 초고본 내용을 수정 혹은 삭제하거나, 기록을 다른 곳으로 이동하거나, 강과 목을 서로 바꾸는 경우 등이다. 먼저, 내용을 수정한 경우다. 성종 11년 조운선이 조세를 서울로 운반하는 비용을 정한 기록에서 다음과 같이 수정했다.

* 초고본 기록
1석의 운반 가격은 먼 곳은 5석, 가까운 곳은 20석으로 차등을 두었다
〔一碩 其所運 遠者五碩 近者 二十碩 爲差〕.
* 초고본 기록 수정
먼 곳의 경우 5석 운반 가격이 1석, 가까운 곳의 경우 20석 운반 가격을 1석으로 차등을 두었다〔遠者五石價一石 近者 二十碩價一石 爲差〕.

-《동사강목》초고본 권6 하, 성종 11년

초고본 기록은 수정 기록에 비해 전혀 뜻을 알 수 없는 내용이다. 이렇게 수정한 기록을 통해 비로소 정확한 사실을 확인할 수 있다.

순암은 권근의 《양촌집》[5]에서 다음의 사실을 채록해 초고본에 수록한다.

綱. 왜구가 철주를 침입하다[倭寇鐵州].

目. 왜구가 철주 수령의 처를 사로잡자, 그 처가 물속으로 몸을 던졌다. 왜구가 그녀를 구원하고 감탄해 감히 범접하지 못했다. 몸값으로 돈을 요구하자, 수령이 갚고 다른 곳으로 피신시켰다. 그러나 또 잡혔으나, 몸값을 치르지 못했다. 그 처는 절개를 굽히지 않고 죽임을 당했다. 당시 권근이 사신으로 가다 이곳을 지나면서, 시를 지어 그녀를 애도했다[倭獲知州之妻 妻投水 賊援之 敬嘆不敢近 購以金贖 知州贖而避之 他所又爲賊所掠 無金莫贖 妻不屈遇害 時權近奉使過之 作詩以悼].

－《동사강목》 초고본 권17 상, 창왕 원년 2월

순암은 초고본을 수정하는 과정에서 이 기사를 7월조에 옮기도록 표시했고, 실제 수정본의 7월조에 배치되어 있다. 순암은 이렇게 《고려사》 등 기존 역사서 기록에 없는 사실을 《양촌집》 등에 실려 있는 기사를 발굴해 《동사강목》에 추가하고 있다. 《동사강목》의 사료적 가치를 알려주는 동시에 순암의 철저하고 충실한 역사서술 태도를 엿볼 수 있다.

---

5) 《양촌집》 권6, 봉사록(奉使錄), 과철주(過鐵州).

다음은 고려 말 인물 이집(李集)에 관한 기록이다.

그때 또한 이원령(李元齡)이란 사람이 있었다. 품성은 곧고 솔직하며, 문
장·기개·절개로 이름이 널리 알려졌다. 그는 당시 신돈의 뜻을 거슬러,
신돈이 그를 죽이려 했다. 그는 몰래 부친을 모시고 영주로 도망가서 숨
었다. 신돈이 죽임을 당하자, 돌아와 이름을 '집(集)'으로 바꾸었다. 관직
이 판전교에 이르렀다. 여주에 퇴거해서, 몸소 농사를 짓고 책을 읽었다.
호를 '둔촌'이라 했다. 이색, 정몽주 등이 모두 그를 공경하고 벗했다.[6]

원래 이 기록은 초고본 공민왕 20년 5월(권15 하) 이존오(李存吾)
의 졸기사(卒記事) 끝에 추가되어 있는 이집의 졸기사다. 순암은 위
의 기사 상단에 "정묘년조 아래로 옮길 것[移下 丁卯]", 즉 뒤의 정묘
년(1387, 우왕13)조로 옮기도록 적어놓았다. 수정본에는 실제로 우왕
13년 9월조에 옮겨 기록되어 있다. 다음에 제시하는 글 가운데 밑줄
친 부분은 초고본에는 없는 내용으로, 순암이 다른 자료에서 관련 사
실을 찾아내어 수정본에 반영한 것이다.

綱. 전 판전교시사 이집이 졸했다.
目. 이집의 초명은 원령이다. 성품은 강직했다. 문장을 잘했으며, 충효의
대절(大節)이 있었다. 이색, 이숭인(李崇仁), 정몽주 등과 잘 사귀었다.

---

6) 《동사강목》 초고본 권15 하, 공민왕 20년 5월, "時又有李元齡者 性抗直 以文章氣節 著名 當世嘗忤旽
旽欲殺之 竊負其父 逃竄永州 及旽誅 乃還 改名集 官至判典校 退居驪州 躬耕讀書 號遁村 李穡鄭夢周
等皆敬友之善."

공민왕 때 신돈의 문객 가운데 채(蔡)성을 가진 자가 신돈에 의지해 권세를 부렸다. 이집이 그를 질책하고 신돈의 악함을 말했다. 채라는 자가 이를 신돈에게 알려, 장차 화가 어떻게 미칠지 알 수 없었다. 이집은 아버지 당(唐)과 함께 영천에 사는 친구 최원도(崔元道) 집으로 도망해 화를 피했다. 최원도가 이집 부자를 잘 대해주어, 3년간 숨게 했다. 이집의 아버지가 죽자, 최원도는 그의 어머니 무덤 곁에 장사를 지내주었다. 당시 사람들은 그의 신의를 칭찬했다. 이집은 신돈의 목이 베이자 돌아와 이름을 '집'으로 고쳤다. 뒤에 여주에 살면서 몸소 농사를 짓고 책을 읽었다. 호는 '둔촌'이다. 그가 죽자 정몽주가 시를 지어 그를 애도했다(순암 세주: 생각건대, 원도는 고려 때 벼슬하지 않았다. 조선 때 사간(司諫)의 직책을 주었으나 나가지 않았다)."[7]

순암은 초고본의 위 기록 상단에 "이집의 초명 이하는 한 글자를 낮추어 목으로 쓴다[集初名以下 低一字 以目書之]"라고 적고, 위의 인용문과 같이 각각 강과 목으로 나누어 기록했다. 이 역시 《고려사》나 《고려사절요》 등에 실리지 않은 새로운 사실이다. 이집에 관한 사실은 《고려사》 등에 실리지 않았다. 순암은 이를 《여지승람》에서 찾아내, 《동사강목》을 수정하는 과정에 추가한 것이다.

---

7) 《동사강목》 초고본 권16 하, 우왕 13년 9월, "前判典校寺事李集卒 集初名元齡 性抗直能文章 有忠孝大節 與李穡李崇仁鄭夢周相友善 恭愍朝 辛旽客姓蔡者 倚旽恣橫 集切責之 且言旽惡 蔡潛于旽 禍將不測 集與父唐 逃禍于其友永川崔元道家 元道供接甚厚 匿三年 唐死 元道令葬於其母塋傍 時人稱其信義 及旽誅 乃還 改名集 後退居驪州 躬耕讀書 號遁村 及卒 夢周作詩悼之(按元道不仕 本朝以司諫徵不赴),"

# 2

# 고려 말 역사서술 문제, 우왕과 창왕

## 순암이 고심한 우왕과 창왕 문제

《동사강목》 초고본 편찬은 물론 초고본 수정 과정에서 순암이 크게
고심한 문제의 하나는 고려 말 역사를 어떻게 서술할 것인가였다. 위
화도회군으로 정권을 장악한 이성계 일파는 고려 말 각종 개혁과정에
서 반대세력과 치열한 권력투쟁을 벌인다. 이때 쟁점이 된 것은 공민
왕 사후 즉위한 우왕과 창왕의 정통성 시비였다. 이성계 일파는 두 국
왕이 공민왕이 아닌 신돈의 자식이므로 폐위시켜야 하며, 대신 고려
왕실의 적통을 왕으로 세워야 한다는 이른바 '폐가입진'을 명분으로
창왕을 폐위하고 공양왕을 옹립한다. 이런 과정을 거쳐 이성계 일파
는 우왕과 창왕을 지지한 세력을 대대적으로 제거하고, 권력 기반을
굳혀 마침내 조선왕조를 세운다.

고려왕조사에 관한 대표 역사서인 《고려사》(1451)는 우왕과 창왕

이 재위한 14년간의 역사를 군주의 역사를 기록한 '세가(世家)'가 아닌 신하의 행적이 기록된 '열전(列傳)'에 실었다. 그것도 반역열전에 실었다. 따라서 우왕과 창왕의 정통성을 부정한《고려사》서술 내용은 조선시대 역사가들의 주요한 관심사였으며, 두 국왕의 정통성을 둘러싸고 첨예한 논쟁을 불러일으켰다. 순암 역시 예외가 아니었다.

순암은《동사강목》초고본이 완성되고 10년이 넘은 1771년까지도 우왕과 창왕의 역사를 어떻게 서술할 것인가에 대해 명확한 입장을 갖지 못했다. 다음의 편지에서 확인할 수 있다.

> 《동사강목》을 만들면서 공민왕 이후는 두 부를 따로 만들어 하나는 우왕 원년(1375) 이후를《고려사》'열전'의 예처럼 서술하고, 약간의 의례(편찬 원칙)를 두었습니다. 다른 하나는 여러 역사책과 같이 분주(分註)를 하면서 강(綱)을 두어 표제로 삼고, 사실에 근거한 서술로 원래의 뜻을 잃지 않으려 했습니다. 그러나 어느 것을 취할지는 아직 정하지 못하고 있습니다.
>
> ─《순암집》권3, 소남 윤장(윤동규)의 별지에 답함, 신묘년(1771)〔答邵南尹丈別紙 辛卯〕

우왕과 창왕 문제는 조선왕조 건국, 거슬러 올라가면 이성계 일파의 위화도회군과 사전개혁(私田改革), 폐가입진론의 정당성과 맞물려 있는 중대한 문제다. 조선왕조에 대한 의리론과 맞물려, 조선 건국 후 거의 300년이 지난 순암의 시대에도 이 문제는 함부로 평가하기 어려운 사안이었다.

그러나《동사강목》은 다른 역사서와 달리 우왕과 창왕의 정통성을 인정한 최초의 역사서였다. 특히 고려 말 서술에 관한 문제는 초고본이 완성된 이후《동사강목》수정의 핵심문제였다. 나아가 이에 대한 순암의 입장을 추적하는 일은《동사강목》서술 및 편찬의 특성을 밝히는 핵심 쟁점이 된다.《동사강목》편찬 과정에서 벌어진 논쟁들을 따라가 보자.

## 폐가입진론을 부정한 임상덕

《동사강목》편찬을 처음 결심한 1754년, 순암은 임상덕(林象德, 1683~1719)이《동사회강(東史會綱)》에서 고려 말 역사를 다루는 필법에 대해 성호에게 편지를 보내 묻는다.

> 근래 임상덕이 지은《동사회강》은 가장 정밀하나, 공민왕까지만 서술되어 있습니다. 우왕과 창왕에 대해 언급하기 어려웠기 때문일 것입니다. 이 책의 마지막에는 "강릉군 우(江陵君 禑)[8]가 즉위했다"라고 서술되어 있습니다. 이러한 필법은 우왕이 신돈의 아들이 아니라는 것을 밝힌 것입니다. 이 문제에 관해 선배들 사이에 당연히 그와 같아야 한다고 말한 사람들도 있습니다. 그러나 조선왕조에 태어나서 과연 이같이 할 수 있겠습니까? 선생님의 가르침을 받고 싶습니다.
>
> -《순암집》권10, 동사문답, 성호 선생에게 올림, 갑술년(1754)〔上星湖先生書 甲戌〕

---

8) 편지에서 강릉군(江陵君)으로 기록된 것은 오기(誤記)다. 우왕은 1373년(공민왕22) 7월 강녕부원대군(江寧府院大君)으로 세자에 책봉되었다.

《동사회강》은 삼국 초기부터 고려 공민왕까지만 서술되어 있다. 즉 공민왕 이후 우왕, 창왕, 공양왕까지 약 30년(1374~1392)의 역사는 서술되지 않았다. 순암은 우왕과 창왕에 대해 《고려사》 편찬자인 조선 초기 역사가들과 임상덕이 입장이 달라서 그렇게 서술한 것으로 생각했다. 고려를 멸망시킨 현재 왕조(조선)의 신하로서 취할 태도가 아니라는 의리론의 입장에서 임상덕의 필법을 비판한 것이다. 《동사강목》을 편찬하기로 결심한 당시만 하더라도 순암은 임상덕의 입장을 비판하면서 우왕과 창왕을 신돈의 자식으로 인정했다.

임상덕은 《고려사》에서 우왕과 창왕이 신돈의 자식이라 하며 국왕으로서의 정통성을 부정한 것에 처음으로 의문을 제기한 역사가였다. 임상덕의 생각을 더 구체적으로 살펴보자.

(임상덕이) 다음과 같은 논(論)을 지었다. "우리 태조가 왕위를 받은 것은 천명이지 인력으로 한 것이 아니다. 다만 당시 사관(史官)이 직분을 다하지 못했고, 후세의 역사가들도 식견이 밝지 못해 권도여탈(權度予奪)은 공정함을 따르지 않았고, 사실과 인물의 옳고 그름을 평가하는 데도 사사로운 뜻을 드러내어 스스로 모순된 것이 한스럽다. 그런데 《동국통감》도 이에 대해 증거를 내어 하나도 바로잡은 것이 없다. 오씨(吳澐)의 《동사찬요》와 유씨(俞棨)의 《여사제강》에서 구구하게 한두 가지를 보존하려고 거기에 대해 필삭(筆削)해, 비록 대의에서 나타낸 것이 있다. 그렇지만 강과 목에서 바로잡지 못하고 어물어물 때워 구차스러울 뿐이다. 이제 이 책은 모두 주자의 《강목》을 따라서, 고려의 기(紀)를 공민왕에서 끝내 주기(周紀)를 끝까지 쓰지 않은 《강목》의 뜻을 본받았다."

-《동사강목》 수권, 범례, 채거서목

임상덕은 태조 이성계가 천명으로 즉위하게 되어 있는데, 당시 역사가들이 공정한 태도를 잃고 고려 말 역사를 잘못 서술해 의심을 받게 되었다고 주장했다. 순암은 임상덕이 우왕과 창왕이 왕씨인지 신씨인지 구별에 의심을 가졌지만, 어느 한쪽이라고 잘라 말하기 어려워서 그렇게 언급한 것이라고 추정했다. 성호는 순암에게 보낸 편지에서 임상덕의 역사서술은 잘못된 것이라 지적했다.

> 임씨의 책(《동사회강》)에서, "강릉군 우가 즉위했다"라고 한 것은 우왕이 신씨가 아니라 왕씨라고 단정하는 것입니다. 이러한 입장은 받아들이기 어렵습니다.《춘추》에서 정공(定公)과 애공(哀公) 연간의 일을 숨기고 작고〔隱微〕 신중하게 기록한다는 필법이 있습니다. 이로 미루어 보아, 이보다 큰 일(우왕이 왕씨라는 것)은 더 숨기고, 작고 신중하게 기록해야 하는 것은 말할 필요가 없습니다.
>
> ─《성호전집》권27, ①안백순에게 답함, 기묘년(1759), 별지〔答安百順 己卯 別紙〕

성호는 더 나아가 '우왕=신씨' 설을 부정하는 조선시대의 학자들에 대해서도 비판했다.


## 폐가입진론을 수용한 성호

성호가 순암에게 보낸 다음의 편지에서 알 수 있다.

근래 어떤 사람이 지은 책에서 우왕과 창왕이 왕씨 혹은 신씨인지에 대해 논한 글이 들어 있습니다. 나에게 서문을 청하기에 내가 거절하고 돌려보냈습니다. 그 사람은 상촌(象村, 신흠申欽, 1566~1628), 죽천(竹泉, 김진규金鎭圭, 1658~1716), 곤륜(昆侖, 최창대崔昌大, 1669~1720) 등 여러 훌륭한 분들의 견해를 증거로 삼았습니다. 나는 "상촌은 상촌이고 나는 나이니, 어찌 꼭 같아야 합니까?"라고 대답했습니다. 편지에서 (순암이) 하신 말씀은 참으로 나의 의견과 부합합니다.

-《성호전집》권24, ⑪안백순에게 답함, 갑술년(1754)〔答安百順 甲戌〕

성호 역시 순암과 같이 우왕과 창왕의 정통성을 부정한 '폐가입진'을 반대할 수 없다는 입장이다. '폐가입진'을 부정하는 것은 조선의 신하로서 올바른 도리가 아니라는, 의리론의 입장을 갖고 있었다. 순암은 다음 해 성호에게 보낸 편지에서 입장을 정리한다.

問. 우왕과 창왕의 역사에 대해 뒷날 여러 사람들이 언급한 글이 있습니다. 그러나 이 문제는 현재의 왕조(조선왕조)와 관련되어 있어, 별도로 의견을 내는 것이 마땅하지 않을 듯해, 옛 역사기록(《고려사》 등의 기록)을 따르기로 했습니다. -《성호전집》권25, ④안백순의 문목에 답함〔答安百順問目〕

《동사강목》을 편찬하기로 결심한 당시까지만 하더라도 순암은 두 왕이 신돈의 자식이라는 《고려사》의 입장을 따르고 있었다. 순암이 이러한 입장을 갖게 된 배경에는 그가 존경하던 퇴계의 영향도 있었다. 순암은 성호에게 '우왕=신씨' 설에 대해 질문하면서, 우왕과 창왕에 관한 퇴계의 입장을 소개하고 있다. 이를 나누어 소개하겠다.

먼저, 순암은 퇴계가 '우왕=신씨' 설을 부정한 원천석의 입장을 따랐는지에 대해 물었다.

間. 야사로서《동사기략》이 있는데,[9] 그 속에 있는 퇴계의 편지에서 "고려
말의 일에 대해 국가의 먼 훗날에는 마땅히 운곡(耘谷, 원천석元天錫)의
논의를 따라야 한다"라고 말씀하셨다는 구절이 있습니다. 실제 퇴계의 편
지에 이러한 내용이 들어 있는지 모르겠습니다.

－《성호전집》권25, ④안백순의 문목에 답함〔答安百順問目〕

성호는 순암의 질문에 대해 퇴계가 원천석의 입장을 따르지 않았다
고 했다.

참고로 위 편지에서 언급된 '운곡의 논의'는 우왕과 창왕이 신씨가
아니라 왕씨라는 원천석의 주장을 말한다. 원천석은 "이번 달 15일에
나라에서 정창군을 왕위에 세우고 전왕 부자를 신돈의 자손이라 하여
폐위해 서인으로 삼았다는 소식을 듣다〔聞今月十五日 國家以定昌君
立王位 前王父子 以爲辛旽子孫 廢爲庶人〕"라는 제목의 시를 지어 '우
왕=신씨' 설을 부정했다. 이에 대해서는 뒤에서 자세히 살펴보겠다.

나아가 순암은 성호에게 보낸 같은 편지에서 '우왕=신씨' 설에 대
한 퇴계의 논점을 소개한다.

---

9)《동사기략(東史記略)》이 어떤 책인지 자세히 알려져 있지 않다. 다만 조선 중기의 문신 성준(成遵,
1515~1548)이《동사기략》을 지어 고려부터 폐조(廢朝, 우왕과 창왕)까지 역사적 사건을 권선징악의
필법으로 편찬했다는 기록이 있다(《암서집(巖棲集)》권29, 통훈대부 행 사간원 사간 성공 묘갈명通訓
大夫行司諫院司諫成公墓碣銘, 한국문집총간 350집).

問. 퇴계 선생은 일찍이 우추연(禹秋淵, 우성전禹性傳, 1542~1593)에게 말하기를, "근세 선비들이 (단종 복위운동 등이 일어난) 세조 때 일을 공공연히 말하면서도 조심하거나 꺼려해야 하는 것을 모르니, 큰 걱정이다. 왕실과 국왕에 관한 일은 드러내놓고 말해서는 아니 된다"라고 하셨습니다. …… 또 선생은 정도가(鄭道可, 정구鄭逑, 1543~1620)가 신씨(辛氏, 우왕과 창왕)를 섬긴 정몽주의 잘못을 논한 글에 답하기를, "귀를 막고 듣지 않고자 한다"라고 했습니다.[10] 또《기선록》[11]에서 퇴계 선생은 정몽주에 대해, "비록 우왕, 창왕이 신씨라도, 왕씨의 종묘와 사직이 아직 망하지 않아 포은이 섬긴 것이다. 이것은 진(秦)나라의 여씨(呂氏), 진(晉)나라의 우씨(牛氏)와 똑같은 경우다.《자치통감강목》에서도 사마씨(司馬氏)가 아닌 우씨로 즉위해 정통성에 휘말린 진나라 원제(元帝)를 도와 동진(東晉)으로 천도하고 나라를 안정시킨 왕도(王導, 276~339)와 같은 부류를 배척하지 않았다. 포은은 바로 이러한 뜻에 합치된다"라고 했습니다. 이 몇 가지 조목을 보면 퇴계 선생의 마음을 알 수 있습니다.《동사기략》의 기록과 같이 어찌 퇴계 선생이 원천석의 논의를 따라야 한다는 말씀을 했겠습니까? 근거 없이 떠도는 말을 가지고 사실로 기록했으니, 두려워할 만합니다.　　　　　　 -《성호전집》권25, ④안백순의 문목에 답함[答安百順問目]

이 편지에서 퇴계는 우왕, 창왕이 신씨가 아니라는 논의에 참여하는 것은 조선의 신하로서 바람직하지 않다는 입장을 보인다. 퇴계는

---

10)《퇴계집》권39, 답정도가문목(答鄭道可問目) 참고.
11)《기선록(記善錄)》은 퇴계 언행을 기록한 이덕홍(李德弘,1541~1596)의《계산기선록(溪山記善錄)》이다.

그 근거로 첫째, 우왕과 창왕을 진(秦)나라의 여씨 즉 진시황이 영씨(贏氏)가 아니라 여불위(呂不韋)의 아들인 여씨라는 얘기나 진(晉)나라 원제가 공왕비(恭王妃) 하후씨(夏侯氏)가 소리(小吏)인 우씨와 사통해 낳은 아들이라는 얘기와 같은 경우로 보아야 한다, 둘째, 왕실과 국왕에 관한 일은 드러내놓고 말하지 않아야 한다는 것을 들었다.

순암과 성호가 이 무렵 우왕의 정통성을 부정한 것은 두 사람이 존경하던 퇴계의 영향이 크게 작용한 것으로 보인다. 실제로 순암과 성호는 당시까지만 하더라도 퇴계의 두 가지 입장을 지침으로 고려 말 우왕과 창왕의 역사를 바라보았다.

## 퇴계가 주장한 '우왕=신씨' 설의 근거

먼저, 퇴계의 첫 번째 입장이다. 진시황과 진(晉)나라 원제는 중국사에서 정통성 시비에 휘말린 군주였다. 퇴계는 우왕도 그런 군주였지만, 신하된 자는 정통성의 시비를 떠나 그러한 군주라도 잘 보좌해야 한다는 입장이다. 퇴계는 구체적으로 우왕과 창왕 때 벼슬을 한 정몽주를 진나라 원제 등을 보좌한 중국 동진의 왕도에 비유했다. 즉 신하된 자는 우왕과 창왕이 왕씨냐 신씨냐 하는 논쟁에 집착할 필요없이, 군주를 충성스럽게 보좌해야 한다는 입장이다.

참고로 왕도는 사마씨가 아닌 우씨로 즉위해 정통성에 휘말린 진나라 원제를 도와 동진을 안정시켰고, 뒤이어 명제(明帝)와 성제(成帝) 등 3대가 재위하는 동안 승상을 지내면서 동진 왕조의 강남(江南) 통치를 공고하게 다진 인물이다.

다음은 왕실과 국왕에 관한 일은 드러내놓고 말하지 않아야 한다는 두 번째 논리다. 성호는 이 논리를 발전시켜나간다. 순암에게 보낸 편지에 잘 나타나 있다.

答.《상촌집(象村集)》과《곤륜집(昆侖集)》에 우왕과 창왕이 신씨가 아니라는 설이 있다고 들었는데, 그런 말들은 정공(定公)과 애공(哀公) 연간의 일은 은미하게 기록한다는 취지는 아닌 듯합니다.

－《성호전집》권25, ④안백순의 문목에 답함〔答安百順問目〕

참고로《상촌집》(또는《상촌고(象村稿)》)은 신흠의 문집이다. 이 책은 "우왕과 창왕의 일은 반드시 원천석의 기록을 신사(信史)로 삼아야 한다"[12]라고 하며 '우왕=신씨' 설을 부정했다.《곤륜집》은 최창대의 문집이다. 최창대는 "고려 말 우왕과 창왕이 신씨인지 왕씨인지에 대해 선배들의 논의가 한두 가지가 아니다. 나는 마땅히 공민왕의 아들로 단정한다"[13]라고 말했다.

성호는 우왕과 창왕을 신돈의 자식인 신씨가 아니라고 한 두 사람의 주장은《춘추》필법(筆法)의 논리에 어긋난다는 것이다. 이는 퇴계가 먼저 언급한 "정공과 애공 연간에는 은미한 말이 많다〔定哀多微辭〕"라는《춘추》'공양전(公羊傳)'의 논리에 근거한 것이다. 이 말은 나라에 좋지 않은 일이 있는 경우 이를 숨기기 위해 간략하게 기록한

---

12)《상촌집》권46, 휘언(彙言).
13)《곤륜집》권14, 서여사우창사(書麗史禑昌事).

것을 말한다. 즉 왕실과 국왕에 관한 사실은 드러내어 말하지 않아야 한다는 것이다. 때문에 퇴계는 우왕과 창왕의 일을 자세하게 언급하는 일은 올바른 태도가 아니라는 것이다.

위의 편지가 오간 지 약 2년이 지난 1757년 순암은 "고려 말 사실을 객관적으로 서술하는 일은 정말 어렵습니다. 《춘추》 '공양전'에 '(노나라) 정공과 애공에 은미한 말이 많았다'라는 것이 아마 이러한 사실들을 가리킨 것으로 생각합니다"[14]라고 하면서 퇴계와 성호의 입장을 지지한다.


## 공민왕의 자제위 설치

이렇게 순암은 퇴계의 영향으로 《동사강목》 집필 당시 '우왕=신씨' 설을 지지한다. 한편으로 순암은 이 설을 뒷받침하는 또 다른 증거로 다음의 편지에서와 같이 공민왕이 자제위(子弟衛)를 설치해 추문(醜聞)을 일으킨 것으로 미루어 보아 다른 성씨를 후사로 삼을 수 있다고 했다. 순암은 신씨설의 새로운 논거를 제시한 것이다.

　(우왕과 창왕이) 왕씨냐 신씨냐의 구별 문제는 지난번에 이미 선생님의 가르침을 받았습니다. 이 문제는 조선의 신하로서 명확하게 밝혀서 배척할 일은 아닙니다. 다시 생각하건대, 공민왕이 자제위를 설치해 궁궐을

---

14) 《순암집》 권10, 동사문답, 성호 선생에게 올림, 정축년①(1757)〔上星湖先生書 丁丑〕.

더럽혔다면 다른 성씨로 후사를 삼는 것을 어찌 꺼려했겠습니까?

-《순암집》권10, 동사문답, 성호 선생에게 올림, 정축년①(1757)〔上星湖先生書 丁丑〕

순암은 공민왕이 자제위를 설치한 사실로 보아, '우왕=신씨' 설이 가능할 수 있다는 뜻의 편지를 성호에게 보낸 것이다. 나아가 순암은 다른 성씨를 후사로 삼은 보다 구체적인 사례로 중국의 예를 들었다.

《사기》에 따르면, 전상(田常)은 젊은 남자를 후궁에 드나들게 해서 70명의 아들을 두었다고 합니다. 《강목(자치통감강목)》에 따르면, 송(宋) 명제(明帝)는 총애하는 신하 이도아(李道兒)에게 궁인 진씨(陳氏)를 주어 아들 욱(昱)을 낳아 태자로 삼았습니다. 어찌 공민왕만 의심하겠습니까? 궁중의 일은 비밀스러워 바깥사람들이 알 수 없는 것입니다. 비록 들었다 해도 직접 목격한 일은 아니니, 어찌 전해 들은 것을 사실이라 할 수 있겠습니까? 이러한 일에 대해 선생님의 분명한 견해를 듣고 싶습니다.

-《순암집》권10, 동사문답, 성호 선생에게 올림, 정축년①(1757)〔上星湖先生書 丁丑〕

순암은 공민왕이 자제위를 설치해 문란한 생활을 했고, 그 때문에 다른 성씨를 후사로 삼을 수 있지 않았을까 하는 의문을 제기한다. 순암의 의문은 계속된다.

《강목》에 따르면, 진시황은 여불위의 아들이고, 송주(宋主) 욱(昱)은 이도아의 아들입니다. 그래서 "진왕(秦王)이 죽자 아들 정(政, 진시황)이 즉위했다. 또 송나라는 아들 욱을 태자로 삼았다"라고 서술했고, 또 "송주가 죽자 태자 욱이 즉위했다"라고 했습니다. 또 "소도성(蕭道成)이 임금 욱을 시해하고 성안왕(成安王)을 세웠다"라고 했습니다. 이러한 필법은 그 뜻이 어디에 있습니까? 선생님의 분명한 가르침을 받고 싶습니다.

-《순암집》권10, 동사문답, 성호 선생에게 올림, 정축년①(1757)〔上星湖先生書 丁丑〕


참고로 이 편지에서 언급한 송나라 욱은 중국 남조 송나라 후폐제 (後廢帝) 유욱(劉昱, 463~477)이다. 송나라 명제가 이도아의 첩이었 던 진씨를 후궁으로 삼고 얼마 되지 않아 욱이 태어났다. 때문에 유욱 은 유씨가 아니라 이씨라는 설이 있다.

순암은 진시황과 송나라 욱을 예로 들어 중국역사에서 다른 성씨 로 후사가 되어 국왕이 된 사람을 정통으로 기록한 필법에 대해 의문 을 제기했다. 성호는 순암에게 답서를 보내면서 자신의 분명한 입장 을 표시한다.


중국 진시황과 송나라 욱의 경우에도 평소 의문을 갖고 있습니다. 여불위 가 미희(美姬)의 임신 사실을 알고 장양왕(莊襄王)에게 바치고 달이 차 서 '정'을 낳았다고 하는데, 그가 어찌 산달이 차서 아이를 낳을 것이라는 사실을 미리 알 수 있었단 말입니까? 이는 반드시 천하 사람들이 진나라 를 미워해 치욕을 주려 했기 때문일 것입니다. 후세 사람들이 마침내 그 에 근거해 별도로 진나라의 역사를 기록했으니 가소로울 뿐입니다. 후주 (後周)의 곽시영(郭柴榮, 세종世宗, 921~959)은 분명히 곽씨의 피붙이 가 아니지만 어찌 후주라고 칭할 수 있겠습니까? 송나라의 욱도 이러한 예에 불과할 것입니다.

-《성호전집》권27, ①안백순에게 답함, 기묘년(1759), 별지〔答安百順 己卯 別紙〕

성호는 진시황이 여씨라는 설은 후대에 꾸며낸 것이라 보았다. 이
도아의 첩 소생이라는 송나라 국왕 유욱은 물론 후주의 곽시영도 마
찬가지 경우라고 보았다. 성호는 이들의 혈통이 다르다고 하는 말은
후대에 꾸며진 것에 불과하다고 하며, 그런 기록을 믿지 않는다고 표
명했다.

## 조선왕조 신하의 의리론

성호의 입장은 '우왕=신씨' 설은 조선왕조 건국과 관련된 중요한 사
안으로 조선의 신하로서 함부로 얘기해서는 안 된다는 의리론과 왕실
과 국왕의 일은 은미하게 기록한다는 《춘추》 필법의 논리에 근거해,
의문을 제기해서는 안 된다는 것이다. 이러한 입장은 앞에서 언급했
듯이 퇴계의 입장을 계승한 것이며, 순암 역시 《동사강목》 초고본을
집필할 때까지 퇴계와 성호의 입장을 따랐다.

> 우왕, 창왕에 관한 일은 별지에 따로 정리해서 올립니다. 속론(俗論)은
> 고양되기 쉬워, 옳고 그름을 계산하지 않고 억지로 죄를 삼으려 한다면,
> 그것은 신중한 의논은 아닙니다. 보신 후 바로 없애고 다시 가르침을 주
> 시면 감사하겠습니다.
>
> ―《순암집》권10, 동사문답, 성호 선생에게 올림, 경진년(1760)〔上星湖先生書 庚辰〕

순암은 '우왕=신씨' 설에 대해 한때 의문을 품었지만, 초고본이 완
성된 1760년 당시까지는 그에 관한 논의가 세속의 논란을 불러일으

킬 수 있으므로 신중하게 논의할 필요가 있다는 입장이었다. 즉 이 문제는 함부로 새로운 논의를 할 수 없다는 것이 순암의 입장이다.

이상의 편지를 통해서 다음과 같은 사실을 확인할 수 있다. '동사'는 1760년 초고본이 완성된 이후 약 20~30년간에 걸쳐 수정 작업이 이루어지는데, 적어도 초고본이 완성된 1760년 시점까지 순암은 우왕이 신돈의 자식으로서, 국왕으로서의 정통성을 상실했다는 퇴계와 성호의 입장을 고수한다.

그러나 이후 초고본을 수정하는 과정에서 우왕과 창왕이 신씨가 아니라 왕씨라는 입장으로 크게 선회한다. 순암은 '우왕=신씨' 설의 이른바 폐가입진론은 정도전, 윤소종 등 개혁파 사대부들에 의해 제기된 것으로서, 우왕과 창왕을 폐위하려는 명분에 불과한 것이라고 자신의 입장을 바꾼다. 이에 따라 고려 말 서술 내용도 크게 바뀌게 된다. 다음 장에서 자세하게 다루기로 한다.

# 3
## 회복된 우왕·창왕의 정통성


**신돈의 자식에서 폐위된 국왕으로**


순암은《동사강목》초고본에서《고려사》기록과 같이 우왕과 창왕을 각각 '신우(辛禑)', '신창(辛昌)'으로 표기했다. 그들을 신돈의 자식으로 본《고려사》찬자의 입장을 따랐던 것이다. 그러나 순암은 수정 과정에서 이 기록을 삭제했다. 그 대신 초고본의 '신우'와 '신창'을 각각 '전폐왕 우(前廢王禑)'와 '후폐왕 창(後廢王昌)'으로 수정했다. 두 왕을 신씨가 아닌 왕씨로서 이성계 일파에 의해 폐위된 국왕으로 본 것이다.《동사강목》수권의 목록에서도 그렇게 수정했다. 우왕, 창왕이 신씨라는《고려사》기록을 믿지 않았기 때문이다. 이같이 수정하는 과정에서 순암은 스승인 성호와 퇴계의 입장과 다르게 우왕과 창왕의 정통성을 인정했던 것이다.

또 순암은 창왕이 폐위된 사실을 기록한 뒤, 신흠이 우왕과 창왕이 신씨가 아니라는 원천석의 시를 인용해 작성한 사론을 추가해서 초고본 여백에 다음과 같은 내용을 기록했다.

살펴보건대 신씨(신흠)는 이렇게 적었다. "원천석의 문집에 따르면, 이달 15일에 정창군(定昌君)이 즉위하고, 전왕(前王) 부자는 신돈의 자손이라 하여 폐하여 서인(庶人)이 되었다고 한다. 그래서 시 두 수를 지었다.

전왕의 부자가 떨어져〔前王父子各分離〕
만 리 떨어진 동서쪽 하늘 끝에 머무네〔萬里東西天一涯〕
몸이야 서인이 되었으나〔可使一身爲庶類〕
마음은 천고에 변치 않으리〔寸心千古不遷移〕
태조의 신령께서 하늘에 계셔〔祖王信誓應乎天〕
끼친 은택 200년 흘러왔거니〔餘澤流傳二百年〕
진짜 가짜를 가리기가 어이 이리 늦었나〔分揀眞假何不早〕
저 하늘은 분명히 내려 보고 계시리〔彼蒼之鑑昭明然〕]"15)

순암은 신흠의 사론을 인용해 우왕이 신돈의 자식이 아니라는 사실을 전하고 있다. 신흠은 또한 고려 말 원천석의 문집에 실린, 우왕과 창왕은 신돈의 자식이 아니라는 사실을 적은 시를 인용해 간접적으로 자신의 입장을 밝히고 있다. 순암 역시 이를 《동사강목》에 재인용함으로써 '우왕=신씨' 설을 부정했다.

---

15) 《동사강목》 권17 상, 후폐왕(창왕) 원년(1389) 11월.

신흠의 사론 내용은 원래 1760년 완성된 초고본에는 없던 내용이다. 순암이 초고본을 수정하는 과정에서 초고본 여백에 추가한 자료인데, 수정본과 유통본에는《동사강목》본문에 원문으로 실려 있다.

이러한 사실은 순암이 1760년 초고본을 완성할 때까지 가졌던 '우왕·창왕=신씨' 설과는 아주 다른 것이다. 또 초고본 여백에 추가되어 있는 것으로 보아, 수정 과정에 추가한 것이 분명하다. '우왕=신씨' 설을 믿었던 순암의 생각이 수정 과정에서 크게 달라진 것이다.

## '조민수 열전' 기록을 삭제하다

순암은《동사강목》초고본을 편찬하면서, '우왕=신씨' 설, 즉 우왕의 정통성을 부정한 근거로《고려사》'조민수(曺敏修) 열전'(권126)을 인용했다.

'조민수전'에 기록된 바, 태조(이성계)가 위화도회군 때 다시 왕씨를 세울 것을 청했다. 우왕이 폐위되자, 태조는 왕씨를 택해 왕으로 세우려 했다. 조민수는 자기를 발탁해준 이인임(李仁任)의 은혜를 생각해 이인임의 외형제인 이림(李琳)의 딸 근비(謹妃)의 아들 창왕을 세우려 했다. 당시 명유인 이색의 말에 의지하기 위해 창왕을 세우는 일을 몰래 이색에게 물었다. 이색은 당연히 전왕의 아들을 세워야 한다고 했다. 태조가 조민수에게 회군 때 (왕씨를 세우고자 한) 말은 어떻게 되었는가 하고 따지자, 조민수는 얼굴빛을 고치면서 원자(창왕)를 세우는 일은 한산군(이색)이 정한 것이다. 어찌 그의 말을 어길 수 있겠는가 하면서, 창왕을 즉위시켰다.[16]

이 내용은 위화도회군 후 이성계가 조민수와 함께 우왕을 폐위시키고 왕씨를 세우고자 약속했으나, 조민수가 이를 어기고 전왕의 아들을 세워야 한다는 이색의 말에 따라 신씨인 창왕을 세웠다는 것이다. 이성계 일파들이 우왕과 창왕을 폐위하려는 이른바 '폐가입진'의 주요한 근거로 내세우는 자료다.

폐가입진론은 1389년(공양왕1) 12월 권근이 명나라에 사신으로 갔다가 귀국하는 길에 황제의 명령을 담아 명나라 예부가 작성한 외교문서를 바로 조정에 보고하지 않고, 자신이 미리 몰래 뜯어보았다는 이른바 '예부자문(禮部咨文)' 사건을 계기로 처음 제기된다. 이 문서 속에는 고려에서 왕씨가 아닌 신씨인 이성(異姓)을 왕으로 세운 것이 잘못되었다고 명나라 황제가 지적하는 내용이 담겨 있었다고 한다. 권근을 비롯해 우왕과 창왕을 옹립한 세력에게 매우 불리한 내용이어서 권근이 함부로 외교문서를 뜯어본 후 조정에 보고하지 않고 창왕의 장인인 이림에게 바로 보고했다는 것이 사건의 주요한 내막이다.

이성계 일파는 우왕과 창왕이 왕씨가 아니라는 '예부자문'에 근거해 창왕을 폐위하고, 창왕을 옹립한 세력을 제거한다. 이른바 '폐가입진'은 이때 처음 제기되었다.

그러나 폐가입진론은 1388년 위화도회군 직후 우왕을 폐위할 때 제기했더라면 설득력을 가졌을 것이다. 순암이 인용한 '조민수 열전'

---

16) 《동사강목》 초고본 권16 하, 우왕 14년 6월, "曹敏修傳云我 太祖回軍時 請復立王氏 及禑廢 太祖 欲擇立王氏 敏修 念李仁任薦拔之恩 立仁任外兄弟李琳女謹妃之子昌 以李穡爲時名儒 欲藉其言 密問於穡 穡曰當立前王之子 太祖謂敏修曰 其如回軍時所言何 敏修作色曰 元子之立 韓山君已定策 何可違也 遂立昌."

기록은 조선 초기《고려사》편찬 과정에서 추가된 것으로 추정된다. 순암은《동사강목》을 수정하는 과정에서 '우왕=신씨' 설을 부정하고 우왕의 정통성을 인정하게 되면서, '조민수 열전'에서 폐가입진론의 중요한 근거가 되었던, 위에서 인용한 부분을 삭제한다. 순암은 이 기록이 실려 있는 초고본 상단 여백에 "이 주를 삭제한다〔此注删〕"라고 적어 놓아 해당 기록을 삭제하도록 표시하고 있다. 실제로 수정본과 유통본에는 모두 해당 기록이 삭제되어 있다. 순암이 이 기록을 삭제한 것은 우왕과 창왕의 신씨설을 부정하는 입장을 잘 보여주는 예다.


## 이색의 구차스러운 변명


순암은《동사강목》공양왕 2년 정월조(권17 하)에서 신씨인 창왕을 진(晉)나라 원제에 비유한 이색의 발언을 소개하고 있다. 내용은 다음과 같다. 원제는 진나라 종실인 사마씨가 아닌 우씨 출신이다. 당시 오랑캐의 침입을 받던 상황에서 진나라를 유지하고 민심을 안정시키기 위해 이성(異姓)인 그를 즉위시키지 않을 수 없었다. 이색은 이성(異性)인 창왕의 즉위를 자신이 주장한 것도 고려가 진나라와 같은 불가피한 상황 때문이었다고 해명했다. 이색은 창왕이 비록 왕씨는 아니지만, 당시 상황에서 창왕의 즉위가 불가피한 것이라 해명했다.

이 기록은 원래《고려사》'이색 열전'(권115)에 실려 있다. 순암은 이를 다시《동사강목》초고본에 인용했다. 순암이 초고본에 이 사실을 인용한 것은 창왕이 왕씨가 아닌 이성(異姓)인 신씨라는 사실을 강조하기 위해서였다. 초고본 편찬 당시 순암은 '우왕=신씨' 설을 믿고 있었기 때문에 그것을 인용한 것이다.

그런데 순암은 수정 과정에서 《성호사설》에서 관련 사실을 뽑아내어 다음과 같이 초고본 여백에 추가했다. 초고본에 없던 내용이 수정본과 유통본에 추가된 것이다.

살펴보건대, 《성호사설》에 이렇게 기록되어 있다. 조선 초기 우왕에 관한 일은 자못 의심나는 점이 있다. 목은 이색의 말이 비록 중하다고 하나 과연 우왕이 신씨이기 때문에 폐위되었다면, 어찌 모두 목은의 뜻을 따라 그 아들을 다시 왕으로 세웠겠는가? 우왕을 폐했을 때도 조민수가 관여했고, 창왕을 세울 때도 조민수가 관여한 것은 무슨 까닭인가? 나의 생각에는 우왕이 폐위된 것은 요동정벌 때문이다. 그때 우왕이 신씨라는 말이 있더라도 모두 개인적으로 주고받았지 떳떳하게 정식으로 제기된 것은 아니었다. 그 까닭에 창왕이 즉위할 때도 모두 그 문제에 대해선 아무 말이 없었던 것이고 역사에도 근거가 있다.

그런데 일이 한번 기울어지자 말들이 많아져 이리저리 덧붙여져 움직일 수 없는 사실처럼 되었다. 역사가들도 덧붙이고 줄이고 하여 뒷날까지 전해 이제 진실을 알 수 없게 되었다. 신씨가 아니라면 폐위당할 때 분명하게 밝혀야 할 일이었다. 만약 신씨였다면 전왕의 아들이므로 즉위해야 한다고 이색이 함부로 말할 수 없었을 것이다. 창왕이 즉위한 후에야 소문을 빌려 폐위하려 했으니 어쩔 것이냐? 이색이 창왕의 즉위를 진나라 원제와 비교한 것은 스스로 살아남기 위한 구차스러움에 불과하다.[17]

즉 성호의 생각을 요약하면 다음과 같다. 이색이 신씨인 창왕의 즉위를 주장한 것이 오랑캐의 침입으로 위기에 빠진 진나라가 이성(異

姓)인 원제를 즉위시킨 것과 같은 상황 때문이었다는 것은 자신이 살아남기 위한 구차한 변명에 불과하다. 우왕이 신씨여서 폐위되었다면, 이색은 전왕의 아들을 즉위시켜야 한다는 말로 창왕의 즉위를 주장할 수 없었을 것이다. 창왕이 즉위할 때도 신씨라는 얘기는 없었으며, 그것을 이유로 창왕의 즉위에 반대하는 목소리도 없었다. 또 성호는 요동정벌 때문에 우왕이 폐위되었다고 보았다.

이 부분에서 성호는 우왕의 혈통에 대해 직접 언급하지 않았다. 이색의 변명을 비판하려는 것이 목적이었다. 그런데 순암은 창왕이 신씨라는 이색의 생각을 논박하기 위해, 이색의 변명을 비판한 성호의 글을 간접적으로 인용한 것이다. 즉 순암은 《성호사설》을 인용해 오히려 '우왕·창왕=신씨' 설을 우회적으로 비판했다. 이 내용은 초고본에 없던 것으로, 순암이 여백에 《성호사설》 내용을 추가해 수정본과 현재의 유통본에 그대로 반영되었다.

순암은 1760년 초고본 완성 당시까지 '우왕=신씨' 설에 의심을 가지지 않았던 것이 분명하다. 이후 《동사강목》 수정 과정에서 그런 생각에 변화가 나타나게 된 것이다. 그렇다면 순암은 언제쯤 우왕과 창왕을 신돈의 자식이 아니라 고려왕실의 적통으로 보게 되었고, 고려 말 서술 전반에 대해 재검토하게 되었을까?

---

17) 《동사강목》 권17 하, 공양왕 2년 춘정월, "按塞說 國初辛禑事 竊有疑焉 牧隱雖曰 言重若 果以辛氏而廢 則豈合從其意 復立其子 其廢也 曺敏修與焉 而立昌者 又敏修何也 余謂廢也爲北伐也 其時雖有辛氏之 說 皆私相酬答 而非明正說出 故昌立而亦皆寂然 據史可證 事勢一頃 口舌益繁 鼓煽和附 牢不可破 史家 依此筆削以垂後世 不復可以識別矣 然而 當廢黜之時 何不以非劉倡作大義 明告四方 若然則當立前王子 之論 牧隱亦不敢發矣 至昌立然後 藉口而廢之何也 牧隱爲牛繼馬之說 以圖生亦苟矣."

## 변화한 순암의 역사인식과 역사서술

순암은 1771년 윤동규에게 다음과 같은 편지를 보낸다.

우왕과 창왕 문제는 후세의 공정한 필법[公筆]에 맡기는 것이 옳습니다.
저도 (임상덕의《동사회강》과 같이) 공민왕이 죽은 해로 끝내려 했습니
다. 그러나 공민왕 이후 18년간 크게는 국가의 흥망과 어진 사람과 어리
석은 사람의 진퇴 등을 묻어둘 수가 없습니다. 그런데 번거롭고 편찬 원
칙이 없는《동국통감》이나 소략하게 정리한《여사제강》과 같은 역사책을
믿을 만한 역사책으로, 또한 소략하고 오류가 많은 임상덕의《동사회강》
을 차마 그대로 전하게 할 수 없습니다. 그래서《동사강목》을 만들면서
공민왕 이후는 두 부를 따로 만들어 하나는 우왕 원년(1375) 이후를《고
려사》'열전'의 예처럼 서술하고, 약간의 의례(편찬 원칙)를 두었습니다.
다른 하나는 여러 역사책과 같이 분주(分註)를 하면서 강(綱)을 두어 표
제로 삼고, 사실에 근거한 서술로 원래의 뜻을 잃지 않으려 했습니다. 그
러나 어느 것을 취할지는 아직 정하지 못하고 있습니다.

-《순암집》권3, 소남 윤장(윤동규)의 별지에 답함, 신묘년(1771)〔答邵南尹丈別紙 辛卯〕

순암은 임상덕이《동사회강》에서 고려 말 역사를 우왕이 즉위한 사
실까지만 서술해, 우왕 즉위 이후(1374) 고려 말까지 역사를 서술하
지 않은 점은 잘못이라 비판했다. 또 "우왕과 창왕 문제는 후세의 공
정한 필법에 맡겨야"한다고 했다. 더해서《동국통감》,《여사제강》,
《동사회강》과 같은 역사책이 믿을 만한 역사서[信史]로 전해져서는
안 된다고 주장했다. 이러한 순암의 입장은 우왕의 정통성을 새롭게

평가하려는 의중을 드러낸 것이 아닐까? 그러기 위해 순암은 우왕과 창왕의 역사를 새롭게 서술해야 한다는 생각을 가지고 있었던 것이다. 1771년의 이 편지는 성호가 타계한 지 8년, 초고본이 작성된 지 11년 후에 작성되었다. 우왕과 창왕에 대한 그의 생각이 달라지고 있음을 보여주는 것이다.

그리고 1783년 정지검(정자상)에게 보낸 편지에서 우왕과 창왕에 대해 초고본과는 분명하게 다른 입장을 밝힌다.

> 정인지가 쓴《고려사》에서 고려 말의 왜곡된 서술은 한마디로 말하기 어려울 정도입니다. 우리 조선왕조는 천명을 받아 하늘과 사람이 귀의했습니다. 우왕과 창왕이 왕씨인지 신씨인지를 가리는 일이 무슨 관계가 있습니까? 조준과 정도전의 무리가 구신(舊臣)들을 넘어뜨리려고 이러한 논의를 제창한 것입니다. 목은(이색)과 야은(길재)는 백세(百世)의 모범이 되는 분인데 어찌 전왕의 아들을 세워야 한다는 의논을 제창했으며, 또 어찌 우왕을 위해 3년간이나 마음속으로 상례(心喪)를 올렸겠습니까? 이를 보면 알 수 있습니다.[18]

순암은 우왕과 창왕이 왕씨라는 근거를 다음과 같이 들었다. 이색이 우왕을 전왕(공민왕)의 아들이라 해 즉위하게 했을 때 아무런 이의가 없었다. 또 이색이 시해된 우왕을 국왕으로 예우해 뒷날 3년 동

---

18) 《순암집》권9, 與鄭子尙別紙 癸卯(1783), "鄭史麗末誣筆 可謂一口難說 我朝受命 天與人歸 何關於禑昌王辛之辨 而浚道傳輩必欲擠陷舊臣而倡此論也 牧老冶隱是百代儒宗 而何以倡立前王子之論 亦何以爲禑方喪三年乎 據此可知矣."

안 심상(心喪)한 사실을 들었다. 나아가 우왕과 창왕은 고려왕가의 적통이며, 조준과 정도전의 폐가입진론은 이색, 길재와 같은 구신세력을 제거하기 위한 것이라 했다.

## 정도전 무리의 고려사 왜곡

순암이 이 편지를 작성한 해는 1783년이다. 이때 순암은 초고본에 대해 3차 수정 작업을 하고 있었다. 그는 우왕을 신돈의 자식이 아닌, 정통성을 가진 국왕으로 보았다. 초고본의 서술과 다른 입장으로 바뀐 것이다.

순암은 앞에서 인용한 윤동규에게 보낸 1771년의 편지에서 《동사강목》에 따로 '열전'을 두어 우왕과 창왕을 편입시킬지에 대해 결정하지 못했다. 또 정몽주의 죽음을 어떻게 서술할 것인지에 대해서도 마찬가지였다. 순암은 윤동규에게 보낸 편지에서, "정몽주의 죽음에 대해 여러 역사책의 필법이 잘못된 곳이 많습니다. …… (그에 관한 서술에 대해) 저는 세 종류의 강(綱)을 설정하고 있으나, 아직 결정하지 못하고 있습니다. '무슨 관직 무슨 성씨 아무개가 태조를 해치려다 이기지 못하고 죽었다', '태조가 해주에서 돌아오자, 조영규 등이 무슨 관직 무슨 성씨 아무개를 길에서 기다리고 있다가 죽였다', '무슨 관직 무슨 성씨 아무개가 태조 집에 문병하고 돌아가자, 조영규 등이 쳐서 죽였다'입니다. 어느 것이 좋을지 가르쳐주시기 바랍니다"라고 했다.[19] 《동사강목》에서는 세 가지와 다르게 서술했다. 이로 미루어 보아 3차 수정이 시작된 1783년 이후 고려왕조사 서술에 상당한 수정이 이루어졌음을 알 수 있다. 또 정몽주는 물론 우왕과 창왕에 대해서도 따로 열전을 두지 않고 편년 형식의 강목체 형식으로 서술할 것을 확정했다.

이렇게 1783년은《동사강목》의 고려사 서술에 커다란 변화가 이루어진 해다. 순암은 2차 수정이 이루어진 1781년까지도 우왕과 창왕의 정통성을 부정하는 입장이었다. 이해 정지검에게 보낸 편지에서 확인할 수 있다.

> 고려 말엽의 사건은 모두 옛날의 역사서에 따라 기록했습니다. 이게 비록 역사가의 정해진 관례가 아니기는 하나《춘추》에서 노나라 정공과 애공 때의 일을 은미하게 말한 뜻으로 보아도, 이 문제는 그렇게 하지 않을 수 없습니다. 형께서 자세히 살펴주십시오. 옛날 선왕조(영조) 때 성천(成川) 임상정(林象鼎) 선생이《역대사요(歷代史要)》를 편찬했습니다. 단상(湍相, 이종성李宗城)이 이를 임금께 아뢰자, "서연에서 강론하라"고 하교하셨습니다. 그때에 어떤 사람이《강목(자치통감강목)》을 마음대로 산정(刪定)했다는 죄목으로 탄핵을 받아 강론하지 못했습니다. 지금 이 글도 성상께서는 죄목으로 삼지 않으시지만, 다시 그러한 일이 없을 줄 어찌 알겠습니까? 책 두 상자에 20책이오니, 살펴보고 받아주십시오."[20]

---

19) 《순암집》권3, 答邵南尹丈別紙 辛卯(1771), "圃隱之死 諸史筆例多錯 (中略) 故愚於此立三綱 而猶未得定 一云具官姓某謀害我太祖 不克死之 此例大似直截 一云我太祖還自海州 趙英珪等 要擊具官姓某於路殺之 一云官姓某詣我太祖第 問疾而還 趙英珪等 要擊殺之 伏乞更賜明敎"

20) 《순암집》권9 與鄭子尙書 辛丑(1781), "麗末事 都依舊史 雖非史家定例 而定哀微辭之意 不得不然矣 詳察之也 在昔先王朝 林成川象鼎丈撰歷代史要 三代三卷用鄙撰 湍相入奏 遂有書筵進講之敎 其時有人以綱目之擅刪爲罪而駁之 事遂寢焉 今者此書 上意雖不以爲罪 安知復無此事乎 書二匣凡二十册 考納焉"

순암은 1차 수정이 완료된《동사강목》을 1781년 정지검에게 보내면서, 고려 말의 기록은 구사(舊史)를 따른다고 했다. 특히 그는 임상정이 주희의《자치통감강목》을 마음대로 줄여서 당시 조정에서 문제가 된 예를 들었다. 때문에 고려 말의 우왕과 창왕의 역사서술도 현재의 왕조와 관련되어 함부로 서술하기 어려운 문제임을 간접적으로 알리고 있다. 그러나 2년이 지난 1783년 순암은 그동안 금기시되었던《고려사》의 '우왕·창왕=신씨' 설을 부정하고, 우왕과 창왕을 고려왕실의 적통으로서 이성계 일파에 의해 폐위된 국왕으로 서술했다. 이렇게《동사강목》은 우왕과 창왕의 정통성을 인정한 최초의 역사서가 되었다.

5부

# 《동사강목》의 판본과 유통

# 1

## 필사본 《동사강목》의 종류와 가치

1780년대 중후반 완성된 수정본 《동사강목》은 국왕 정조에게 바쳐진다. 그러나 정조 재위(1776~1800) 기간에는 간행되지 않았다. 그러다가 개항 이후 1890년대 구한말 역사에 관심을 가진 뜻있는 인사들에 의해 필사되어 유통되기 시작한다. 그 저본은 정조에게 바쳐진 수정본 《동사강목》으로 판단된다. 수정본 원본은 현재 소재를 알 수 없다.

실제로 국내 도서관에 소장되어 있는 필사본 《동사강목》을 조사한 결과 대부분의 필사본이 구한말에 필사된 사실을 확인했다. 확인한 필사본 《동사강목》은 모두 6종이다. 이를 분석해 필사본 《동사강목》 판본의 특징, 《동사강목》의 유통과정과 가치 및 구한말 이후 《동사강목》이 유통된 시대적 배경과 특성을 살펴보겠다.

## 연세대 소장 필사본 ①: 초고본

연세대 학술정보원 국학자료실에 두 종류의 《동사강목》 필사본이 소
장되어 있다.[1] 첫 번째 필사본[2]은 수권을 제외하고, 각 책의 첫머리
우측 하단에 사각형 모양의 "광주 안정복 백순 순암(廣州安鼎福百順
順菴)"이라는 붉은색 장서인이 찍혀 있다. 순암이 소장했던 원본임을
알려준다. 또 다른 특징은 필사본 여백에 기록된 수많은 수정의 흔적
이다. 국왕의 이름과 시호, 각종 연호와 연기, 인명, 제도, 지명 등의
수정, 새로운 사실의 추가, 내용의 삭제와 이동 등 여러 수정의 흔적
이 필사본의 여백에 빼곡하게 적혀 있다. 또 강(綱)의 기사를 목(目)
으로, 목의 기사를 강으로 수정한 경우도 적지 않았다. 수정한 곳은
모두 3,300여 곳이나 된다.

필사본 여백에 수정·삭제·추가 등으로 가필된 필적은 순암의 것으
로, 그가 《동사강목》을 직접 수정한 증거다. 그가 수정·삭제·추가한
내용은 현재 유통되고 있는 《동사강목》에 그대로 반영되어 있다. 따

---

1) 나는 2012년 여름 연세대학교 사학과 도현철 교수로부터 이 자료가 연세대학교에 소장된 사실을 처
음으로 전해들은 후 이 자료를 검토해왔다. 이를 계기로 다른 도서관에 소장된 필사본 《동사강목》에
관한 조사로 관심이 확대되었다. 도현철 교수와 이 자료 열람에 도움을 준 연세대 학술정보원 국학자
료실 김영원 선생께 감사 드린다. 한편 연세대 국학연구원에서 발간한 《연세대학교 중앙도서관 소장
고서해제 Ⅲ》(평민사, 2005)의 '동사강목' 항목에 해제가 되어 있으나, 이들 자료가 지니는 가치에 대
해 적극적으로 언급하지 않은 아쉬움이 있다.

2) 이 필사본의 서지사항은 다음과 같다. 수권 1책(동사강목서, 목록, 범례, 동국역대전수지도, 지도(圖),
관직연혁도), 본문 17권 17책, 부권 2권 2책(부권 상권: 고이·괴설변증·잡설, 부권 하권: 지리고·강역
고정·분야고)으로 모두 20권 20책이다. 10행 21자에 주쌍행(註雙行)이며, 책 크기는 24.5×15.5cm이
다. 이 필사본(청구기호: 고서(귀) 363 0, 필사본 20책)은 귀중본으로 분류되어 직접 열람이 불가능했
다. 나는 마이크로필름(청구기호: MF(고서귀) 363 0 부본 5책)을 통해 열람했다.

라서 첫 번째 필사본은 가필의 흔적이 있는 부분을 제외하면, 1760년 최초로 완성한《동사강목》원본으로 판단된다. 이 첫 번째 필사본《동사강목》을 편의상 '초고본(草稿本)'이라 부른다.

참고로 '들어가며'에서 소개한 1778년에 쓴 순암의 서문은 현재의 유통본은 물론 초고본에도 실려 있다. 왜 1760년의 초고본에 1778년 의 서문이 실려 있을까? '들어가며'에서 설명했듯이 1778년 순암은 1760년에 완성한 초고 상태의 원고를 다시 정서(淨書)하고, 거기에다 자신의 서문, 성호 이익의 '홍범설'과 이병휴의 발문을 넣는 등 하나의 서책으로서의 체제를 갖추었다. 이렇게 해서 완성된 서책이 연세대에 소장된 첫 번째 필사본《동사강목》(초고본)이다. 물론 그 여백에는 뒷날 그가 수정, 추가한 가필 흔적이 담겨 있다. 따라서 첫 번째 필사본은 가필된 부분을 제외하면 1760년 최초로 완성된 초고 상태의《동사강목》원본이 분명하다.

《동사강목》서문(1778)에서 밝혔듯이 순암이 "책이 완성된 지 20여 년이 되었으나 오랫동안 정리[繕寫]하지 못한 것을, 병신년(1776) 겨울 호읍(湖邑, 충청도 목천)의 수령으로 나가 공무를 처리하는 여가에 정리해 한 부의 책으로 완성한" 서책이 바로 첫 번째 필사본이다. 이렇게 연세대에 소장된 첫 번째 필사본은 1760년 최초로 완성된《동사강목》의 원본이라는 점에서 매우 중요하다. 또 이 필사본의 여백에 담겨 있는 약 3,300곳에 이르는 수정·삭제 등 가필의 흔적은 1778년 이후 순암이《동사강목》을 수정한 과정과 내용을 고스란히 보여주어 초고본의 가치를 더해준다.

## 연세대 소장 필사본 ②: 수정본

두 번째 필사본[3]은 앞의 연세대 소장 초고본과 목차 구성이 같다. 이 필사본의 특징은 첫 번째 필사본의 여백에 순암이 수기(手記)로 수정·삭제·추가 등 가필한 내용이 그대로《동사강목》본문에 반영되어 다시 정서된 필사본이라는 점이다. 첫 번째 필사본을 초고본이라 했듯이 두 번째 필사본은 '수정본(修正本)'이라 부르기로 한다. 두 번째 필사본(이하 수정본)은 1780년대 중후반 수정이 완료되어 정조에게 바쳐진 원본을 필사한 것이다. 본문 권1의 첫머리에 "광주(廣州) 안정복 편, 청주(淸州) 한진창 교(韓鎭昌 校)"라고 표기되어 있다. 정조에게 바쳐진 원본의 소재는 현재 알 수 없다. 또 이때 바쳐진《동사강목》은 정조 재위 때는 물론 그 뒤로도 조선시대에는 간행되지 않았다.

첫 번째 필사본인 초고본은 원본이 분명하나, 두 번째 필사본인 수정본은 초고본을 바로 수정한 원본이 아니라, 원본을 뒷날 다시 필사한 것이다. 그 근거는 다음과 같다. 먼저, 초고본의 수권에 실려 있는 '사군삼한도(四郡三韓圖)'부터 '고려통일도'까지의 지도가 수정본 목록에는 있지만 본문에는 모두 생략되어 있다. 수정본과 동일한 형태의 필사본으로 추정되는 규장각 소장본에는 지도가 들어 있다. 순암이 가필한 내용을 반영해 바로 정서한 수정본의 원본이라면, 지도와

---

3) 이 필사본의 서지사항은 다음과 같다. 수권 1책(동사강목서, 목록, 범례, 동국역대전수지도, 지도(圖), 관직연혁도), 본문 17권 17책, 부권 2권 2책(부권 상권: 고이·괴설변증·잡설, 부권 하권: 지리고·강역고정·분야고)으로 모두 20책이다. 책 크기는 21.6×15.3cm이며, 10행 20자에 주쌍행이다. 필자는 필사본(청구기호: 고서(I) 951 안정복 동-필사본 20책)과 마이크로필름(청구기호: MF(고서) 951 안정복 동-필-부본 4책)을 모두 열람했다.

같은 중요한 내용을 결코 생략할 수 없을 것이다. 따라서 두 번째 필사본(수정본)은 수정 직후 정조에게 올린 원본이 아니라, 그 뒤에 원본을 다시 필사한 것이다. 둘째, 수정본 수권의 '사론제유성씨(史論諸儒姓氏)' 부분은 한지(韓紙)가 아닌 양지(洋紙)로 된 괘인지(卦印紙)에 기록되어 필사본에 삽입되어 있다. 필사 과정에서 누락된 것을 다시 추가한 것이다. 그런데 이런 종류의 종이는 구한말 이후 제작된다. 수정본이 이 무렵 필사되었다는 구체적인 증거다. 셋째, 수정본 수권의 '동국역대전수지도(東國歷代傳授之圖)'를 '대동(大東)역대전수지도'로 고쳐 적고 있다. 우리나라를 '대동'으로 표기한 것은 대개 구한말 이후다.

이상과 같이 연세대에 소장된 두 번째 필사본인 수정본은 순암이 최종 수정해 정조에게 올린 《동사강목》 원본을 다시 필사한 것이다. 필사된 시기는 구한말, 일제강점기로 추정된다.

## 고려대 소장본

연세대의 수정본과 동일한 필사본 《동사강목》이 고려대학교 중앙도서관 한적실(漢籍室)에 소장되어 있다.[4] 이 필사본은 첫 머리에 이남규(李南珪, 1855~1907)의 '동사강목서(東史綱目序)'(1895)가 실려

---

4) 고려대학교 소장 필사본(청구기호: 貴600 1-20)의 서지사항은 다음과 같다. 본문 17권 목록 1권 부록 2권으로 합 20책이며, 크기는 32.2×21.0cm이다. 첫머리에 '안정복 편 한진창 교'로 기록되어 있다.

있다.[5] 이남규의 서문에 따르면 한진창이 《동사강목》을 활자로 인쇄하기 위해 《동사강목》을 교정한 후 이남규에게 서문을 부탁했다. 이로 미루어 보아 한진창이 교정을 본 필사본 《동사강목》은 1895년 무렵 완성된 것으로 판단된다.

그런데 고려대에 소장된 필사본 《동사강목》 역시 한진창이 직접 교감(校勘)을 해 완성한 원본은 아니다. 즉 고려대 필사본의 각 면은 11행으로 구성되어 있는데, 각 행은 내용을 필사한 한지를 오려 붙인 형식이다. 이는 고려대 필사본 역시 원본이 아니라, 한진창이 교감한 원본을 다시 필사한 것임을 알려주는 증거다.

고려대에 소장된 필사본은 초고본에 있던 성호의 '홍범설'과 이병휴의 발문이 들어 있는 '제동사편면'이 생략되어 있고, 순암의 1778년 서문만 실려 있다. 한편 초고본에 실려 있던 지도가 이 필사본에서는 제목만 나오고 모두 생략되어 있다. 연세대 소장 수정본 역시 지도가 생략되어 있다. 한편 초고본의 '동국역대전수지도'를 수정본에서 '대동역대전수지도'로 바뀌었음을 앞에서 밝힌 바 있는데, 고려대 필사본도 역시 연세대의 수정본과 같이 '대동'으로 표기되어 있다. 따라서 고려대 소장 필사본과 연세대 소장 수정본은 모두 구한말 한진창이 교정한 필사본을 저본으로 필사한 것이다.

---

5) 이 서문은 이남규의 문집인 《수당집(修堂集)》(권5)에도 실려 있다.

## 한국교회사연구소 소장본

한국교회사연구소에 소장된 필사본은 수권, 본문 17권, 부권 2권(상·하)의 모두 20책이다(청구기호: 002.2 동51). 수권에는 성호의 '홍범설'과 이병휴의 발문이 들어 있는 '제동사편면'이 생략되어 있고, 순암의 1778년 서문만 실려 있다. 이는 고려대 소장 필사본과 같다. 이 필사본은 민족문화추진회의 《국역 동사강목》(1979)의 저본으로 이용될 정도로 현재 남아 있는 필사본 가운데 최고의 선본(善本)이다.

필사본 각 책의 첫머리에 '백남익인(白南益印)'과 '현양회도서관인(顯揚會圖書館印)'이라는 두 종류의 사각형 주인(朱印)이 찍혀 있다. 현양회는 순교한 가톨릭 신자들을 기리는 모임이며, 이 모임이 세운 도서관에 소장되어 있었음을 알려준다. 그러나 이 도서관 소장본이 어느 시기에 한국교회사연구소로 이관되었는지는 확인할 수 없다. 한편 이 필사본의 또 다른 소장자로 추정되는 백남익도 현재 확인할 수 없는 인물이다. 두 소장자(처)가 어떤 관계이며, 소장의 선후관계 또한 알 수 없다.


## 규장각과 존경각 소장본

연세대 소장 수정본과 고려대 소장 필사본과 동일한 필사본이 완질 혹은 영본(零本)의 형태로 국내에 전해지고 있다. 서울대학교 규장각 한국학연구원에 1부의 필사본 《동사강목》이 소장되어 있다.[6] 완질본이다. 서만순(徐萬淳)이라는 인기(印記)가 본문에 있다. 서만순은 필

사자이거나 이 책의 소장자로 추정된다.[7]

규장각 소장본 또한 모두 20권 20책이며, 내용 역시 연세대 소장 두 번째 필사본인 수정본과 같다. 다만 권차(卷次)의 배열이 다르다. 앞에서 소개한 목차에서 첫머리 수권(동사강목서, 목록, 범례, 동국역대전수지도, 지도, 관직연혁도)이 제18책, 부권 상권(고이, 괴설변증, 잡설)이 제19책, 부권 하권(지리고, 강역고정, 분야고)이 제20책, 본문 권1에서 권17은 각각 제1책에서 제17책으로 배열되어 있다. 규장각 소장본 역시 수정본을 저본으로 뒤에 필사되었으며, 필사자가 임의로 권차를 바꿔 필사한 것으로 추정된다. 특히 8장의 지도가 모두 수록되어 있어, 다른 필사본과 책의 권차 배열이 다른 것을 제외하면 규장각 소장본은 완질본이다.

완질본은 아니지만 성균관대학교 존경각(尊經閣)에 두 종류의 필사본《동사강목》이 소장되어 있다. 하나는 3권 1책의 필사본이다. 표지 제목은 '동사강목'이며, 내용은《동사강목》의 부권(상·하권 포함)이 필사되어 있다.[8] 또 하나의 필사본은 1책의 필사본으로, 표지 제목은 '동사강목초(東史綱目抄)'라고 되어 있으나, 내용은《동사강목》의 수권이 필사되어 있다. 제동사편면, 동사강목서, 목록, 범례, 동국역대전수지도, 지도, 관직연혁도 등이 수록되어 있다.[9] 이외에 국립중앙도

---

6) 서지사항은 다음과 같다. 청구기호: 奎 5916. 책 크기: 27.7×18.8cm. 匡郭(광곽): 지도(地圖), 사주쌍변(四周雙邊), 반엽광곽(半葉匡郭): 20.3×13.5cm, 유계(有界), 10행(行) 21자(字) 주쌍행(注雙行). 판심(版心): 상단엽화문어미(上單葉花紋魚尾).

7) 한국역대인물 종합정보시스템(http://people.aks.ac.kr/index.aks) 참고.

8) 서지사항은 다음과 같다. 청구기호: B03B-0014, 3권 1책, 12행 25자, 주쌍행, 크기 29.3cm(縱)× 20.5cm(橫)이다.

서관에 고이, 계통(系統), 지리, 괴담(怪談)의 4편 2책으로 된 순암의 '자필고본(自筆稿本)'이 있다.[10]

---

9) 서지사항은 다음과 같다. 청구기호: B03B-0027, 1책, 10행 23자, 주쌍행, 크기 30.2cm(縱)×20.8cm(橫)이다.

10) 청구기호: 貴 191. 이에 대한 소개는 《연세대학교 중앙도서관 소장 고서해제 Ⅲ》(평민사, 2005)의 '동사강목' 항목을 참고했다.

# 2

# 구한말《동사강목》의 유통과 역사교과서

## 구한말《동사강목》의 필사와 유통

앞에서 살폈듯이 개항 이후 구한말《동사강목》이 여러 사람들에 의해 필사본의 형태로 유통되었다는 사실은 주목할 만한 일이다. 왜 이 무렵《동사강목》필사본이 유통되었을까? 당시 '서세동점'이라는 위기의식과 '문명개화'라는 시대과제 앞에서 새로운 가치관을 확립하기 위해 자연스럽게 우리 역사에 관심을 갖기 시작했던 것이다. 그러나 그때 통사 형식의 마땅한 역사서가 없었다. 통사로는 조선 전기에 편찬된《동국통감》이 있었으나, 이미 수백 년 전에 편찬되어 현실과 동떨어진 역사서술과 인식이 담겨 있었다. 당연히 100여 년 전에 편찬된, 고조선부터 고려까지의 역사가 담긴《동사강목》에 주목하게 된다.

고려대 소장 필사본《동사강목》에 실린 이남규의 '동사강목서'에 당시《동사강목》을 필사하게 된 사정이 잘 드러나 있다.

지금 참서(參書) 한진창이《동사강목》을 활자로 인쇄해서 널리 배포해, 우리나라 역사에 뜻을 둔 사람에게 제공하기 위해 교감과 수정을 마치고 나에게 서문을 요청했다. 나는 선생에 대해 이와 같은 일을 할 수 없다는 것을 잘 안다. 그러나 나는 한군이 이처럼 좋은 일을 하면서 그 완급의 순서도 적절하다는 것이 무척 가상하며, 또한 머지않아 평생을 두고 보고 싶어 하면서 얻지 못한 책을 얻어서 읽어 보게 될 것이 적이 마음에 기쁘고, 한편으로 (안정복) 선생께서 후생들을 위해 베푸신 아름다운 뜻을 마무리할 수도 있으리라 생각되어, 드디어 절하고 삼가 서문을 쓴다.[11]

이 서문에 따르면 한진창은《동사강목》을 활자로 인쇄하기 위해 먼저《동사강목》을 필사한 후, 이남규에게 서문을 부탁했다. 서문을 쓴 해인 1895년은 조선정부의 학부(學部)가 근대식 학교에서 사용할 국사교과서를 최초로 편찬한 해다. 학교뿐만 아니라 지식층과 일반 대중들도 우리 역사에 관심을 갖고 있었다는 구체적인 증거가 바로 이남규의 서문에 담겨 있다.

참고로 필사본을 교감한 한진창(韓鎭昌, 1858~1935)은 구한말의 인물이며, 1905년 11월 충청남도와 전라북도 관찰사를 역임했으며, 일제강점기 중추원 참의를 지낸바 있다.[12] 연세대와 고려대에 소장된 필사본《동사강목》은 모두 1895년 한진창이 교감한 필사본을 이후 다시 필사한 것으로 추정되며, 이는 당시《동사강목》이 여러 학인들에

---

11) 《수당집》 권5, 東史綱目序, "今韓參書鎭昌 將活印以廣其傳 以俟東人之有志於學者 旣校讎垂訖 以書抵余告之事 且徵以弁卷之文 南珪自知於先生不能執役 然實嘉韓君之力行好事 動合緩急之宜 又竊喜早晚得讀一生願見而未及見之書 尚庶幾以卒先生之嘉惠 於是乎拜手謹序."

의해 필사되어 널리 유통된 증거가 된다.

앞에서 살핀 규장각 소장 필사본에는 서만순(徐萬淳, 1791~?)의 소장인(所藏印)이 찍혀 있다. 그는 1823년(순조23) 정시(庭試) 갑과에 장원으로 급제하고 1827년 규장각 직각(直閣), 뒤에 홍문관 관원과 경연관을 역임한 인물로, 이 책의 필사자이거나 소장자로 추정된다.[13] 어떻든 그의 활동이력으로 보아《동사강목》이 구한말에 필사 또는 유통된 또 다른 증거가 된다.

### 《동사강목》 필사에 관여한 왕실 친위대

구한말에《동사강목》이 유통된 또 다른 증거는 앞에서 소개한 한국교회사연구소 소장본에서 찾을 수 있다. 한국교회사연구소 필사본은 각 책의 뒷면이 한지로 배접(褙接)되어 있는데, 배접지를 접은 안쪽에 이 책의 필사와 장정에 참여한 사람으로 추정되는 명단이 기록되어 있다. 그런데 배접지 상단, 하단 혹은 측면 등 기록된 곳이 일정하지 않다. 이는 민족문화추진회가《국역 동사강목》의 저본으로 활용하기 위해 필사본을 해체한 후 다시 원래 형태로 복원하는 과정에서 배접지가 뒤틀린 것으로 추정된다. 각 책의 배접지에 기록된 날짜, 소속, 참여 인원의 명단을 정리하면 다음과 같다.

---

12) 한국역대인물 종합정보시스템(http://people.aks.ac.kr/index.aks) 및《친일인명사전》(민족문제연구소, 2009) 참고.

13) 한국역대인물 종합정보시스템(http://people.aks.ac.kr/index.aks) 참고.

# 한국교회사연구소 소장《동사강목》필사자 명단

수권:(기록 없음)

**1책**:정해(년) 정월 초1일(丁亥正月初一日) 충용위병정 우4대(忠勇衛兵丁右四隊) 什長 朴奉伊 裵侕俊 金性萬 安銀孫 李奉用 李京千 崔允千 金永石 崔東安 張石寬

**2책**:정해(년) 정월 초1일(丁亥正月初一日) 충용위병정 우5대(忠勇衛兵丁右五隊) 什長 咸順明 金守明 崔卜只 金卜興 金孟俊 鄭夢乙 李斗星 朴性億 金應順 李老味

**3책**:정해(년) 정월 초1일(丁亥正月初一日) 충용위병정 우2대(忠勇衛兵丁右二隊) 什長 李基孫 咸自允石 柳浩永 天太山 金興石 朴百山 鄭元卜 朴昌學 林英俊 金元祿

**4책**:정해(년) 정월 초1일(丁亥正月初一日) 충용위병정 우1대(忠勇衛兵丁右一隊) 什長 朴九丁 咸元明 朴昌浩 陳浩應 孫長石 朴士青 尹三用 全成斤 鄭守京 朴景才

**5책**:정해(년) 정월 초1일(丁亥正月初一日) 충용위병정 우4대(忠勇衛兵丁右四隊) 什長 鄭三奉 金奉云 崔致實 李表成 崔柄文 沈希俊 張百萬 尹甲石 梁允成 崔長用

**6책**:정해(년) 정월 초1일(丁亥正月初一日) 충용위병정 좌5대(忠勇衛兵丁左五隊) 什長 李弘云 金順漢 沈善明 朴興孫 金英俊 安卜京 金石煥 孫德允 崔順達 朴士先

**7책**:병술(년) 12월 30일(丙戌十二月三十日) 충용위병정 좌3대(忠勇衛兵丁左三隊) 什長 朴泰鉉 朴禹石 鄭長祿 金昌孫 李泰京 崔學先 金聖文 鄭元俊 金辰用 朴順石

**8책**:병술(년) 12월 30일(丙戌十二月三十日) 충용위병정 좌4대(忠勇衛兵丁左四隊) 什長 鄭三奉 金奉云 崔致實 李表成 崔柄文 沈希俊 張百萬 尹甲石 梁允成 崔長用

**9책**:병술(년) 12월 30일(丙戌十二月三十日) 충용위병정 좌5대(忠勇衛兵丁左五隊) 什長 李弘云 金順漢 沈善明 朴興孫 金英俊 安卜京 金石煥 孫德允 崔順達 朴士先

**10책**:정해(년) 정월 초1일(丁亥正月初一日) 충용위병정 우3대(忠勇衛兵丁右三隊) 什長 李用辰 鄭仍祿 孫永祿 金甲京 金有卜 李永成 金興順 金三福 呂仲達

**11책**:병술(년) 12월 30일(丙戌十二月三十日) 충용위병정 우1대(忠勇衛兵丁右一隊) 什長 什長 朴九丁 咸元明 朴昌浩 陳浩應 孫長石 朴士靑 尹三用 全成斤 鄭守京 朴景才

**12책**:병술(년) 12월 30일(丙戌十二月三十日) 충용위병정 우3대(忠勇衛兵丁右三隊) 什長 李用辰 鄭仍祿 孫永祿 金甲京 金有卜 李永成 金興順 金三福 呂仲達

**13책**:병술(년) 12월 30일(丙戌十二月三十日) 충용위병정 우5대(忠勇衛兵丁右五隊) 什長 咸順明 金守明 崔卜只 金卜興 金孟俊 鄭夢乙 李斗星 朴性億 金應順 李老味

**14책**:병술(년) 12월 30일(丙戌十二月三十日) 충용위병정 우4대(忠勇衛兵丁右四隊) 什長 朴奉伊 裵仍俊 金性萬 安銀孫 李奉用 李京千 崔允千 金永石 崔東安 張石寬

**15책**:병술(년) 12월 30일(丙戌十二月三十日) 충용위병정 우2대(忠勇衛兵丁右二隊) 什長 李基孫 咸自允石 柳浩永 天太山 金興石 朴百山 鄭元卜 朴昌學 林英俊 金元祿

**16책**:정해(년) 정월 초1일(丁亥正月初一日) 충용위병정 좌1대(忠勇衛兵丁左一隊) 什長 金用奉 朴彭成 南芎卜 沈弘伊 張氏百 李百萬 李億奉 池在卜 李大成 朴星成

**17책**:정해(년) 정월 초1일(丁亥正月初一日) 충용위병정 좌2대(忠勇衛兵丁左二隊) 什長 成仁祿 金致明 吉卜永 朴大吉 吉允石 朴奇男 朴用伊 李萬守 朴昌興 鄭岩松

**18책(부권 상권)**:정해(년) 정월 초1일(丁亥正月初一日) 충용위병정 좌3대(忠勇衛兵丁左三隊) 什長 朴泰鉉 朴禹石 鄭長祿 金昌孫 李泰京 崔學先 金聖文 鄭元俊 金辰用 朴順石

**19책(부권 하권)**:친군전영(親軍前營) 書記 黃鍾元 安遇英 張道煥 李春順 金大淵 金致錫 申弼永 池錫耆 金在煥

수권만 제외하고 모든 배접지에 기록이 남아 있다. 수권의 경우는 《국역 동사강목》의 저본으로 사용하기 위해 책을 해체, 복원하는 과정에서 실수로 원래 배접되었던 종이가 떨어져 나갔을 가능성도 있다. 이 기록을 통해 몇 가지 사실을 정리해보자.

첫째, 이 기록에서 병술년은 1886년, 정해년은 1887년이다. 그런데 병술년의 경우 모두 마지막 날짜인 12월 30일(음력), 정해년의 경우 첫날인 1월 1일(음력)로 기록되어 있다. 병술년은 제7~9책, 제11~15책 등 8책에, 정해년은 제1~6책, 제10책, 제16~18책에, 모두 10책에 기록되어 있다. 예외는 기록이 없는 수권과 날짜 기록이 없이 소속 부대인 친군(親軍) 전영(前營)과 서기 명단만 적혀 있는 제19책이다. 공통으로 나타난 1886년 12월 30일과 1887년 1월 1일은 《동사강목》을 필사하기 시작한 날짜이거나 필사를 마친 날짜로 추정된다.

둘째, 이 기록의 충용위(忠勇衛)와 친군(親軍)은 군대 명칭이다. 친군은 1882년(고종19) 6월 임오군란이 일어난 이후 시행된 군제 개편 과정에서 만들어진 부대다. 이해 10월 훈련도감이 혁파되고, 1884년 (고종21) 청나라의 지원 속에 신건친군영(新建親軍營)이 발족한다. 전·후·좌·우영(營)으로 구성된 신건친군 4영이 신설되고, 이해 11월 금위영(禁衛營)과 어영청(禦營廳)이 합해져 친군별영(親軍別營)이 신설되면서 친군 5영이 성립된다. 친군 5영, 즉 친군영체제는 청나라 식으로 조직·훈련되었으며, 수도 방위와 궁궐 숙위를 위해 신식군대로 구성된 중앙군사조직이다. 갑오개혁과 을미사변으로 청나라식의 친군영체제가 해체되고 1895년(고종32) 5월 이후 훈련대·신설대(新設隊)·시위대(侍衛隊) 등으로 개편된다.[14] 제19책의 '친군전영'은 중앙군대인 친군 5영의 하나를 가리킨다.

한편 충용위는 당시 군제에서 찾아볼 수 없는 조직이다. 원래 이 부대는 고려 공민왕 5년(1356) 궁성 숙위와 왕실 호위를 강화하기 위해 만들어진 4령, 즉 4,000명으로 구성된 국왕의 친위부대였다. 충용위는 조선 건국 후에도 국왕을 시위하는, 즉 성중애마(成衆愛馬)로 불리는 금군(禁軍)으로 존속했다.[15] 이후 충용위라는 군사조직은 더 이상 기록에 나타나지 않는다. 그러나 함께 참여한 친군의 존재와 이 부대가 원래 수행했던 기능으로 미루어 보아 역시 국왕과 궁성을 호위하는 부대였던 것으로 생각된다.

셋째, 충용위 병정(兵丁)은 군인의 내부 조직으로, 좌대와 우대로 구성되었고 각 대는 5단위로 나누어져 있다. 5단위의 부대가 각 책을 필사하는 작업에 동원되었는데, 맡은 역할이 일정하게 배분되어 있다. 좌대 1대와 2대가 각각 제16책과 제17책을 맡았고 나머지 부대가 각각 두 책씩 맡았다. 이를 정리하면 다음과 같다.

좌 1대: 제16책      우 1대: 제4책, 제11책

좌 2대: 제17책      우 2대: 제3책, 제15책

좌 3대: 제7책, 제18책      우 3대: 제10책, 제12책

좌 4대: 제8책      우 4대: 제1책, 제5책, 제14책

좌 5대: 제6책, 제9책      우 5대: 제2책, 제13책

친군 전영: 제19책

---

14) 김홍 편저, 《한국의 군제사》, 학연문화사, 2001, 177~186쪽.

15) 김홍 편저, 같은 책, 74쪽, 88쪽, 112쪽 참고.

넷째, 현존 필사본《동사강목》가운데 연기(年紀)가 밝혀진 것은 1895년에 필사된 고려대 소장본이다. 그러나 한국교회사연구소 소장 필사본은 이보다 더 일찍 1886년에 필사되었다. 가장 이른 시기에 필사된 것이다. 개항 이후 외세침략이 가속화되던 시기에《동사강목》이 필사되어 유통된 사실은 매우 주목해야 할 일이다.

왜 당시 지식인들이《동사강목》에 주목했을까? 이남규가 쓴 서문을 다시 살펴보자.

나는 항상《동사강목》을 보지 못해 한스러웠다. 어찌 2,514년의 역사에 목말라 할까? 선생(안정복)이 아니면 의례(義例, 역사편찬의 원칙)의 올바름을 만들 수 없기 때문이다. 얼마 후 성호 이익 선생이 선생에게 보낸 편지를 읽었다. 역사에 관해 주고받은 내용이 수백 글자나 되었다.

나는 마침내 다음과 같이 말한다. "이는 유가(儒家)의 위대한 업적이다. 마음을 다해 저술한 이 책은 어찌 세상의 가르침에 도움이 되지 않겠는가? 스승과 제자가 주고받은 글을 보니 결코 가볍지 않다. 또 이전에 이 책에 대해 가졌던 나의 생각이 잘못된 것이 아니며, 아직 이 책을 보지 못한 것이 더욱 한탄스러움을 알게 되었다. 옛날에 여러 노선생(老先生)들이 항상 경전을 우선하고 역사서를 소홀히 했던 것은, 다만 의례를 갖춘 역사서를 구하기 쉽지 않았기 때문이었다. 만일 그와 같은 책을 얻었다면 소홀했겠는가? 이 책은 비유하자면 오랜 가문의 먼 후손이 비바람에 깎이고 이끼 속에 파묻혀 있던 자기네들 시조의 비문을 새로 발견한 것과 같다. 비로소 수성(受姓)과 봉관(封貫), 관작(官爵)과 사덕(事德) 등의 시말을 다 알아내고는 이제까지의 잘못된 소견들을 바로잡고 모르고 있던 것들을 보충한 다음에야, 마침내 지금까지 다른 성씨들의 장전(狀傳)

만을 많이 읽고 해야 할 일을 제대로 하지 못했다는 사실을 깨닫는 것과 같다 하겠다. 중국의 역사를 소홀히 할 수 없다는 정도가 아니라 자기 나라의 역사를 마땅히 어서 알아야 한다"라는 것이다.[16]

이 글에서 이남규는《동사강목》을 매우 높이 평가한다.《동사강목》이 다른 역사서에 비해 편찬 원칙이 분명하고 정확해, 비로소 경학 대신 역사학에 관심을 가지게 되었다는 것이다. 또《동사강목》은 우리나라 역사에 대해 새로운 식견을 보여주고 있는데, 이를 남의 비문을 통해 조상의 사실을 찾다가 조상의 비문을 직접 찾아내 새로운 사실을 얻는 것에 비유했다. 구한말 우리나라 역사에 목말라했던 지식인들은 100여 년 전에 편찬된《동사강목》에 주목했고, 이를 간행해 널리 유포하려 했다. 그러한 사정이 이남규의 서문에 잘 드러나 있다. 조선 후기와 구한말, 그리고 일제강점기에도《동사강목》에 대한 관심은 이어졌다. 1915년 조선고서간행회가 활자본으로 4책의《동사강목》을 간행한 것이 바로 그것이다.

정조에게 올려 조선왕실에 소장된《동사강목》은 정조 재위기간은 물론 조선시대에는 간행되지 않았다. 그러나 개항 후 구한말 지식인들은 왕실에 소장된《동사강목》을 입수해 여러 사람들이 필사한 필사

---

16)《수당집》권5, 東史綱目序, "南珏常以未及見其書爲恨 區區豈皆急於二千五百一十四年行事云乎哉 竊意 其義例之正 有非先生不能作者 旣而得星湖李先生與先生書讀之 以史事往復凡屢數百言 卒乃曰此儒家 大業 煞用苦心 勘玆闕典 豈非有補於世敎 觀夫師承之間 所授受如此不輕 則益知前此竊意於此書者果不 謬 而益歎其未及見也 昔諸老先生每急經而緩史者 非緩之也 特義例之史 未易數得耳 苟曰得之史而可緩 耶 況東人之於此書 猶人家遠裔得見初祖碣文於風雨苦蝕之外 始悉其受姓封官爵事德之始末 訛者以 正 闕者以補 然後知向之多讀他氏狀傳 爲不知務也 是其宜急 不止爲中史之不可緩也."

본 형태로 유통시켰다. 지금까지 소개한 연세대에 소장된 두 번째 필사본과 고려대 소장 필사본, 규장각 소장본과 성균관대 존경각 소장본도 이런 과정을 통해 필사된 것이다. 이후 조선고서간행회가 왕실 소장의 《동사강목》을 입수해 1915년 활자로 간행하면서, 《동사강목》이 비로소 널리 일반에게 보급된다.

## 근대학교의 설립과 역사교육

구한말 지식인들은 서세동점과 문명개화의 시대 분위기 속에서 우리나라 역사에 관심을 갖기 시작했으며, 구체적으로 약 100년 전인 18세기 후반에 편찬된 《동사강목》에 주목해 이를 필사하고 유통하기 시작했다. 그 시기 서구문물의 유입과 함께 근대식 교육제도와 학교가 만들어진다. 새로 설립된 각종 학교에서도 역사교육이 필요했고, 이에 따라 국사교과서가 편찬되기 시작했다.

1883년 우리나라 최초의 근대식 학교로 원산학사(元山學舍)가 설립되고, 이어서 배재학당·이화학당·육영공원 등이 설립되어 근대교육을 담당하게 된다. 이러한 가운데 자국사 교육을 중시해야 한다는 논의가 개화파 세력으로부터 나오기 시작했다. 일본에 망명해 있던 박영효는 1888년 국왕에게 올린 '내정개혁에 관한 건백서(建白書)'에서 "국사, 국어, 국문을 먼저 인민에게 교육시켜야 한다", "인민에게 국사를 배우게 해 역사에 있었던 영광과 치욕의 사실을 마음속에 새겨서 그 시비를 판별해, 과거 민족의 자랑스러운 역사에 긍지를 가지게 하며 부끄러운 역사에 대해서는 다시 그러한 일이 일어나지 않도록

노력함으로써 나라의 부강을 도모해야 한다"라고 하면서 자국사 교육을 강조했다.[17]

1894년 갑오개혁으로 근대교육이 제도화된다. 1895년 2월 고종은 '교육입국조서'를 반포해 근대교육을 위한 방안과 지표를 제시하고, 이에 따라 각종 학교법규 등이 제정된다. 한편 학교교육에서 민족의식을 깨우치기 위해 역사교육을 강조하는 노력이 독립신문·황성신문 등 언론기관에서 일어났으며, 새로 설립된 각종 학교에서도 역사교육을 중시하고 강조했다.

군국기무처는 1894년 6월 '의정부관제(議政府官制)'에서 편사국(編史局)을 두어 우리나라의 역사를 편찬하도록 결의했다. 1895년 3월 학무아문(學務衙門)을 학부(學部)로 바꾸고, 학부는 편집국을 두어 교과용 도서의 번역·편찬·검정, 도서의 구입·보존·관리, 도서의 인쇄를 주요한 업무로 맡게 했다.

1895년 국가기관인 학부에서 최초의 역사교과서를 편찬했다. 이해 편찬된 최초의 국사교과서는 《조선역사》, 《조선역대사략(朝鮮歷代史略)》, 《조선약사(朝鮮略史)》다. 이들 국사교과서는 다른 과목의 교과서보다 먼저 편찬되었다. 그만큼 역사교육을 중시했기 때문이다. 1899년 《동국역대사략(東國歷代史略)》, 《대한역대사략(大韓歷代史略)》, 《보통교과동국역사(普通教科東國歷史)》가 편찬되었다. 이후 교과서 편찬은 1905년 김택영의 《역사집략(歷史輯略)》을 제외하면, 국

---

17) 도면회, 〈한국 근대 역사학의 창출과 통사 체계의 확립〉, 《역사와 현실》 70호, 2009, 175~176쪽 재인용.

가기관인 학부가 아니라 민간과 학회, 단체 등이 주도하게 된다.[18]

　비록 갑오개혁을 계기로 근대식 학교제도와 교육방식이 강구되었지만, 당시 서구의 근대역사학에 입각한 역사인식과 서술 체제는 도입되지 않았다. 구한말 역사교육은 조선 후기 실학자들의 역사인식과 서술 체제, 즉 전통적인 역사학 방법에 의존할 수밖에 없었고, 역사교과서 역시 전통적인 역사학 방법론에 따라 편찬되었다.

## 《동사강목》을 계승한 최초의 국사교과서

을사조약이 강제로 맺어진 1905년 이후, 일제가 정치·외교는 물론 교육에도 노골적으로 개입하고 통제하기 시작하면서 역사교육 역시 조선을 식민지화하려는 목적에서 이루어졌으며, 의도적으로 역사를 왜곡한 교과서가 편찬된다. 따라서 개항 이후 근대식 교육에 맞는 역사교육을 위해 조선정부 및 국내 지식인이 들인 독자적인 노력은 갑오개혁부터 을사조약까지 이루어진 약 10년간의 역사교육에서 찾을 수 있다. 이때 조선의 학부가 편찬한 역사교과서는 다음과 같이 6종이다.[19]

　《조선역사》(1895, 초등용, 국한문 혼용, 편년체, 단군~조선)
　《조선역대사략》(1895, 고등용, 순한문, 편년체, 단군~조선)

---

18) 박걸순, 《한국근대사학사연구》, 국학자료원, 1998, 33~46쪽 참고.
19) 이하 6종의 교과서에 대한 설명은 박걸순, 같은 책, 54~75쪽의 연구를 참조했다.

《조선약사》(1895, 초등용, 국한문 혼용, 신사체新史體, 단군~조선)

《동국역대사략》(1899, 고등용, 순한문, 편년체, 단군~고려)

《대한역대사략》(1899, 고등용, 순한문, 편년체, 조선)

《보통교과동국역사》(1899, 초등용, 국한문 혼용, 편년체, 단군~고려)

당시 편찬된 교과서는 조선 후기 실학자들이 편찬한 역사서를 축약한 것이다. 초등용은 국한문 혼용, 고등용은 순한문으로 서술되었으며, 교과서 서술 체제는 모두 전통적인 역사서술 체제인 편년체를 채택했다. 특히 1895년 학부에서 편찬, 간행한 최초의 국사교과서인《조선역사》,《조선역대사략》,《조선약사》는 같은 내용을 대상 학생들에 따라 형식(한문체, 국한문 혼용 등)과 내용(분량의 증감)을 달리한 것으로, 역사인식 등에서 큰 차이가 없었다. 을사조약이 맺어진 1905년 이후에 일본 교과서의 영향을 받아 분류사 형식의 서술 등 근대역사학의 서술 체제에 입각해 서술되었지만, 을사조약 이전 조선정부에서 편찬한 국사교과서는 편년체 형식 혹은 편년체를 바탕으로 강목체 형식이 가미된 전통적인 서술 체제로 편찬되었다.

《조선역대사략》에는 첫머리에 '총목범례' 11항목이 실려 있다. 일부 내용을 소개하면 다음과 같다.

단군과 기자를 《동국통감》에서는 외기(外紀)로 기록했는데, 이는 대개 역대 사적(事蹟)을 상세히 알 수 없었기 때문이다. 그러나 단군은 맨 처음 나온 신군(神君)이고 기자는 곧 교화를 이룬 성스러운 임금이니, 역년(歷年)을 처음부터 끝까지 상고해 믿을 만한 까닭에 존중해 우리나라 계통의 첫머리에 이를 기록한다. ……

기준은 비록 위만에게 쫓겨나 나라를 잃고 도읍을 옮겼지만 기자의 제사를 주관하고 계승했으니, 이는 한나라 소열(유비의 시호)이 촉 땅에 나라를 세워 정통을 잃지 않은 것과 같다. 지금 역시《주자강목(자치통감강목)》에 따라 정통으로 기록한다. ……

신라가 건국한 지 21년 만에 고구려가 흥기하고 40년 만에 백제가 흥기했다. 삼국이 나라를 창건한 시기가 전후의 차이가 있긴 하나 국력이 대등해 한 나라를 주인으로 삼을 수 없는 까닭에《통감강목(자치통감강목)》에서 정통을 두지 않은 예에 따라 기록한다. 신라 문무왕 때에 이르러 삼국을 통일했기 때문에 비로소 정통으로 쓴다.

단군을 외기로 기록한《동국통감》과 다르게 우리 역사의 첫 왕조로 기록하고, 마한을 삼한 가운데 정통으로 보았고, 삼국을 무통으로 간주하고 삼국을 통일한 문무왕 이후(고려의 경우 후삼국을 통합한 태조 19년 이후)를 정통으로 보았다. 이는《동사강목》의 역사인식을 계승한 것이다. 김부식(金富軾), 최지몽(崔知夢) 등 몇몇 인물들에 관한 서술은《동사강목》의 내용과 동일하다. 다른 연구에 따르면,《조선역대사략》의 '총목범례' 11항목은 실학의 대표적 사서라 할《동사강목》의 '범례' 74조를 축약한 성격이 짙다고 지적하고 있다.[20]

《조선역사》와《조선역대사략》은 고려 태조가 고려를 건국하고부터 후삼국을 통합한 태조 19년(936)년까지 사실은 모두 '고려기(高麗紀)' 대신 '신라기(新羅紀)' 해당 연도에 신라의 사실과 함께 서술했

20) 박걸순, 같은 책, 61~62쪽.

다. 궁예와 견훤이 세운 왕조의 역사 역시 '신라기'에 서술되어 있다. 이 역시 고려 태조 19년 이전의 역사를 정통으로 보지 않은《동사강목》의 정통론을 그대로 따른 것이다.

1899년 현채(玄采)가 편찬한《보통교과동국역사》는 김택영(金澤榮)의《동국역대사략》을 소학교용의 보통교과로 보완, 재정리한 교과서다. 이 책의 첫머리에 '역대일람'과 '역대왕도표(歷代王都表)'가 구한말 국사교과서에 처음 등장하는데,《동사강목》의 편찬 체제를 계승한 것이다. 신라의 세 여왕을 모두 여주(女主)로 표기한 것 또한《동사강목》의 범례와 서술을 따른 것이다.[21]

또 단군에 관한 서술은《동사강목》의 기록을 그대로 옮겨 적는 등 대체로 1895년부터 1910년까지 대부분의 교과서는《동국통감》,《동사강목》등 기존 통사류를 요약하거나,《동사강목》과 같이 마한 정통론에 의거해 단군조선-기자조선-마한-(삼국무통)-통일신라-통일고려로 이어지는 통사 체계로 목차를 구성하고 있다.[22]

이상의 사실에서 1905년 이후 근대역사학 방법론으로 서술된 일본의 역사교과서가 도입되기 이전, 조선정부가 조선 후기 실학자들의 역사서와 역사인식을 수용해 근대 학교교육에 필요한 역사교과서를 제작했다는 것을 알 수 있다. 따라서 그보다 약 100년 전에 제작된 통사 형식의《동사강목》은 당시 역사교과서 편찬에 매우 중요한 자료로 활용되었다.

___

21) 박걸순, 같은 책, 72~75쪽.
22) 도면회, 같은 글, 171쪽, 189쪽.

나가며

우리 역사의 기초가 된 《동사강목》

순암 안정복은 1754년《동사강목》편찬에 착수해 1760년 완성했다. 그러나 이때의 편찬은 초고 상태에 불과했다. 목천 현감 때인 1778년 서문(안정복)과 발문(이병휴, 1774)을 붙여 역사서의 모습을 갖추긴 했으나, 여전히 1760년 당시의 초고본 상태에 불과했다. 순암이 서문을 쓴 1778년을《동사강목》이 사실상 완성된 해로 이해하는 연구자도 있다. 그러나 사실은 이때부터 본격적인 수정 작업이 시작된다. 3차에 걸친 수정 작업이 진행되는데, 순암이 타계하기 6년 전인 74세 때인 1785년에도 수정한 기록을 확인할 수 있다. 43세(1754)에 편찬하기 시작해 74세(1785)까지 수정 작업에 매달렸을 정도로《동사강목》편찬은 그야말로 안정복 '필생(畢生)'의 작업이었다.

이번 연구를 통해 얻은 소득의 하나는 1760년 완성된 초고본의 존재를 확인한 사실이다. 1760년 처음 완성된《동사강목》초고본은 연세대 학술정보원 국학자료실에 소장되어 있다. 초고본은 1760년 최초로 완성된 초고 상태의 원고에다 1778년의 서문 등을 덧붙인 상태이며, 수정은 거의 이루어지지 않았다. 초고본 여백에 무려 3,300여 곳에 달하는 사실 추가, 내용 수정과 삭제 등 순암의 가필 흔적이 담겨 있다. 순암이 수정을 위해 새로 찾아낸 사실과 초고본 내용을 수정 혹은 삭제한 사실들이 가필 형식으로 초고본의 여백에 정리된 것이다. 이는 1760년 완성된 초고 상태의《동사강목》이 역사서로서 완전한 것이 아님을 보여주는 것이다. 또 수정한 내용이《동사강목》에 반영된 필사본(수정본)은 연세대 필사본을 비롯해, 고려대·규장각·존경각·한국교회사연구소 소장 필사본 등이 있다. 현재 유통되는《동사강목》은 모두 이러한 수정본을 저본으로 한 것이다.

순암이 서문을 작성한 1778년 이후 마지막 수정 기록을 남긴 1785년까지 약 10년 동안 본격적인 수정 작업을 거치며 현재의《동사강목》이 완성되었다. 수정 작업은 순암이 1772년부터 1774년까지 당시 세손인 정조를 위한 서연에 참석하면서 정조가《동사강목》 열람을 요청한 것이 계기가 되었다. 정조라는 호문(好文) 군주의 관심과 후원이 없었다면, 초고본 형태의 가숙용(家塾用) 서책으로 후세에 전해질 수야 있었겠지만, 현재와 같이 보다 완성된 형태의《동사강목》은 결코 탄생할 수 없었을 것이다. 그러나 수정이 완료되어 정조에게 바쳐진 원본《동사강목》은 현재 확인할 수 없다. 참고로 일제강점기인 1915년 조선고서간행회가 처음으로 활자본《동사강목》을 간행했다.

정조의 관심과 후원이 수정 작업에 크게 작용했다면, 1760년 완성된 초고본《동사강목》은 성호의 권유와 격려에 힘입어 편찬될 수 있었다. 특히 순암이《동사강목》을 편찬하면서 부딪쳤던 사실과 사건의 이해, 지명과 강역의 고증, 자료의 수집과 해석 문제 등에 대해, 스승인 성호에게 편지로 묻고 성호가 답한 과정은《동사강목》편찬의 주요한 과정이었다. 두 사람의 편지에 담긴《동사강목》의 편찬 과정, 역사서술과 인식의 중심문제 등을 새롭게 정리한 것은 이번 연구의 커다란 수확이다.

이 책은 두 사람의 문집에 각각 따로 실려 있는 편지를 시기별로 묶고, 내용에 따라 문답 형식으로 재구성해 역사서 탄생 과정을 복원했다. 특히 두 사람이 주고받은 편지를 분석해《동사강목》서술의 특징적인 내용을 복원하고,《동사강목》편찬에서 쟁점이 된 문제를 파악할 수 있었다. 나아가 18세기 중후반 당시 우리 역사학의 중요한 쟁점과 역사인식 수준을 확인할 수 있었던 것도 이번 연구의 성과다.

성호의 사후, 순암이 수정한 내용 가운데 가장 심혈을 기울인 부분은 이른바 '폐가입진'을 둘러싼 고려 말 역사다. 조선왕조 건국의 명분인 폐가입진론, 즉 '우왕·창왕=신씨' 설을 둘러싼 논의는 고려 말 조선 초 이후 역사학의 최대 현안이었다. 당시 조선왕조 신하의 의리론은 이에 대한 자유로운 논의를 허용하지 않았다. 순암은《동사강목》을 수정하면서 이러한 금기를 깨뜨리고 폐가입진론을 우왕과 창왕을 몰아내기 위해 정도전·조준·윤소종 등 이성계 일파가 제기한 정론(政論)으로 해석했다. 이렇게 순암은《동사강목》수정 과정에서 폐가입진론을 부정했다. 조선시대에 일부 인사들이 이에 대해 의문을 제기하거나 부정하는 논의를 제기하는 경우가 없지 않았지만, 이를 부정한 최초의 역사서는《동사강목》이다. 순암의 역사학과《동사강목》의 창조적 가치가 여기에 있다.

필사본《동사강목》은 대체로 개항 이후 구한말 우리 역사에 관심을 가진 지식인에 의해 필사되어 널리 유통되었다. 예를 들면 1886년과 1887년 조선왕실 소속의 친위 군인들이 《동사강목》의 필사에 동원되었다. 또 1895년 필사된 《동사강목》에서 이남규가 남긴 서문에 따르면, 《동사강목》은 우리나라 역사를 이해하는 데 표준이 되는 역사서로 인식되고 있었다. 이처럼 당시 《동사강목》이 주목받고 필사본이 널리 보급된 것은 개항 이후 서세동점의 추세 속에서 위기의식을 느낀 지식인들의 각성에서 비롯한 것이다.

한편 갑오개혁 이후 근대교육을 제도적으로 확립하려는 조선정부의 노력이 역사교과서 편찬으로 나타났으며, 특히 일본과 서구의 근대 역사학 방법론에 입각한 새로운 교과서를 도입하기 이전의 약 10년간 역사교과서 편찬은 조선 후기 실학자들의 역사인식과 역사서술에 의존할 수밖에 없었다. 그런 흐름 속에서 그보다 약 100년 전에 제작된 통사 형식의 《동사강목》이 당시 역사교과서 편찬에 매우 중요한 자료로 활용되었다.

일제강점기 신채호와 정인보 등 많은 민족주의 역사가들이 역사연구와 역사서술에 《동사강목》에서 고증한 지명과 역사사실을 많이 활용했다. 하지만 해방 이후 현대 역사학에서는 역사자료로서 《동사강목》의 활용이 후퇴한 측면이 있다. 《동사강목》은 《삼국사기》와 《고려사》에 비해 늦게 편찬된 사료라는 이유에서 외면받았지만, 지금까지 살펴봤듯이 《고려사》에 서술된 역사사실을 재해석하거나 다르게 평가한 곳이 적지 않다. 따라서 《동사강목》은 오늘날에도 역사연구에 활용할 수 있는 여지가 많은 사료다. 또한 《동사강목》의 편찬과 완성 과정을 보여주는 성호와 순암이 주고받은 편지는 18세기 역사학의 수준과 역사가들의 문제의식을 엿볼 수 있는 가치 있는 사료다.

# 부록

〈자료 1〉

# 순암이 스승 성호에게 보낸 역사 편지
—《순암집》권10 수록 '동사문답' 내용 정리

## 1754년(갑술甲戌)

1. 국내 역사서(《삼국사기》,《고려사》,《동국통감》,《여사제강》,《동사찬요》,《동사회강》) 문제점 지적.
2. 《동사회강》의 우왕에 대한 필법 의문 제기.
3. 상고에서 고려까지 우리나라 역사서《동사강목》편찬 계획 피력.
4. 삼한 이전 군장의 출생 설화는 황당하고 허황됨. 이에 대한 스승의 의견을 물음.

## 1755년(을해乙亥)

1. 조위총의 평가에 대한 의견을 물음.
2. 인물평가의 엄정성(공정성) 강조. "사랑하면서 잘못을 알고, 미워하면서 그 아름다움을 알아야 한다."
3. 역사편찬을 위해서는 먼저 강역을 정해야 하는데, 근거할 만한 지리지가 없음.《여지승람》에서 개마대산과 비류수의 위치를 잘못 고증한 것을 비판.
4. 대방 단단대령 불내의 위치 불명. 우리나라 지리의 의심되는 곳을 밝히는 《동국지리의변》저술 계획을 스승에게 피력.

## 1756년(병자丙子)①

1. 조위총에 관한 선생님의 답신을 받음.
2. 후삼국 통합 이전 태조 왕건은 궁예와 같은 도적 무리로 평가. 스승의 의견을 물음.
3. 부여의 실체, 단군이 편발과 개수를 가르친 사실 및 단군이 팽오에게 명해 국내 산천에 존호를 올렸다는 사실의 근거를 스승에게 물음. 팽오는 한 무제 때 사람이며, 단군의 신하가 아니라는 사실을 스승에게 설명.
4. 《동사강목》의 범례와 지지(地志)에서 의심될 만한 것 논증해 올림. 스승의 검토 요청.
5. 동진국 역사를 고찰했으나 소득이 없다 하며,《요사(遼史)》에 실려 있는지 스승에게 물음.
6. 삼수(三水) 명칭에 관한 의문점을 스승에게 질문. 대수가 한수라는 스승의 견해 대신 대수는 임진강이라는 견해를 스승에게 밝힘.
7. 살수는 청천강임을 스승에게 밝힘.
8. 패수의 명칭은 의심스럽다며, 스승의 가르침을 요청.


## 1756년(병자丙子)②

1. 조선의 칭호에 대한 자신의 견해를 밝히고, 관련 기록이 없는 이유를 스승에게 물음.
2. 대동강은 열수이며, 열수는 습수·산수·열수가 합쳐진 것이라 의견을 피력. 습수와 산수의 구분에 대해 물음.
3. 패수는 대동강이며, 저탄은 패수가 아니라는 자신의 견해를 스승에게 물음.
4. 선생님이 보낸 글에서, "유민들이 남방의 대방에 이거(移居)했다"는 것의 근거를 물음.
5. 중국 장량의 역사(力士)가 창해군에 왔다는 선생님의 지적에 의문을 제기.

6. 진(秦)나라 서복은 일본으로 갔으며, 그 후손이 진씨라는 사실을 확인. 한(韓)나라 한종(韓終)이 우리나라에 와서 한(韓)이라 호칭. 진한(辰韓)을 진한(秦韓)이라 했다는 스승의 견해 인정.

7. 한북(漢北, 한수 이북)의 해동(海東) 지역은 조선, 한남 지역은 진국(辰國). (중국) 한(韓)나라 사람이 동쪽 지역에 들어와 부락을 세워 한(韓)이라 호칭. 진(秦)나라 사람들이 뒤에 들어와 진한(秦韓)이라 함. 진국(辰國) 또한 그에 따라 한(韓)이라 칭한 것은 아닌지 스승에게 물음.

8. 선생님께서 한(韓) 칭호가 한종(韓終)에서 비롯하고, 한종이 유이민(流移民)으로 나라를 세우고 진국(辰國)으로 호칭했다 함. 그렇다면 한종은 반드시 대영웅이며, 나라의 규모나 제도는 작지 않을 것인데, 어찌 겨우 20여 년 만에 망명해온 기준에게 패할 수 있는가 하는 의문을 스승에게 제기.

9. "상노인 상한음 이계 상참 장군왕협"은 5인이 아니라, 이계(尼谿)와 상참(相參)은 같은 사람으로 모두 4인이다[이계는 예음(濊音)의 반절(反切)이다]라는 견해를 밝힘.

10. "我罔爲臣僕"은 "남의 신하가 되지 않겠다"가 아니라 "어찌 남의 신하가 되지 않겠는가?"의 반어법으로 해석하는 스승의 견해 지지.

11. 기자는 주나라를 피해 조선으로 도망한 것이 아니라, 제후로 봉해져 주나라에 조회했다는 스승의 견해 지지.

12. 기자가 조선으로 도망가서 주 무왕에게 봉해진 것은 아님을, 미자의 '유객시'(《시경》 주송), 기자가 조선에 봉해져 지은 '맥수가'(《사기》)에서 알 수 있다는 견해를 밝힘.

13. 무왕의 은나라 정벌은 후세의 찬탈과 다르며, 기자를 공경(公卿)의 지위로 대접했다는 것에 대한 스승의 의견을 물음.

14. 남북으로 오랑캐에 둘러싸인 우리나라는 주변국에 관한 기록을 자세하게 해야 하는데, 그런 기록이 역사서에 탈락되어 있음. 또 동진국의 실체를 스승에게 묻고《어왜방략(禦倭方略)》을 빌려볼 수 있을지 문의함.

15. 고려 말 김주(金澍)의 행적이 사실인지 스승에게 물음.

# 1756년(병자丙子)③

1. 《삼국사기》'백제본기'의 문제점(말갈 기사, 백제와 부여 기사 혼동 등)을 지적하고, 스승에게 물음.

2. 단군 이후 삼국 초기까지 초고 완성 바침.

3. '단군기'에서 구이(九夷)에 관해 스승에게 질문.

4. 고구려는 한 무제(기원전 142~87) 이전 존재, 《삼국사기》 기록과 다르다며, 스승에게 의견을 물음.

5. 고려 때 완성한 《고기》는 신라의 방언 풍속에 관한 기록인데, 신령하고 괴이한 설이 많고 승가(불가) 언어가 태반 이상이라는 사실을 지적하고, 스승에게 의견을 물음.

6. 《삼국유사》의 황당함을 지적하고, 스승에게 의견을 물음.

7. 단군 이후 황당하고 근거 없는 사실을 모두 생략함. 《시경》 '생민시'를 읽으니, 중국의 경우도 그러하지만 그 기록 속에 진실이 전혀 없을 수 없음. 어떤 것을 취하고 버릴 것인지 스승에게 물음.

8. 《자치통감》의 고이편을 모방, 고이편을 만들어 삼국 이전 몇 조항의 초고를 작성해 스승에게 올림.

9. 황룡국은 성호가 언급한 황룡부가 아니라면서, 정확한 위치를 스승에게 물음.

10. 창해와 삼한 명칭은 스승의 가르침대로 고이편에 정리. 나머지 구적(舊籍)과 《전한서(前漢書)》의 지지(地志) 및 본사(本史, 우리나라 역사)를 참고, 정리했으나, 옳지 않은 부분도 있음을 스승에게 알림.

11. 스승의 가르침대로 졸본은 졸빈이며, 지금 봉천 동남의 땅으로 당시 요나라 경내 존재했다고 함.

12. 신라 김성(金姓)의 금독(金櫝), 금란(金卵) 유래설은 사실이 아님. 김유신 비문에 김씨는 소호씨 자손〔少昊之胤〕이라 되어 있음.

13. 연일(延日)은 영오(迎烏〔郞〕), 세오(細烏〔郞〕) 설화에서, 계림(鷄林)은 백계(白鷄)의 괴이한 현상에서 유래함. 또 석성(昔姓)이 까마귀〔鵲鳥〕의 울음에서 유래했다는 등의 얘기는 모두 꾸며낸 것.

14. 삼전포(三田浦) 대야(大野)인 점고만평(點考萬坪)은 종자를 받은 숫자가 1만 명이나 된다는 '점고만(點考萬)'이 아니라, 정금원(鄭金院)이라는 들판 이름에서 유래했다 함.

15. 말갈의 근원이 숙신별부인지, 영동과 관북 지역 사이에 위치한 것인지, 고려 때의 여진인지 등에 대한 스승의 가르침을 요청.

16. 삼국 이후의 강례(綱例, 강목과 의례)에 대해 초고를 작성해 올리고 스승의 비평을 요청.


# 1757년(정축丁丑) ①

1. 기자가 봉해진 사실을 "주나라가 은의 태사 기자를 조선에 봉했다"라고 고치고, 목(目) 또한 이러한 뜻으로 고치려 한다는 것을 스승에게 알림.

2. 패수는 대동강임을 스승에게 밝힘.

3. 기전설(箕田說)은 일찍이 《맹자질서》에서 보았다고 하면서, 지금 경주의 전제(田制)가 중국 진나라 원전(轅田)에서 유래했다는 스승의 가르침에 감사.

4. 고려 태조의 즉위를 《강목》의 예에 따라, "태봉의 장수 왕건이 왕이라 칭하고, 군주 궁예를 폐위했다. 궁예는 도망치다 죽었다"라고 서술하면 어떨지 물음.

5. 을파소에 대해 "압록처사 을파소를 얻어 국상을 삼았다"라고 기록하는 것이 어떨지 스승에게 물음.

6. (우왕이) 왕씨인지 신씨인지 구별하는 것은 조선의 신하로서 명확하게 밝히는 것은 옳지 않음. 공민왕이 자제위를 설치해 궁궐을 더럽힌 것으로 보아, 공민왕이 이성(異姓)을 후사로 삼는 것을 꺼려하지 않았을 것이라는 의견을 스승에게 제시.

7. 《강목》에서 진시황과 남조 송의 유욱에 관한 필법에 대해 스승에게 물음.

# 1757년(정축丁丑)②

1. '동사' 범례의 대의를 스승에게 아뢰어 정한 대로 다시 보완했다고 알림. 현자(강감찬, 최충 등)는 관직과 졸(卒)을 쓰고, 미워할 만한 사람(금의, 이규보 등)은 단지 졸(卒)이라고 기록하고, 권간(權奸)은 사(死)라고 기록함.
2. 안시(성), 개마, 대방의 세 곳에 대한 고찰은 별지에 작성해서 올린다며, 스승의 가르침을 부탁.
3. 태조 왕건은 왕위 찬탈이 분명. 역사가의 본례(本例)에 따라 "태봉의 장수 왕건이 왕이라 칭하고 군주 궁예를 쫓아냈다. 궁예는 도망하다가 죽었다"라고 서술. 왕건은 당시 궁예와 같이 도적의 무리로서 평가함. 이에 대한 스승의 가르침을 요청함.
4. 최고운(최치원)에 대한 의문점을 스승에게 물음.
5. 김관의가 편찬한 역사서에서 고려 왕씨의 당나라 기원설은 잘못되었다는 사실을 밝힘.
6. '김유신전'을 고찰하면, 신라 성씨를 난(卵, 알)이니 독(櫝, 궤)과 관련시키는 말은 괴상하고 망령스러움. 이들 설화는 정문(正文, 본문)에서 모두 없애고, 별도로 고증[辨證]했다는 사실을 스승에게 알림.
7. '동사'의 편년강목 외에 또 다시 빠뜨린 것을 모아 보궐편을 만들고, 외전(외국열전)에 발해와 동진국 등의 열전을 두며, 여진과 일본의 경우 사실을 기록해 경세가들에게 도움을 주고자 했다고 함.
8. 대마도는 외국열전의 '부용전'에 수록하고, 신라부터 조선 초기까지 우리의 속국이었음을 밝힘.
9. 《접왜고(接倭考)》는 간행되지 않은 책으로 빠뜨리고 잘못 인용한 것이 있어 보충하고자 하나, 남이 완성한 책을 혼란스럽게 할까 불안하다는 생각을 스승에게 피력.

## 1757년(정축丁丑)③

1. 병 때문에 《동사강목》 저술이 중단되었고, 종이 구입 비용을 마련하지 못해 세월을 허송하고 있다고 함. 주몽에 대해 '백제기(백제본기)'에 "졸본왕이 딸을 처로 삼게 해 자신을 이어 즉위하게 했다"고 서술하는 것이 어떨지 스승에게 물음.
2. 온조는 주몽의 후손이 아님. '백제기(백제본기)'에 "부루의 서손인 우태의 아들"이라 했고, 중국사에도 그렇게 서술. 그들의 성씨는 부여를 따랐다고 서술하려는 데 어떨지 스승에게 물음.
3. 온조가 동명묘를 세운 것은 동명이 아들처럼 온조를 키웠고, 온조 또한 동명을 아버지처럼 섬겼기 때문임. 중국사에 백제는 시조 구태의 묘를 국성(國城) 서쪽에 세우고, 1년에 네 번 제사를 지냈음. 이러한 내용이 우리나라 역사에 빠져 있음을 지적.

## 1758년(무인戊寅)

1. 대마도는 우리나라의 속국이라는 믿을 만한 증거가 없으니, 그렇게 말하는 것은 마땅치 않다는 스승의 말씀을 따르겠다고 함. 대마도에 관한 사료를 정리하여 소개함.

## 1759년(기묘己卯)①

1. 삼국 이후 문자가 용렬하고 저속해 윤색을 해야 한다고 하나, 그럴 경우 말의 기운(辭氣)과 억양(抑揚) 사이에 실(實)을 잃어버리는 잘못이 있어 신중한 뜻이 아님. 어떻게 할지 스승에게 물음.
2. 스승의 권고로 착수한 '동사' 가운데 삼국 이전 5권의 초고를 완성해 스승에게 바침.

3. 공험진은 길주 이남에 있으며, 두만강 북쪽에 있지 않음. 두만강 북쪽 공험진은 (윤관이) 9성을 개척한 후 옮겨 설치해서 옛 명칭을 붙인 것이라는 견해를 스승에게 밝힘.

4. 《고려사》 '지리지'에 "선춘령은 옛 고구려(영토) 너머에 있다"는 것은 사실과 다름. 선춘령에 비를 세운 것은 정벌 후 단지 비만 세운 것이지, 그곳까지 영토는 아니라는 견해를 밝힘.

5. 강역과 지리는 나라의 대사(大事)임에도 역사기록에 없는 것이 개탄스러움. 북방 지역 개척은 고려 말, 조선 태조 때 많이 이루어졌다는 견해를 밝힘.

6. 거란 땅(요동 지역)에 철령이라는 지명은 없음. 명 태조가 우리나라의 철령을 위로 삼으려다가 그러지 못해 거란 땅에 옮겨 설치한 것이 지금의 철령현이라는 견해를 밝힘.

7. 합란과 쌍성은 오라와 철령현에 있으며, 조휘가 원나라에 붙은 후 원나라는 그 치소를 지금의 함흥과 영흥으로 옮겨, 옛 이름 그대로 둠. 합란과 쌍성이 원래 함주와 영흥이 아니더라도 당시 문자를 고찰할 때 이곳이 분명하다고 함.

8. 우리나라는 해외의 치우친 땅으로 사면이 적국으로 둘러싸인 땅임. 근래 해양 방어가 소홀해서 도서(島嶼)를 관리하지 않으니, 진실로 안타깝다는 심정을 밝힘.

9. 중국 등주(登州), 내주(萊州), 회절(淮浙) 지역에서 4~5일 안에 우리나라에 도착. 중국인이 지난날 우리 서·남해를 침범한 적이 있으니, 오직 일본만이 걱정거리는 아니라고 밝힘.

10. 왜인이 배를 타고 노략질하지 않은 곳이 없어, 고려 말 동북 지역은 항상 피해를 입음. 지금 왜인들은 생선을 잡기 위해 동해를 자주 침범해, 울릉도 같은 곳은 때도 없이 도착하여 크게 우려된다고 함.

11. 여진족은 예부터 해로를 통해 우리나라 침범. 서북해의 멀고 깊숙한 여러 섬의 불량한 무리들에 대해 한번 찾아 조사할 필요가 있음.

12. 서애와 같은 조선 선조 때 명신들도 일본의 사정을 잘 모르고 임진왜란을 맞았으니, 부끄러운 일. 이러한 사실을 스승에게 알리고 의견을 요청.

13. 민호의 다과(多寡)는 역사가들이 반드시 기록해야 하는 것인데,《고려사》에 그런 기록이 없어서 안타깝다는 의견을 스승에게 피력.

## 1759년(기묘己卯) ②

1. 《성호사설》에 "명종이 의종을 시해하고 즉위한 죄가 있다. 그러나 정중부 등 이 권력을 휘둘러 임금을 폐했다"라고 쓰여 있는 것에 대해, 명종에게 죄를 씌우는 것은 지나치다는 견해를 스승에게 밝힘.
2. 목종 시해와 현종의 즉위에 대해 "순(詢, 현종)이 궁궐에 이르러 스스로 왕위 에 오르고, 왕(목종)을 폐해 양국공으로 삼았고, 끝내 시해했다"라고 서술하 는 것이 어떨지 스승에게 물음.
3. 헌종의 일은 분명 계림공(숙종)이 왕위를 빼앗고 시해한 것이라는 견해를 스 승에게 밝힘.
4. 《고려사》는 실록과 비장(碑狀) 문자 기록 등에 의존, 야사나 직필을 이용하 지 않아 사실이 은폐되는 경우가 많음. 때문에 역사에 잘못을 범한 원흉들에 대한 평가가 어렵다며 스승의 가르침 요청.

## 1760년(경진庚辰)

1. 《동사강목》은 지난여름 10여 권의 종이를 얻어 이제 거의 완성했다고 스승 에게 알림.
2. 우왕, 창왕에 관한 일은 별지에 따로 정리해서 올린다며, 스승에게 가르침을 요청.
3. 이인임은 어떤 인물인지, 우현보가 그를 죽이려 한 것은 정도전의 뜻을 거슬 러서인지 스승에게 물음.
4. 조민수와 변안렬(邊安烈)을 간신전에 넣은 것은 공정한 필법이 아닌 것 같다

는 견해에 대한 스승의 의견을 요청.

5. 최영은 재상으로 대병을 장악하고도 요동정벌의 졸렬한 계책을 낸 것이 이해가 안 된다며, 스승에게 의견을 물음.

6. 고려 말 명유(名儒)들은 많으나, 절의는 만족스럽지 않음. 삶과 죽음 사이에서 구차했던 목은은 어떠한지 스승의 의견을 물음. 이숭인(李崇仁)은 스스로를 세우지 못하고, 끝내 죽음을 면하지 못했다고 함.

7. 야은이 적절하게 처신했으나 '신조(辛朝, 우왕을 신씨로 인정)'라는 두 글자로 마음과 입이 불일치. 아들에게 벼슬을 권유한 것은 절의에 대한 철저하지 못한 태도 때문이 아닐지 스승의 의견을 물음.

8. 권근의 화신개적(化身改迹)은 실로 부끄러운 일. 변혁 때 집안과 가문을 뒤엎는〔碎家覆宗〕사람들이 줄을 이었는데, 권근은 이런 부류에서 벗어나지 못한다고 밝힘.

9. 선죽교의 변란 때 포은이 땅에 떨어졌다 일어나서 급히 달아난 것은 관청에 돌아가 조치할 바가 있어서 그런 것이지, 죽음을 두려워한 것은 아니라는 견해를 밝힘.

10. 고려 말 실록은 대부분 윤소종의 손에서 작성되었고,《고려사》를 정도전과 정총(鄭摠)이 작성한 것은 나라의 악을 드러내고 사실을 감추려는 것으로, 모두 그들의 잘못을 스스로 덮으려 했다는 견해를 밝힘.

〈자료 2〉

## 성호가 제자 순암에게 보낸 역사 편지
— 《성호전집》권24~27 수록 편지 내용 정리

### 1754년(갑술甲戌) ① 권24-10 [1]

1. 《자치통감강목》도 의례(편찬 원칙)에 문제점이 있으며, 미처 손질하지 못한 책. "착한 이나 나쁜 이 모두 같은 표현을 써도 잘못은 아니다[美惡不嫌同辭]"라고 기록한 것이 그 예. 우리나라 역사책에도 마한의 장수 주근을 죽였다고 기록.《자치통감》도 그러한데, 외사(外史)는 논할 것이 없다고 함.

### 1754년(갑술甲戌) ② 권24-11

1. 《고려사》에 '은일전(隱逸傳)'이 없는 것을 비판. 야은이 상소문에서 '신씨(辛氏)의 조정'이라고 한 것에 유감을 표함.
2. 우왕이 왕씨냐 신씨냐의 분별에 대해 비판. 조선의 신하로서 바람직하지 않다고 함.
3. 전조사(前朝史)를 서술한 조선의 역사서를 비판.《고려사》가 차라리 고찰할 점이 있다고 함.

———

1) 《성호전집》권24에 수록된 10번째 편지를 뜻함. 이하 동일.

## 1755년(을해乙亥)① 권25-3

1. 순암의 우리나라 역사편찬 의지를 높이 평가. 문명한 조선에서 제대로 된 역사서가 없음을 아쉬워함.
2. 마한의 주근과 고려의 조위총은 반역자의 반열에 둘 수 없다고 함.


## 1755년(을해乙亥)② 권25-4[2]

〔문1〕 1. 선생님께서 연전(年前)에 우리나라 역사의 편찬에 뜻을 두셨는데, 강요(綱要)가 정해졌는지 물음.
2.《동사강목》의 시작은 단군과 기자로 하고. 연대가 밝혀진 것은 강과 목. 그렇지 않은 것은 빼놓으려 함.

〔답1〕 1. 편찬 뜻은 있었지만, 힘과 비용 문제로 착수하지 못함.
2. 단군·기자부터 시작해야 하며, 삼국 이후는 먼저 건국하면 건국한 해가 기년, 같이 건국되었으면 분주(分註)함. 근세 홍씨(홍만종)가 편찬한 《총목(동국역대총목)》은 신라를 정통이라 했으나, 타당성이 없음.

〔문2〕 유반계(柳磻溪)는 삼국 초기부터 기원해야 한다고 하나, 기년하기가 어려움. 신라 시조 원년부터 20년까지 기년을 대서(大書), 고구려 건국 시점은 분주해야 하는지 물음.

〔답2〕 그렇다고 대답.

〔문3〕 단군부터 기원하면, 단군과 기자가 정통. 기자의 후손이 마한을 세워 정통

---

2)《성호집》권25에 네 번째로 수록된 '안백순의 문목에 답하는 편지〔答安百順問目〕'는 해당 연도가 기재되어 있지 않다. 그러나 1755년(을해년)에 작성된 권25의 세 번째 편지와 다섯 번째 편지 사이에 배치되어 있어 이 편지도 같은 해에 작성한 것으로 판단하여 그 순서에 따라 실었다. 이 편지는 순암의 질문에 성호가 답변한 내용으로 구성되어 있으며, 우리나라 역사에 대한 내용만 추려 정리했다.

유지, 온조 27년 마한 멸망 후 삼국 연호를 분주. 신라 문무왕 삼국통일 이후를 정통, 고려 태조 19년 이후를 정통으로 삼아야 함.

**[답3]** 순암의 견해에 동의. 마한은 호강왕을 촉한 소열제의 사례와 같이 시조로 삼아야 함. 고려 혜종의 이름은 무를 피해 호라 함.

**[문4]** 우왕과 창왕의 일은 본조와 관련되어 따로 의견을 세워서는 안 되어, 옛 역사를 따름. 퇴계와 정구도 그러한 뜻을 말함.

**[답4]** 근세에 《상촌집》과 《곤륜집》에도 왕씨라는 설이 있음. 정몽주에 대해서는 퇴계와 남명도 그렇게 말함.

**[문5]** 우리나라 역사는 우리의 사적(事蹟, 발자취)이니, 《춘추》와 같이 본국의 연호로 기년. 요, 금과 달리 원나라는 정통으로 기년. 명나라는 조선을 자신들의 내지로 보았으니, 정통인 송이나 원나라와 다르게 경사(京師)에 갔다, 경사에 조회했다는 식으로 기록해야 함.

**[답5]** 원, 명, 요, 금나라를 구별하기 어려우니 단지 하나의 역사로 편찬하고, 연호는 분주해야 함. 원의 경우 '입조(入朝)'라 기록해야 함.

**[문6]** 요동 지방은 광대하고 중국과 이적(夷狄, 오랑캐) 사이에 위치해, 서로 다투어 차지하려 한 지역. 중국의 주인이 된 오랑캐는 항상 이곳에서 기원. 그 남쪽이 평탄해 그들이 이곳을 통과하면 우리의 양계가 위험하니 대책이 필요하다고 함.

**[답6]** 요동과 요서는 요수로 경계. 이 지역은 원래 고구려 땅으로 발해가 차지, 거란이 병탄. 요나라 멸망 후 거란족, 금나라 말기 포선만노 침략. 원 세조 때 합단 침입. 원나라 말기 나하추, 명나라 때 홍건적 침입.

**[문7]** 고려 말 명과 원을 선택해 섬기는 문제의 어려움과 난처함을 말함.

**[답7]** 중화를 귀하게 이적을 천하게 여기는 것은 문제가 없음.

## 1755년(을해乙亥)③ 권25-5

1. 동방에서 태어났으면서도 동방의 역사에 대해 전혀 알지 못함. 사람들은《동국통감》을 누가 읽느냐 반문. 그러나 우리나라는 제도와 형세가 중국의 역사와 차이가 있음. 사대교린은 진실로 중요한데, 우리나라 사람은 이에 대해 몽매함. 사대교린에 대해 이론을 세워서 분명히 해야 함. 이에 대한 순암의 생각을 물음.


## 1756년(병자丙子)① 권25-6

1. 조위총의 일은 의로운 점만 보이고 잘못된 점은 모르겠음. 금나라에 도움을 요청한 것은 임금의 원수를 갚기 위한 것이라면 가능한 일.
2. 고구려 땅은 기자 때부터 요 지역 전체를 통괄한 곳이며, 압록강 이서에 있는 국내성에 도읍.
3. 역사책에서 '패수와 대수의 사이'는 저탄과 한강의 사이이며, 대수는 한강임.
4. 유민들이 남방으로 옮겨가 대방이라 했음.


## 1756년(병자丙子)② 권25-7

1. 예전에 집필한 글에 마한 장수 주근은 두 성을 근거로 옛 나라를 회복하려다 사절(死節)했는데, 후세에 그를 현양하지 않은 이유에 대해 의문을 제기한 적이 있음.
2. 순 임금은 동이 사람. 유주 등 12주 설치. 기자의 영역은 요동 지역 전체를 포괄. 압록강 바깥이 유주 지역. 기자가 백마를 타고 주 무왕을 조회한 일은 '맥수가'에 나옴.
3. '조선'은 중국인이 산수(汕水)라 한 것을 증거로 삼음. 산(汕)이 선(仙)으로도 소리가 나서 선(鮮)과 비슷하기 때문. 우리나라는 백두산 기슭, 백두산은

선비산(鮮卑山)에서 시작해 동쪽으로 뻗어 나옴. 조(朝)는 동쪽을 뜻해, 가장 동쪽 지역이라 '조선'이라 칭한 것이 아닌지 단정 지을 수 없으나 백순(순암)은 이를 살펴 궁구할 필요가 있음.

4. 살수는 청천강, 대동강은 열수, 패수는 저탄강, 한수는 대수의 하류.

5. 호강왕, 마한 왕으로 위만에 축출되어 왕이 됨. 한(韓)이라는 명칭은 그 이전에 존재. 한나라 장량이 창해군에서 역사(力士) 구함. 창해군은 그 이전에 존재. 전국 6국 중 한(韓)나라가 먼저 망함. 해외에 한이라는 이름을 가진 국가 셋. 서복과 한종(韓終)이 우리나라 지부산으로 옴. 따라서 한(韓)이라는 명칭은 한종에서 시작된 것.

6. '이계(尼溪) 상참(相參)'은 두 사람이 아니고, 예의 재상인 참(參)을 가리키는 것으로 한 사람임. 이계는 예(濊)의 반절(反切)음.

7. 팽오는 한나라 무제 때 사람으로, 단군 때 사람이 아님.

8. 소설《규염객전(虯髯客傳)》(당나라 때 편찬)에서 한 인물이 부여를 침공했다는 것은 사실이 아님.

9. 동진은 금나라 일족으로, 그들의 반란 사실은 금나라 말엽이니《금사》에 실려 있을 것. 그들의 지역은 영고와 오라 사이가 아닐지 의문을 제기.


## 1756년(병자丙子)③ 권26-1

1. 우리나라 역사편찬은 세도(世道)를 위해 다행. 병으로 정신이 없어서 함께 의논할 수 없음.

2. 동북 변경의 선비산, 동호 한 종족이 그 아래 거주하고, 부락이 번성. 조선의 명칭은 여기서 유래.

3. 조선의 국호로 제시된 화령은 동계의 화주. 공민왕 때 화령부로 승격. 그 근본을 거론해 국호 제정.

4. 쌍성은 북로의 영흥.

5. 열수는 패수와 동일하게 불리는 경우도 있음. 저탄강을 벽란정이라 한 증거.

중국 기록은 그러하나 우리나라에서는 강 이름을 두 개로 부르지 않았을 것
임. 만약 대동강을 패수라고 한다면, 당시 사람들은 저탄강을 이름이 없다고
했을지, 이에 대해 생각할 필요가 있음.

6. 다루왕 10년, 고구려에 쫓겨 유민을 남읍(南邑)으로 이주시킴.

7. 삼한 이전 삼남은 기자조선과 단절. 기준이 마한왕을 축출하고 즉위. 한이라
는 명칭은 호강왕 이전에 존재.《전국책》에 근거. 진나라에 가장 가까운 한나
라 사람이 진나라를 피해 바다[滄海]를 건너 왔음. 차례로 마한, 진한, 변한
등으로 호칭. 장량 때 삼한은 창해로 호칭.

8. 기자의 판도는 자세히 알 수 없으나, 연나라에 서쪽 수천 리를 잃었다는 것으
로 보아, 요령과 심양 지역도 그곳에 포함됨. 발해가 거란에 망하면서 요 지
역 상실. 요 땅 전체가 순이 설치한 유주에 포함됨.

9. 단군과 기자는 압록강 안팎을 차지. 기자의 8조는 남아 있는 3조가 한 고조
의 약법 3장이고 오류을 합한 것.

10. 단군은 요순과 같은 시대 사람이고, 순은 동이 사람임.

11. 박달나무는 향나무. 뒷사람들은 묘향산을 단군이 처음 내려온 산으로 생각.
태백산 신단수, 환인, 환웅은 허황된 말. 아사달산의 '아사'는 속어로 아홉,
'달'은 달. 아사달산은 구월산. 산 아래 당장경, 삼성사 있음. 단군이 입산한
때는 상나라 무정 8년임.

12. 기자의 봉지(封地)는 남기(南箕)의 별자리. 자(子)는 오등의 작위 중 하나.
주나라의 작명(爵命) 받았음. '홍범'의 '기자'는 사관의 기록으로, 그 이전에
이미 봉해짐.

13. 기자가 아뢴 '홍범'은 '낙서'를 부연해 만든 것. 낙서는 2와 8의 역위(易位),
즉 간(艮, 2)과 곤(坤, 8)이 직선으로 마주함. 그 위로 은하. 은하가 회전하며,
중국에서 볼 수 있는 은하는 간에서 곤까지임. 간은 기(箕)와 미(眉)의 별자
리. 압록강 이서의 물은 간방(동북)에서 곤방(서남)으로 흘러 '홍범'과 부합.
순이 유주를 설치, 백이가 살았고, 공자도 바다를 떠나고자 했는데, 노나라에
서 뗏목을 띄우면 기자의 나라로 향함.

14. 조선 사람들이 큰 관을 쓰고 흰옷을 입는 것은 은나라의 질박한 유속(遺俗).《시경》에 수록된 시 '도인사(都人土)'에서 띠풀로 만든 갓과 말아 올린 머리카락은 동도(東都)의 선비와 여자를 보는 듯함.

15. 죽은 아들이 예조 근무 때《접왜역년고(接倭歷年攷)》를 저술.

16. 우리나라 역사에 대한 의론(議論, 논의)은 볼 만한 것이 없음. 역사를 서술할 때 오래된 역사의 모습(진면목)을 잘 다듬어 드러내고, 정중하게 표현하고 진부한 자취를 답습해서는 안됨.


## 1756년(병자丙子) ③ 별지(別紙) 권26-1

1. 사군 이부(四郡二府)는 남북조와 비슷한 듯함.

2. 마한의 통치는 한강의 북쪽에는 미치지 못함.

3. 동진 시대에 원위(元魏)를 기록한 것은《통감강목》에도 사례가 있음.

3. 신라는 스스로 수로왕과 동성이니 금천씨(金天氏)의 후예라고 일컬음. 금란(金卵)과 금궤(金櫃)의 말은 터무니없음.

4. 조회했으면 조회로, 사신이 갔다[如]면 이같이[如] 기록해 사실에 근거해야 함. 중화와 오랑캐의 구별과 관계없음.

5. 고려 인종 즉위해 마음을 다해 요나라 섬김. 원종과 충렬왕 이후 역시 원나라를 섬김. 이를 고찰해 바로잡아야 함.

6. 고구려 을파소. 천고의 빼어난 인물, 밖으로 드러내 기록해야 함.

7. 요 땅은 고구려 통치권 내의 영토. 발해 멸망 후 거란에 빼앗김.

8. 인종은 마음을 다해 요나라를 섬김.

9. 최치원은 당시 인물, 황엽과 청송을 말한 것은 거짓이 아닐 것.

10. 사람들 가운데 마한이 기자의 후예라는 것을 의심. 그것은 고구려 땅은 기자 나라이고, 삼국이 삼한을 계승해서 그렇게 말했을 것.

11. 신라, 낙동강 이동. 그 서쪽은 6가야. 변한은 그 남쪽에 있어, 지리산 이남의 여러 군현 지역으로 경상도와 전라도의 여러 고을에 걸쳐 있었을 것. 처음에

는 신라에 항복, 뒤에 백제에 편입. 지금 전라도 동남쪽 여러 군현이 변한의 땅이 아니었을까? 의심나는 대로 기록할 필요가 있음.

12. '진(辰)'이 '진(秦)'인 것은《춘추좌씨전》의 진영(辰嬴)에서 근거. 진나라를 피해 한(韓)나라 사람이 먼저 왔음. '곡영전(谷永傳)' 근거, 한종과 서복이 함께 왔으며, 진나라 통일 후 온 사람들이 더해 '진국(辰國)'이라 함. 한종은 한나라 자손. 창해는 동방을 통칭하는 것으로 강릉부를 가리키는 것이 아님. 고운의 글에 "한 지방이 무사하고, 창해가 편안하다"에서 증명.

13. 백제 땅에 원래 백제국(伯濟國)이 존재. 십이 변해 백이 된 것은 옳지 않음. 변한을 변진(弁辰)이라 하니, 변(弁)은 진(辰). 신라와 백제가 지리산을 경계로 한 것은 후대의 관념. 실제 신라 서쪽에 6가야, 그 서남쪽에 변한이 있었음.

14. 낙랑과 임둔은 압록강 남쪽. 현도와 진번은 북쪽. 우거는 압록강 안팎에 걸쳐 땅을 차지.

15. 사군은 모두 옛 이름을 따르지 않음. 사군이 이부로, 임둔은 낙랑에 병합, 진번은 현도에 병합. 평안도 내지가 위만에게 점거되자, 낙랑은 강원도로 이동. 이름은 그대로. 낙랑은 평양, 임둔은 관동. 요 땅에 낙랑이 있는 것은 진국(辰國)에 진주(辰州)가 있는 것과 같은 경우로서, 요령(遙領)과 같은 사례일 것.

16. 국내성은 당나라에 항복한 압록강 이북 11개 고구려성의 하나. 주몽 처음 졸본에 도읍, 교시(郊豕) 도망 사건을 계기로 국내성을 얻음. 국내성은 압록강 북쪽에 있음.

17. 주몽은 해모수 아들. 부여는 옛 도성. '백제본기'에 주몽이 처부(妻父)를 계승했다는 것은 믿지 않음.

18. 졸본은 성천이 아님.

19. 개마국은 지금의 폐사군(廢四郡)과 압록강 연안의 안팎에 위치. 임언의 '구성기'에 "서북쪽으로 개마산을 끼고 있다"고 하고, 수나라 군사가 개마 방면으로 나와 압록강의 서쪽에서 모였다고 했으며,《한서》에는 개마현에 마자수가 있다고 해, 마자수는 압록강.

20. 발해왕이 졸빈과 부여국을 통합했으며, 모두 요 땅에 있었음.

21. 평나(平那)는 진번(眞蕃)인 듯함.

22. 패수는 저탄, 대수는 한수.

23. 뒷날 백성들이 유망해 남쪽에 이르자, 남원 등에 거주하게 하고 대방이라 함.

24. 맹자가 "주나라 이래로 700여 년이 되었다[由周以來七百有餘歲]"라고 하는데, 실제는 809년. 《집주(集註)》에는 "문왕(文王)과 무왕(武王)의 사이"라 하는데, 문왕으로부터 계산하면 숫자를 더해야 함. 중국과 외국 연대 계산, 믿을 수 없음. 우리 역사책을 따라야 함.

25. 황룡국은 악비가 말한 황룡부. 요서 지방에 황룡성이 있음.

26. 국내성 압록강의 서쪽 바닷가 근처, 비류수는 그 근처에 있었을 것.

27. 안시는 지금의 봉황성(鳳凰城). 우리나라 방언에서 봉(鳳)을 아씨조(阿氏鳥), 용은 미루(彌樓), 호랑이는 좌울음(左鬱陰)이라 했으며, 조선에서도 그렇게 부름.

28. 패수는 저탄. 압록(鴨綠)을 《삼국지》에 추수(溴水)라고 기록. 글자가 서로 비슷하기 때문. 《성경통지》에도 추(溴)라 기록.

29. 삼수(三水)와 갑산의 물이 압록강에 합류하여 폐사군을 거처 바다로 흐름. 그 사이에 있는 큰 고개인 설한령(薛罕嶺) 후치(厚峙)가 개마의 경내. 압록강 북쪽의 험준한 여러 산도 개마의 경내.

30. 부여의 여러 종족은 같아, 동쪽으로 가서 동부여가 됨. 온조는 그 후예. 남쪽으로 내려가 부여현이라 칭함. 부여륭(扶餘隆), 부여풍(扶餘豐)도 그러함.

31. 옥저는 북·동·남옥저의 세 부류. 두만강 서쪽에서 철령 사이가 동옥저. 동옥저는 역사책에 개마산 동쪽에 있다 함. 개마산은 설한령과 철령 등의 여러 산. 영토는 동서가 길고 남북은 짧은데, 1,000리 정도. 남옥저는 가장 남쪽, 지금의 영동 아홉 고을. 북옥저는 삼수와 갑산 지역. 백두산이 남쪽으로 내려와 함경도와 평안도 분리. 또 북·동옥저와 남옥저를 분리. 동옥저는 북쪽으로 읍루(邑婁)와 접했다 하니, 읍루는 삼수와 갑산의 북쪽에 있음.

32. 《일통지》에 "개원성(開元城)은 삼만위(三萬衛)의 서문(西門) 밖에 있다.《원지(元志)》에 '개원성의 서남쪽이 영원현이고, 다시 그 서남쪽이 남강(南康)

이고, 다시 그 남쪽이 합란부이고, 다시 그 남쪽이 쌍성이다'라고 했다"는 기
록. 쌍성은 지금의 영흥부이고, 삼만위는 옛날의 읍루 땅. 따라서 동옥저는
철령 밖에 위치.

33. 《한서》에서 이계의 재상과 조선의 재상을 대등하게 호칭. 이계의 재상은 예
(濊)의 재상. 예는 본래 영동에 있는 나라로, 영토를 넓히는 시기에 이르러
큰 나라를 포괄했을 가능성이 있음.

34. (보내준) 책을 읽어보니, 폭넓게 인용·채집해 증거가 있음. 우리나라 사람들이
우리 역사를 읽지 않고 황폐한 상태로 방치해, 예로부터 역사편찬에 뜻을 둔
사람이 없음. 이 책이 만약 완성된다면 천고(千古)에 한 가지 다행스러운 일.

35. 옛날은 말할 것도 없고, 고려 때 군현 경계조차도 간혹 밝히기 어려워, 개탄
스러움.

36. 김주(金澍)의 사실에 대해 윤근수의 《월정집》에 전(傳)이 실려 있는 것을 보
았는데, 김시양의 《하담파적록》에서 사실이 아님을 변별.

37. 당나라 천보(天寶, 742~756) 연간에 신라 사신이 촉 땅에서 황제를 조회. 현
종이 십운시(十韻詩) 하사해 칭찬. 양나라 태청(太淸, 547~549) 연간에 백제
사신이 단문(端門) 밖에서 목 놓아 운 일이 있음. 두 사신 이름이 없어 애석.

38. 헌강왕 8년(882) 사신 김직량(金直諒)이 고변(高駢)에게 부탁해 황제가 있
는 촉 땅의 서천(西川)까지 갔음. 최고운의 '태사 시중에게 올린 장문〔上太師
侍中狀〕'에 갖추어 실려 있는데, 무슨 까닭에 이를 누락해 특서(特書)하지 못
했는지 궁금함.

39. 권근은 단군이 1,000년의 세월을 살았다고 했으며, 이는 정론이 되었음. 그러
나 1,000년 뒤 마지막 후손이 산에 들어가 신이 되었다고 하나, 사리에 맞지
않음〔權陽邨以檀君千歲爲歷年者爲定論 然其千歲之末孫 亦入山爲神 似無
其理〕.

40. 지금 사람들은 평양에서 천도한 백악을 구월산. 문화현에 당장평이 있기 때
문이라 함. 즉 우리나라 사람들은 처음 묘향산에 내려왔다고 생각해, 구월산
이 백악이라 생각함.

41. 최치원 글에 따르면, 단군이 처음 내려온 산, 태백산은 요 땅에 있음. 이에 근거하면 처음 요 땅에 있다가 나중에 평양으로 천도한 듯. 구월산이 백악이라고 불린 적 없음. 《고려사》에서 김위제는 서경(평양)을 백아강(白牙岡)이라 함. 백강(白岡)이 백악.

42. 혹자는 단군이 백악에서 산에 들어가 신이 된 이후 그 후손이 서로 전해진 지 1,000년에 이르렀을 것이라고 함. 이미 단(檀)이라고 그 나라를 불렀다면, 그 자손도 단군이라 하는데, 이 역시 억지 주장에 불과함〔或者檀君自白岳入山 爲神 而後裔相傳至千歲耶 旣以檀號其國則其子孫亦檀君 此亦臆說而已矣〕. 대개 아득한 옛날의 일은 태반이 요 땅에서 있었던 일인데, 지금은 매번 압록강 동쪽의 일로 견강부회하고 있음. 멋대로 의문을 제기하는 것이니, 잘못을 바로잡으려다 올바른 것을 그르치게 할까 염려됨.


## 1756년(병자丙子)④ 권26-2

1. 《자치통감강목》 의례의 잘못 지적. 선인이나 악인을 동일한 글로 기록하는 문제점.


## 1756년(병자丙子)⑤ 권26-4

1. 《삼국사기》의 문제점 지적. 백제의 영토가 말갈의 세력권에 들어간 사실은 문제. 그러나 말갈이 남쪽은 물론 다른 지역에도 침입한 사실로 보아 백제를 침입했을 가능성이 있음.
2. 신라의 금궤, 금란설 믿을 수 없음.
3. 순암이 인용한 '생민시(生民詩)' 의문. 강원이 대인의 발자국 밟고 임신한 애기는 불경스러움.
4. 글자 음이 비슷하다고 허황된 말을 꾸밈. 점고만평은 물론 남초(南草)를 담

파국(湛巴國)의 담파(痰破)라 함.

5. 동진국의 시말은《금사》에 수록되어 있을 것. 일부 채록한 것을 보냄.

6. 고이편은 바로 논할 수 없어, 남겨두었다 검토하겠음.


## 1756년(병자丙子)⑤ 별지(別紙) 권26-4

1. 구이(九夷)는 품질(品秩)의 고하에 따라 말한 것이니, 품질이 가장 높은 것이 구품(九品)에 그치니, 구이라는 것은 가장 높은 자리를 의미함.

2. 순(舜)은 동이 사람. 12주 가운데 유주의 경역은 요령과 심양 사이. 여기까지 순의 교화가 미침. 기자 봉지도 이곳 포함.

3. 기자, 백마 타고 주나라 조회. "罔爲臣僕"은 "내가 어찌 남의 신복이 되지 않겠는가"라는 의미. 기자가 은이 망하자 조선으로 달아났다면 어찌 '맥수가'가 나왔을지 반문함.

4. 역사저술의 어려움과 지침:《동사강목》이 완성된다면 유가의 큰 업적. 수많은 현인들이 이 일을 이루지 못한 것은 문헌 부족 때문. 현재 서적을 모아 교감하면 가끔 미루어 알 수 있는 것도 있음. 많이 듣고 신중하게 말하는 것에 힘써야 함. 의심나는 것은 빼놓고 사실을 전한다면 배운 것을 거의 배반하지 않을 것. 의심나는 부분은 한 편의 글을 지어 취사선택의 뜻을 드러내야 믿을 수 있는 글이 됨. 그러나 이것이 가장 어렵고 힘을 쏟아야 하는 일임.

5. 고이편 다시 살펴보니 널리 고찰하고 상세한 고증은 감탄할 만함. 근세 문자로 많은 증거를 삼은 것은 반드시 믿을 수 없으니 조금만 남기고 많이 없애기를 바람.

6. 《동국통감》기록과 수나라 동방 정벌 때 패수 평양 남쪽 60리 지점, 패수는 대동강이 아님. 다시 교감이 필요.

7. 호강왕은 마한의 시조. 호강왕이 후세에 추존한 명칭인지 알 수 없음. 호강왕은 무강왕. 그의 옛 도읍지 익산에 묘가 있음. 진평왕 때의 무왕은 아님. 그것은《여지승람》의 오류임.

8.  기전(箕田): 사방 각각 70보

    하나라 제도: 사방 1리=정(井). 1정은 아홉 구획. 1구획은 4개의 소구획(田자 모양). 1개 구획에 4명의 가장. 1개 정에 36명 가장. 땅은 사방 50보.

    은나라 제도: 백성의 씀씀이 증가. 2개의 소구획을 하나로 통합. 1개 정에 18명의 가장. 땅은 길이 100보 너비 50보.

    주나라 제도: 씀씀이 더 증대. 4개 소구획을 하나로. 1개 정에 9명의 가장. 길이 너비 모두 100보. 삼대 모두 10분의 1세. 철법(徹法).

9.  《여지승람》에서 경주에 정전(井田)이 있다는 것은 오류. 진나라는 정전을 폐지, 천맥(阡陌)을 열고 원전(轅田)을 만들었음. 원전은 진나라 토지제도. 우리나라에 온 진나라 사람이 원전을 전함. 평양의 은나라 제도와 경주의 진나라 제도는 부절(符節)과 같음.

10. 우거의 신하 성기(成己)는 성을 근거로 항복하지 않다가 사절(死節), 천고의 지사. 《자치통감》에는 보이나 우리 역사서에서는 누락되어 아쉬움.


## 1757년(정축丁丑)① 권26-5

1.  역사찬술의 진척은 있는지 물음. 유가의 큰 대업이 되고, 세교(世敎)에 보탬이 될 것. 정신이 맑지 않아 도와줄 수 없어 한탄스러움.


## 1757년(정축丁丑)② 권26-6

1.  《접왜역년고》는 나의 심력으로 할 수 없어 아이로 하여금 교감, 첨삭케 해 완성함.

## 1757년(정축丁丑)② 별지(別紙) 권26-6

1. 만주는 압록강 밖 파저(婆豬), 청나라 흥경(興京).

2. 영고는 장령(長嶺)의 동쪽으로, 금나라가 왕업을 일으킨 곳.

3. 만주는 인명이 아님.《사설(僿說)》에 기록한 것 보내니, 취사하기 바람.

4. 《자치통감강목》범례는 요령을 찾을 수 없음.《춘추》의 "착한 이나 나쁜 이나 모두 같은 표현을 써도 잘못은 아니다〔美惡不嫌同辭〕"라는 말은 임시변통의 말이며, 따를 수 없음. 죄의 경중에 따라 처리. 금의와 이규보는 이임보의 예와 같이 관직을 없애고 졸(卒)이라고 기록해야 함.

5. 왕건 태조는 원래 왕씨가 아님. 집안이 당나라 귀성과 혼인한 사실이 나라 역사〔國史〕에 기록. 숙종, 선종설은 미봉책에 불과. 길 가는 손님〔賓旅〕과 혼인한 것을 과연 무엇이 영광스럽다고 역사에 기록하며, 누가 감히 근본을 파헤치고 이 설을 만들어 혼란스럽게 하는지 비판.

6. 제후는 2소(昭)와 2목(穆)을 제사. 그런데 제사가 3대에 그친 것은 그 이전이 누구인지 모르고 단지 귀성인 것만 알았기 때문임.

7. 역사가의 요체는 의심나는 점은 남겨두고 기록. 의심점은 별도로 항목을 만들어 고증 필요. 온조의 경우도 사신(史臣)이 시조가 동명이라며 다른 책 인용, 그렇지 않다는 것을 고증할 필요가 있음. 주몽이 난을 피해 해모수의 나라로 가지 않고 부여에 임시로 살면서, 왕녀와 결혼해 지위를 유지한 일은 의심스러움. 그러나 동부여 서쪽에서 요양, 심양 지역까지 같이 부여라 하니, 주몽이 아버지 나라에 갔다가 이웃 나라의 사위되어 즉위하는 것이 이치상 무리하지 않음. '고구려본기'에 그것이 기록되지 않은 것은 주몽이 스스로 계승했기 때문. 온조의 어머니 기록이 국사에 모두 기록되지 않아서 옛날의 단면적이고 없어진 기록을 탓해야 할지 의문. 본사(本史)에 근거해 기록하되, 각각 입언(立言)해 의심스러운 것과 믿을 수 있는 사실을 명확히 기록하면 충분하다는 생각. 백제 개루왕이 위나라에 올린 표문에 백제와 고구려가 부여에서 근본했다는 말은 믿을 수 있음. 동부여 해부루가 금와를 아들로 삼고, 금와는 주몽을 아들로 삼음. 주몽은 활을 잘 쏜다는 뜻. 주몽은 본명이 우태,

해부루의 서손.

8. 대마도가 속국이란 증거가 무엇인지 의문. 더 고찰이 필요.

9. 마한과 대방의 일은 조사한 것이 명백, 손자에게 주어 믿을 만한 기록이 될 것. 중국의 역사를 갖고 증거를 삼는 것은 타당하지 않음. 중국사도 자체 모순이 있음.

10. 오늘은 밤새 잠자리가 편안, 혼미한 정신을 가다듬어 책을 대충 완성했으나, 열에 아홉은 누락된 듯.《해동기(海東記)》는 죽은 아들이 베껴온 것. 지금은 하잘것없이 여겨 곧 사라질 것이나, 뜻 있는 자는 이를 취해 유포해야 함.


## 1759년(기묘己卯)① 권26-9

1. '동사'를 때때로 한 번씩 살펴보니, 고증이 두루 갖추어져 동방에 일찍이 없던 역사책임. 가끔 매우 온당치 않은 부분도 있으나, 기력이 다해 한탄만 하며, 순암의 대업에 손을 댈 수 없음을 아쉬워함.

2. 북로(北路) 9성에 관심이 필요. 철령은 문주(文州)·화주·고주(高州)·정주(定州)의 위쪽, 지금의 영흥임.

3. 고려 헌종과 숙종 교체기는 의심나는 점이 있으나, 확실한 문헌 근거가 없음. 헌종이 종묘에 들어가지 못한 것도 잘못된 예.

4. 최항(崔沆)이 부처에게 아부한 것은 비난이 필요 없음. 성산 영봉서원에 이조년(李兆年)은 염주를 들고 있는데, 당시의 익숙한 풍경으로 허물할 일이 아님.

5. 인종이 사대한 일은 일찍이 설을 지은 바 있으며, 순암의 말에 동의함.

6. 정지상(鄭知常)에 대해 순암의 글과 같은 뜻임을 밝힘.

7. 이자현(李資玄)에 대한 후대 비난은 재론할 필요가 없음. 곽여(郭輿)는 처음과 끝이 다르나, 지녔던 뜻은 처사(處士)의 한 분.

## 1759년(기묘己卯)② 권27-1

1. 북방 9성과 공험진은 죽은 친구 정여일과 논의했으나, 그의 의견에 반박할
   수 없었음. 공험진은 길주 남쪽에 있음.
2. 《성경통지》에 철령현은 그 치소 동남쪽 500리 고려 국경과 닿아 있다 했음.
   홍무 26년(1393) 현재 지역으로 이동. 이전에 철령이 요동에 없었다는 뜻으
   로, 유장(윤동규)이 철령은 요동 지역이라 오해한 것임.

## 1759년(기묘己卯)② 별지(別紙) 권27-1

1. 나날이 정신이 흐리고 산란해, 고려사 집필에 도움을 주지 못함. 몇 자 적지
   만 고증이 부족. 그러나 생각을 놓은 적은 없음. 그 사이에 빠지고 잘못된 곳
   도 많지만 자세히 살펴보는 데 정력이 부족. 앞으로의 일 믿을 수 없음.
2. 역대 호구(戶口)는 역사가에 중요하나, '동사'에 빠져 있고, 관호(官戶)와 인
   명 나열은 지루한 느낌. 수정·윤색의 공은 얼마나 잘 없애느냐에 있으나, 종
   전의 몇 편은 그대로 두어서는 안 됨.
3. 정지상과 곽예(郭預)에 대한 대답에 오류가 있음. 정지상이 죄가 있다면 복
   주(伏誅)라 해야 하며, 김부식과 틈이 있다고 용인해서는 안됨.
4. 곽예, 처사는 아님.
5. 정몽주의 경우 조선의 국론이 꺼리지 않으니, 드러내 기록해도 좋음.
6. 숙종은 의심이 되나 죄를 드러낼 만한 것이 없으니 빼도 됨.
7. 조위총은 중국 위나라 때 반란을 일으킨 관구검, 제갈탄(諸葛誕)과 같음. 거
   병의 선후는 문제가 되지 않음.
8. 임상덕이 우왕을 왕씨로 본 것은 불가한 일이며,《춘추》의 정공, 애공의 일과
   같이 신중해야 함.
9. 진나라의 정, 송나라의 욱과 같은 기록은 음모이며, 기록을 의심함.

# 1759년(기묘己卯)③ 권27-4

1. 《사설》을 책으로 만들 생각은 아니었음. 40년 전부터 보이는 대로 의문점을 기록한 것을 근래 조카가 이를 등사해 책으로 전함. 내용이 빠지고 중첩되어 있음. 순암은 말이 되지 않은 것은 지우거나 간소화 할 것.
2. '동사'는 아직 책을 이루지 못했고 바로잡을 곳과 다른 이의 의견을 수용할 곳도 적지 않음.
3. 단군에 관해 의심스러운 점이 많으니, 따로 강목의 예를 세우기 어려움. 이우(李友, 이인섭)의 의견이 그럴 듯함. 전의(傳疑) 1편만 드러내는 것이 좋을 듯함. 그 외 허다한 논의는 다룰 수 없음.
4. 동방은 기자의 나라. '홍범' 한 편이 그 핵심정신. 전해지는 기록이 없으니, 팔조목과 같은 몇몇의 구사(舊史)를 수습해 항목을 세워 고증하고 역대 풍요(風謠)를 채집해 보충하는 것이 좋을 듯함. 적극적으로 돕겠으나, 병으로 겨를이 없음.


# 1762년(임오壬午) 권27-5

1. '동사'에 대한 이군(이인섭)의 견해가 참으로 의의가 있음. 위만을 기원으로 여긴 점은 온당치 못함. 기자에 관한 일은 징험(徵驗)할 수 없지만 수용하지 않으면 후세에 전해지지 않음.
2. 마한의 호강에 관한 일은 촉한의 일을 근거로 삼지만, 나라를 잃고 도망한 일을 역사의 시작으로 할 수 있을지 의문.
3. 고려 혜종의 이름이 무. 우리 문자는 무를 피해 호 자로 씀.
4. 나의 원고(《사설》)는 후세에 전하려던 것은 아님. 난초(亂草) 때문에 정밀한 것과 그렇지 못한 것을 가려 뽑지 못함. 40년 전이라 없애고 빼야 할 부분 많은데, 순암이 바르게 고친 것은 큰 다행. 이 책은 나의 책이 아니고 여러분의 책.

〈자료 3〉

## 연세대 소장 필사본 《동사강목》 초고본의 수정 내용[3]

### 1책 목록

(수정) '辛禑'을 '前廢王 禑'로, '辛昌'을 '後廢王 昌'으로 수정. 6가[4]

### 1책 범례

(수정) 기씨 조선의 歷年과 世代를 알 수 없는 것은 행서로 '紀年'의 두 자로 쓴
　　　 다. 기년을 朝鮮으로 수정. 한편 마한 이후는 연기+기년(乙酉紀年)을 연
　　　 기+마한으로 수정했다. 4가

(수정) 신라의 '女君'를 '女主'로 수정. 4나

(삭제) '故今從之' 삭제. 4나

(이동) '權臣遷官조'를 '封拜조'로 이동. 7나

(추가) 被弒而賊不(得)則書曰盜賊. 7나

(추가) 一 (微行遊觀) 田獵奔走 並從本例. 8나

---

3)　지면관계상 연월일 등의 간지(干支)를 추가한 경우와 1자(字)의 자구를 수정·삭제한 경우는 생략했
　　으며, 19~20책 부권은 간지 및 연월일 등을 수정한 경우가 많아 수정 내용에 반영하지 않았다. 정리한
　　자료 가운데 괄호 안 부분이 추가된 부분이며, 추가 사실이 많을 경우 괄호를 표시하지 않고 그대로
　　기록한 경우도 있다. 초고본에 수정 표시한 내용의 미반영 여부는 수정본에서 확인했다.

4)　'6가'에서 '6'은 해당 책의 판심(版心, 한적본 각 면의 가운데에 적힌 번호)을 의미한다. '가'는 판심을
　　기준으로 오른쪽 면을 가리키며, '나'일 경우는 좌측 면이 된다. 이하 동일.

(추가) 若 (馬韓之周勤) 衛氏之成己 百濟之甕山城將遲受信之類. 11가

(수정) '安文成'을 '安裕'로, '禹祭酒'를 '禹倬'으로 수정. 11나

(추가) 今此書 檀箕事蹟(雜取古記及中國史 成之 三韓始終 亦無所傳 取中國)史補入. 12나

(추가) 採據書目조 破閑集 다음 (補閑集 高麗 崔滋 撰), (輿地考 本朝 韓百謙 撰), (經世書補編 本朝 申翊聖 就經世書中 節取 東史入補編), (磻溪隨錄 本朝 柳馨遠 撰), (海東名臣錄 本朝 金堉 撰). 15가


## 1책 圖 上 (동국역대전수지도 및 전세지도)

(수정) 新羅三姓傳世之圖. '起漢武甲子亡'을 '起漢宣甲子亡'으로 수정. 3나

(추가) 興德(不惑)左道 遇災知懼 猶可稱者. 10나

(수정) 尙不自明 以至於死 跡其行事에서 '跡其行事'를 '求其行事'로 수정. 10나


## 1책 圖 中 (지도)


## 1책 圖 下 (관직연혁도)

(삭제) 관직연혁도. '高句麗 封進可爲守國君 鄒安爲讓國君'을 삭제. 16가

(추가) 무직산계 연혁. 古雛大加 掌賓客如鴻臚 (主簿 優白) 使者 皁衣. 21나

(삭제) 무직산계 연혁. 卽改通直 又改朝散 以下並同初制에서 '又改朝散'을 삭제. 23나

(삭제) 승관 연혁. 州統 九州 各置十人 罷九人에서 '各置十人 罷九人'을 삭제. 26나

## 2책 권1 상

(추가) 其種有三 曰馬韓 曰辰韓 曰弁辰(卽 弁韓也 晉梁二書 作弁韓). 10나

(추가) (漢 惠帝二年) 己酉 馬韓 箕準元年. 13나

(추가) (漢 武帝 元朔 二年) 癸丑 紀年. 13나

(삭제, 수정) 4자 삭제 후 '依柳氏說(磻溪 柳馨遠)'로 수정. 20가

(교감, 미반영) 王擧旗 鳴鼓而前 鮮卑 守賊 計窮力盡. 31가

　　　* '鮮卑下 恐當有腹背 或 前後 二字'라 교감했으나, 반영되지 않았다.

(추가) (黃龍王聞之 遣使 '黃龍國 祥地理考'). '위 7자는 두 줄로 쓸 것〔此七字雙
書〕'이라 지시. 실제 반영. 38나


## 2책 권1 하

(추가) 高句麗王 乘其不備 帥師伐夫餘 (抵利物村 夜聞金星 尋得金璽兵器 曰天
賜也 拜受之 遂) 渡沸流水. 6나

(추가) 斯盧始製犁耜(藏氷庫)車乘. 11나

(추가) 이를 새로 추가하고 강야(綱也)라 해 강의 항목으로 바꿀 것을 표시했다.
漢赦樂浪大逆 殊死以下(後漢書補). 12가

(추가) 《후한서》를 인용해 濊의 사회상을 설명했다.
名之爲責(禍 殺人者 償死) 少寇盜 作矛三杖. 13가

(수정) 高句麗 遣使入貢于漢(求馬玄菟, 細註)에서 '求馬玄菟'를 '求屬玄菟'로
수정. 32가

(수정) '斯盧'를 '鷄林'으로 수정. 34나

(수정) '新羅'를 '百濟'로 수정. 44가

## 3책 권2 상

(추가) 是爲山上王 有勇力便騎射 (葬王于故國川原). 6가

 * 초고본에 괄호 안 사실이 추가되어 있으나, 반영되지 않았다.

(추가) 鷄林 遣使聘倭 (倭史補 按海東記 倭神功之五年 新羅始遣使來). 10나

(추가) 평양의 지명 시원(柴原)에 대해 윤두수의 《평양지》 인용 사실을 추가했다. 25가

 (尹斗壽 平壤志曰 柴麓在府東三十里 有墓高丈餘 頃年盜發 壙內石上有
 刻字數行 高句麗東川王墓 名爲柴原 今柴麓 擬柴原).

(추가) 이서국(伊西國)의 신라 침입 사실 뒤에, 이서국에 관한 사실을 세주(細
註) 형식으로 추가했다. 40나

 (按伊西國 後漢建武十八年 爲新羅所滅 至是又見 恐是古國餘燼猶存 而
 復起者歟).


## 3책 권2 하

(추가) (春正月 鷄林以康世 爲伊伐湌). 1나

(추가) 연나라 모용평이 고구려에 도망 온 것은 진이 연을 공격한 결과라는 사실
을 부연 설명하기 위해 다음의 사실을 추가했고, 실제 반영되었다. 4나
 (時秦王猛 伐燕破之 太傅慕容評 奔于麗 麗王執送于秦).

(추가) 고구려가 율령을 반포한 사실에 대한 부연 설명을 추가했다. 6나
 三國之制 雖夷俗雜(亂 無可言者 然而 上有君長 下有民庶 必各有一代)
 之制.

(추가) (冬十月 百濟王 獵於狗原 七日而返). 11가

(추가) (百濟重修宮室 穿地造山 以養奇禽異卉). 11가

(추가) 春(正月 鷄林以未斯品 爲舒弗邯 委以軍國事). 17가

(추가) 秋七月 高句麗 遣使(如魏 又遣使)如宋. 39가

## 4책 권3 상

(수정) '冬十月 高句麗 功百濟 拔穴城' 기사 위에 '此綱也'라 기록해 강의 항목
으로 바꿀 것을 표시. 15나

(수정) '新羅 選童男女 呼風月主' 기사 위에 '目也'라 해 목(目)으로 바꿀 것을
표시. 18가

(추가) (王薨 號安原王 太子立) 是爲陽原王. 20가

(수정) '秋七月 百濟王 侵新羅 新羅將金武力 大破百濟兵於狗川 殺其主明穠'을
'秋七月 百濟王明穠 侵新羅 戰於狗川 兵敗死'로 수정. 신라의 김무력 대
신 백제왕 명농을 주어로 문장을 수정. 26나

(추가) 北史 신라전 인용 과정에서 누락된 것을 추가 보완. 30가
(馬布 其有大事 則聚官詳議定之 服色尙素 婦人).

(추가) (王薨 號陽原 太子立) 是爲平原王. 28나

(추가) 百濟王昌薨 子季明立 (王薨 謚威德 太子立) 是爲惠王. 42나


## 4책 권3 하

(수정) '善德女君'을 '善德女主'로 수정. 12나

(추가) 義慈立 (王薨 謚武 太子立) 是爲義慈王. 17가

(추가) 爾國强臣 弑主 故來 (問罪) 至於交戰. 33나

(추가) 解縛問曰 何瘦之甚 (對曰) 竊道間行. 36가

(수정) '新羅女君 德曼薨'을 '新羅女主君 德曼卒'로 수정. 40나

(추가, 수정) 葛文王之女 (德曼) 是爲眞德女君. '女君'을 '女主'로 수정. 40나


## 5책 권4 상

(수정) '歆運爲郞 卽行'을 '歆運受命 卽行'으로 수정. 9가

(추가) 無是二者 則豈 (可輕) 吾身以快賊. 9나

(추가) 高句麗 (王都) 雨鐵. 10가

(수정) 以仁問爲押督州摠管 築獐山城 以設險 錄功 授食邑三百戶에서 '以設險 錄功 授食邑三百戶'를 강으로 수정하도록 표시. 11가

(추가) 歆春帥精兵五萬應之 進次金堗城(今尙州 白華山). 13나

* 괄호 안은 세주로 추가되어 있음.

(추가) (新羅) 移押督州於大耶. 25나

(추가) 五月震 (新羅) 靈妙寺門. 33나

(추가) (帝加授仁問 右驍衛大將軍 食邑四百戶). 39나

## 5책 권4 하

(추가) 신라 9주5경 설치 기사 후 한백겸의 사론을 추가로 인용하고 있다. 24가 (韓氏百謙曰 立國定都之時 規模不可以不大 形勢不可以不審 新羅統合之初 唐兵撤還之後 卽移都土中 控除四裔 則句麗舊疆 可以收拾 而遼瀋夫餘之地 爲我版籍矣 羅之君臣 因人成事 志意易滿 偸安一隅 擧西北一般之地 等棄弊屣 契丹女眞 雄强於境外 終羅之世 迄于王氏七百餘年 封疆之內 荊棘未除 無一日少安 可勝歎哉).

(수정) '以百濟餘民 爲靑衿誓幢' 부분을 강으로 수정 표시. 25나

(추가) 置典祀署 (屬禮部). 33가

(추가) (徵阿瑟羅州道丁夫二千 築之). 35나

(추가) (六月乙丑 辛巳朔 日食旣). 47가

(추가) 歃良州爲良州 (領州一 小京一 郡十二 縣三十四 菁州爲康州) 熊川州爲熊州 (領州一 小京一 郡十三 縣二十九). 48가

(추가) 至是王薨 (在位二十四年) 謚曰景德. 52가

(추가) 幷祖禰爲(五廟) 一年六祭. 4가

(추가) 諡曰惠恭王 (在位十六年) 元妃神寶王后. 5나

(추가) (在位六年) 文武王 詔略曰. 8가

(추가) 冬十月 (王薨) 太子俊邕卽位 (王在位十四年 諡曰元聖 太子立) 是爲昭聖
　　　王. 14가

(추가) 有大星 出于翼軫 (芒長六許尺 廣二寸). 20나

(수정) '浿江山木 一夜暴長' 부분을 '綱也'로 표시해 강의 항목으로 수정 표시.
　　　24나

(수정) '浿江山谷間 有顚木生藥 一夜高十三尺 圍四尺' 부분을 '目也 此行 低一
　　　字書之'로 수정. 목의 항목으로 하되, 한 글자를 낮추어 서술할 것을 표시.
　　　24나

(추가) (冬遣使朝唐). 24나

(추가) 王薨 (在位二十八年) 諡曰憲德 太子立 (是爲憲德王) 後改名 景徽. 25나

(추가) (遣金大廉入唐) 帝召對于麟德殿. 27가

(추가) 王薨 (在位十一年 諡曰興德) 無子. 30나

(추가) 王知不免 乃自縊 (在位三年) 諡曰僖康. 31나

(추가) (在位一年 諡曰神武) 太子立. 35나

(추가) 越七日薨 (在位十九年 諡曰文聖). 39가

(수정) 戊寅 憲安王 二月三月 渤海王彝震卒에서 '憲安王 二月三月'을 '憲安王
　　　二年 春三月'로 수정. 39나

(추가) 薨 (在位五年 諡曰憲安) 膺廉立. 40나

(추가) (王薨 在位二十五年 諡曰景文王) 太子立 是爲憲康王. 43나

(추가) 至是薨 (在位十二年 諡曰憲康) 母弟晃立 是爲定康王. 48가

(추가) 及薨 (在位二年 諡曰定康) 曼立. 48나

# 6책 권5 하

(추가) 禪位於太子嶢 (王在位十一年 嶢立) 是爲孝恭王. 2가

(추가) 所著文集三十卷 行於世 (李奎報曰) 唐書藝文志 又載致遠四六集一卷. 5나

(추가) 麗祖爲其徒 則是亦叛 (賊也 雖其龍姿鳳質雄國遠猷 有帝王之像開創之 兆) 於我必. 6가

(추가) (契丹阿保機 稱帝). 9가

(추가) 朴景暉立 (王在位二十二年 諡曰孝恭 景暉立) 是爲神德王. 11나

(추가) 以烈火燒鐵杵 撞其陰 (烟出口鼻而死) 幷殺其兩兒. 13가

(추가) 冬十月 遣使契丹(續通考補). 13나

　　　　＊괄호 안은 세주로 추가되어 있음.

(추가) (王在位六年 諡曰神德 太子立) 是爲景明王. 14가

(추가) (資治通鑑補 按通鑑云 天祐初 高麗石窟寺妙僧躬乂 聚衆據開州 稱王號 泰封國 至是遣立奇入貢于吳). 14가

(추가) 其略曰 (三水中 四維下) 上帝降子於辰馬. 14가

(추가) (資治通鑑曰 大封王躬乂性殘忍 海軍統帥王建殺之 自立復稱高麗王 以 開州爲東京 平壤爲西京 建儉約寬厚 國人安之). 16나

(추가) (高麗令官制 悉從新羅 詔曰 乘機革制 正謬是祥 導俗訓民 號令必愼 前主 以新羅階官郡邑之號鄙野 改爲新制 民不習知 以至惑亂 今悉從羅制 其名 義易知者 從新制). 18나

(추가) 初麗王 以西原多變詐 (遣人覘之 還奏無他 本州領君將軍堅金等 來見 王 賜物有差 堅金言本州人金勤謙等在京都者 其心異同 去此數人 可無患矣 王曰朕心存止殺 有罪尙欲原之 況此數人 有宣力之功 欲得一州而殺忠賢 朕不爲也 堅金慙懼而退 旣而王謂堅金曰 今雖不從爾言 深嘉爾忠 可早歸 以安衆心 堅金曰 臣誓赤心報國 然一州之人 人各有心 終恐難制 請遣官 軍 以爲聲援 王然之 遣馬軍). 21가

(추가) 壬午春三月 契丹遣使 聘高麗 (遣橐駝及氈). 29가

(추가) 至是薨 (在位八年 諡曰景明) 母弟魏膺卽位 是爲景哀王. 30가

(추가) (冬十二月 高麗君幸西京 巡歷州鎭.

丁亥四年 春正月 高麗君 伐甄萱 王出兵助之 取竹山[後改龍州 今龍宮]

甄萱違盟屢侵邊 頗有强呑之志 故高麗王伐之 甄萱送王信之喪于高麗.

二月遣使 兵部侍郎張芬 如後唐 唐授芬檢校工部尙書 副使朴述洪 兼御史

中丞 李忠式 兼侍御史.

三月 高麗君建 破甄萱兵於運州城下.

夏四月 功熊州不克.

秋八月 高麗君建 功甄萱康州下之). 33가

(추가) 索王逼令自盡 (王在位四年 萱) 强辱王妃. 34가

(추가) 群臣哭臨 上 (諡曰景哀). 35가

(추가) 高麗遣使 (林彦) 如後唐. 38가

(추가) 三年山城 (今槐山) 不克. 38나

(추가) (高麗遣大相廉相 城馬山 號安水鎭 以正朝昕行 爲鎭頭). 42가

(추가) 高麗遣使 (大相王仲儒) 如後唐. 46나

(추가) (高麗遣大相廉相 城通海鎭 以元甫才萱 爲鎭頭). 49가

(추가) (秋九月 高麗君幸西京 歷巡黃海州而還). 50나

(추가) 高麗遣使 (禮賓卿邢順) 如後唐. 52나


## 7책 권6 상

(추가) 宋遣使冊王 (按通考 加食邑 賜功臣號). 29가

(추가) (始改正胤 爲太子). 29나

(추가) 遺詔 (禮 男子不死於婦人之手 左右嬪御 其令屛去). 38나


## 7책 권6 하

(수정) 조운의 輸京價 책정 기록. '一碩 其所運 遠者五碩 近者 二十碩 爲差'를

'遠者五石價一石 近者 二十碩價一石 爲差'로 수정. 10가

(추가) 以千金準市價 金一兩直布四十匹 則千金 (按此 二十六兩一斤 爲一金) 爲
布六十四萬匹. 12가

(추가) 성종 14년 10도제에 대한 안정복의 사론. 한백겸의 견해를 인용. 18나
(按韓氏百謙曰 麗初改定州縣 而其數與名號 麗志不著焉 綱目云 高麗王
建 有二京六府九節度百二十郡 此言麗初也 太祖時有松京西京 新羅有一
小京九州百二十八郡 則此因羅舊而無大變革者也 文獻通考云 高麗王居
蜀莫郡 蜀莫松京之訛 曰開城府 以新羅爲東州樂浪號東京 以百濟爲全州
金馬郡號南京 平壤爲鎭州號西京 凡三京四府八牧百十八郡三百九十縣
三千七百島 此言顯宗時也 顯宗置東京於新羅故都 則與松京西京爲三京
是矣 又置四都護府八牧 則其曰四府八牧是矣).

(삭제) 至契丹問罪 然後始知之 王嘗納弘德院君圭之女 稱劉氏 是爲宣正后에서
'王嘗納弘德院君圭之女 稱劉氏 是爲宣正后' 부분 삭제 표시. 32나

(추가) 將軍金訓等 敗契丹兵於綏項嶺(在今定州西十五里 今稱當安嶺). 37나

(이동) '以宣正王后劉氏祔 宗室弘德院君圭之女也(按后薨葬 史闕 配享貞信公韓
彦恭 忠懿公崔肅 侍中金承祚)'을 현종 3년 12월(49나)에서 현종 5년 4월
로 이동. 51나


## 8책 권7 상

(삭제) '又曰' 이하 부분 삭제. 11나

(추가) 秋七月 靈光郡 獻珊瑚樹 (高八尺 枝八十一). 16나

(추가) 皇甫氏 淫于金致陽 (欲以致陽) 所生之子 爲君. 18가

(추가) (是歲 罷諸道轉運使 國初 諸道有轉運使 至是罷之 自是以後 定爲五道兩
界 合關內中原河南而爲楊廣道 合嶺東嶺南山南而爲慶尙道 合江南海陽
而爲全羅道 以朔方爲交州道 割關內所管黃海等地 爲西海道 自大嶺以東
南至平海 北至登州曰東界 浿西爲北界 赤縣六畿縣七 直隷尙書都省 諸道

置按察使以統之). 20가

(추가) 薨于重光殿 (在位二十二年) 壽四十. 21나

(추가) (自王薨至此二十八日而葬). 27나

(추가) 薨于延英殿 (在位三年) 壽十九. 27나

(추가) 薨 (在位十二年 壽三十三) 王寬仁. 42가

(추가) 崔齊顏卒 (諡恭順). 43가

(수정) '始設節日道場' 위의 구절을 '綱也 下行高一字'라 하여 강으로 고치고 한
자 높여 서술할 것을 표시. 43가


## 8책 권7 하

(수정) 金義珍卒 諡良愼에서 '諡良愼'을 '目也'라 하여, 강에서 목으로 수정 표
시. 13나

(수정) '宋人黃愼 後來'를 '綱也'라 하여 강으로 수정 표시했으나, 반영되지 않았
다. 13나

(추가) 賊一百五十戶 (築石城於川邊 置老少男女財産于城中 以步騎五百) 餘人
逆戰. 16나

(추가) (顗在諫院 陰陽者流 各執圖讖 互言裨補 上問之 顗對曰 陰陽本乎易 易
不言地理裨補 後世詭誕者曲論之 以至成文者惑衆人 況圖讖荒虛怪妄 一
無可取 上深然之[補閑集補]). 26가

(추가) 三月增置 (同知) 貢擧. 26가

(추가) 在位二月 壽三十七 (諡曰宣惠 廟號曰順) 丙申 運卽位. 27가

(수정) 細註인 '卽延和宮妃 工部尙書碩之女也 是爲思肅太后'를 목으로 수정 표
시. 28가

(수정) 細註인 '王之世 如是者 凡三次'를 목으로 수정 표시. 30나

(추가, 이동) (按我東之禦外侮者 南倭北虜 而禦倭莫如舟師 禦虜莫如用車 古人
論兵車之利亦備矣 虜騎之馳突 非車何以禦之 康兆以劍車摧破契丹於宣

州 柳洪亦請造兵車 藏於龜州 我國地勢阻險難 不能一國而通行 若北道之
六鎭咸興 若西路之義州安州平壤等處及他藩鎭 地形有可以車者 量數造
置 以爲緩急之用 豈不善哉). 35나

＊추가된 부분은 교정 과정에서 권7 하의 끝부분에 추가한 것인데, 이를 신미년(선
  종8)조로 옮겼다(此當移書于上辛未置兵車條 於此刪之).

(추가) 薨于延英殿 (在位十一年) 壽四十六. 37가

(추가) (按唐荊川宋鑑曰 自烏雅束以後 兩世四人 志業相因 卒定雜析 一切合以
  本部法令 令諸部不得擅置信牌 由是號令始一遵 闢土東南至于曷懶 東北
  至于畏禿答矣). 51나


### 9책 권8 상

(추가) (在位十年 諡明孝 廟號肅宗) 甲申葬于英陵. 6가

(추가) 王太子從明州(樓異) 乞借 …… 帝令 …… 醫官楊宗立 (杜舜擧) 等 …….
  42가

(추가) (按洪氏如何曰 二醫歸日曆 二醫往還 與宋史年月相合 東史不記者 以王
  畏金 密語 故史官不得聞而記之也). 42나

(수정) '遣使入貢于宋'을 '遣李資德金富軾入貢于宋'으로 수정. 56나


### 9책 권8 하

(추가) 嘗臣屬 (我國) 或隨我使入貢. 15나

(추가) 此兵威益大 (抑) 令小國 (稱臣小國) 不得已. 15나

(추가) 上朝先是 令小國往諭女眞來朝 (小國窃慮女眞 不可使窺中國富盛 不敢奉
  詔). 16가

(추가) 降州爲郡 非古法(也 從)之. 20나

(추가) (大霧畫晦[凡十餘日] 十二月 大閱于東郊). 22가

(추가) 置御衣於大華闕 則福慶與 (親御) 無異. 31가

(추가) 惑於妙淸 (竟以逆誅 崔氏曰 春秋之法 誅亂討賊 必先治黨與 知常爲妙
淸) 腹心. 37나


## 10책 권9 상

(삭제 및 추가) '六月 金遣使來文閣'을 삭제하고 '置文牒所於寶文閣' 기사를 추
가. 10가

(추가) 金遣使以名諱表告(金史補 本史闕). 10가

(추가) (三月雨雪霰雹). 20가

(추가) 의종 시에 대한 신하들의 시 인용. 34가

(其略曰 三陽應序 萬物維新 玉殿春回 龍顏慶洽 恭惟陛下 重堯之聖哲 疊
舜之聰明 百福是叢 新又新而不息 天齡更固 月復月而無期 仁洽道豊 微
一物不獲其所 修文偃武 實萬世無彊之休).

(추가) 義靜王后 (於王爲從姑) 薨葬年史闕. 42가

(추가) (自正月不雨 至于是月 井川皆渴 疾疫並興 人多餓死 至有市人肉者). 46가

(수정) 至是散員朴存葳 慶州領兵에서 '慶州領兵'을 '領兵至慶州'로 수정. 48나


## 10책 권9 하

(수정) '以鄭仲夫爲門下侍中'을 '鄭仲夫 自爲門下侍中'으로 수정. 7가

(추가) 遣大將軍李景伯往諭之 (時金橫宣使徒單良臣來 朝廷疑西京賊梗路 遣郎
中朴紹 從他迎候 至通德驛 賊果出掩擊 並殺之) 後旦請降. 16나

(수정) '王曰人子於之其心一也'를 '王曰人子之於父母其心一也'로 수정. 32가

(추가) (崔氏曰 自)古人君 怠棄國政. 38가

(수정) '致仕八十'을 '卒年八十'으로 수정. 39가

(추가) (雨雹) 大如拳 屋瓦皆碎. 41나

(추가) (五月 龍化院南池 水如赤如血 十餘日) 秋九月 熒惑犯南斗. 43나


## 11책 권10 상

(추가) 王遜位五年薨 (在位二十七年) 壽七十二. 2나

(추가) (五月 南部北井水赤沸 聲如牛鳴十餘日 占曰賤人將貴). 6가

(추가) 辛酉四年 (春二月 南池水赤) 夏六月 金遣使. 9가

(추가) 丁丑 王移御德陽侯私第 遂薨 (在位七年) 壽六十一. 13나

(추가) 放太子于仁州(今仁川) (王在位七年 被放二十七年 而薨 壽五十七 謚誠
孝 廟號貞宗 後改熙宗) 忠獻遺瑂. 22나

(추가) (元年春正月) 封崔忠獻妻任氏王氏爲宅主. 24나

(추가) (十日月禮部) 員外郎尹世儒 有罪配島. 27가

     * 괄호 안을 추가 요구, 미반영.

(추가) 未幾 (賊陷) 安陽(今春川)都護府. 39가

(수정) '食盡力窮'을 '力窮食盡'으로 수정. 39가

(수정) 細註인 '是爲安惠王后'를 목으로 수정 표시, 미반영. 40나

(추가) 蒙古遣其元帥 哈眞及托剌 (元史作哈口及箚剌) 率兵一萬. 44나
'元史以下九字 當雙書'라 해서, 괄호 안의 추가된 글자를 두 행으로 수정
표시했으나, 반영되지 않았다.

(추가) 以琴儀 爲門下侍郎平章事 (儀 初名克儀 奉化人 明宗朝 擢魁科籍內侍 熙
宗朝 屢遷至知奏事 久典機要 奏對稱旨 王倚以爲重 至是八關會 臺吏以
事扼隊正喉 軍將呼譟 亂擲瓦礫 飛過宰相幕 儀大怒 庭立厲聲罵曰 若等
在君臣大會 敢爾耶 苟爲亂 先殺老父 軍將稍阻 亂不得作). 45나

## 11책 권10 하

(삭제, 추가) '平章事琴儀致仕'를 삭제하고, '鄭邦輔文惟弼 有罪貶外'를 추가. 1나

(추가, 수정) 仁老 (字尾叟) 추가하고, 이를 '두 줄로 쓸 것〔二字雙書〕'이라 표시. 3나

(추가) 沉希磾演之之正輝等于海 …… (輝 儀之子也). 13나

(추가) (是歲 高宗14 蒙古鐵木眞死). 14가

(추가) (是歲 高宗16 蒙古窩潤台立 卽鐵木眞 第三子也 是爲太宗). 18나

(추가) (平章事致仕琴儀卒). 18나

(추가) (忠獻當國 儀未嘗至忠獻第 至於朝堂 參拜而已. 由是忠獻不悅 與忠獻俱成釁隙 末乃子輝有橋桐之禍[用陳澕筆補]) 晩歲引年 以琴碁自娛 (卒年七十八 諡英烈). 18나

(추가) 初蒙兵功慈州 副使崔椿命 固守不降 (朝廷以蒙師詰責 遣內侍宋國瞻諭降 椿命 閉門不對 國瞻罵而還). 26가

(추가) 秋九月 新安公佺 偕蒙古使多可波下等來 (復諭入朝). 41가

(추가) (是歲 高宗29 蒙古窩潤台死 第六后內馬眞氏 稱制臨朝 五六年間 病患稍息). 42가

'蒙古窩潤台死' 뒤에 (諡太宗)을 추가하고, '第六后內馬眞氏 稱制臨朝 五六年間 病患稍息'를 목으로 수정하라 표시했으나, 반영되지 않았다.

(추가, 수정) (是歲[高宗33] 蒙古貴由死 太后稱制). '太后稱制'를 목으로 수정 표시, 수정본은 세주로 되어 있다. 49나

## 12책 권11 상

(추가) (是歲 高宗38 蒙古蒙哥立 太祖之孫 拖雷之子也 是爲憲宗). 4나

(추가) 移居斡東(今慶興東三十里) 爲五千戶所達魯花赤 王業之興 始此(東閣雜記祖鑑補). 14나

(추가) 急會同謀者 (詣璈議 璈不敢顯言 令家人 進杏子一梡 仁俊等拜曰已喩矣
       盖杏與幸音近也 遂)聚三別抄于射廳. 25가

(수정) 登和州叛民 引童眞兵屯春州에서 '登和州叛民'을 '趙暉之黨'으로 수정.
       25가

(추가) 校勘姜度云 新羅 (虎景王)時 有池赤之變 其年王薨. 35나

(추가) (是歲 高宗49 蒙古蒙哥死). 38나

(추가) (始用蒙古中統年號). 42나

(추가) (按崔怡之更錄勳券 遼何功哉 排强隣而致國禍 其罪大矣 麗代刑賞如此
       誠可慨已). 49가

(추가) 上表陳情言 (置郵出師輸糧之難) 曰. 49나

(추가) 今玆來復 (辭意懇實 理當尤愈 凡百所言者) 言之. 49나


## 12책 권11 하

(추가) (將軍兪元績 謀誅林衍 事覺被殺). 9가

(추가) 請兵蒙古 乃遣蒙哥篤 (爲按撫使 來戍西京[元史作忙哥都]) 領兵將發. 13
       나

(추가) 三別抄反懷疑貳 故(遣將軍金之氐)罷之. 19나


## 13책 권12 상

(추가) 夏四月元遣使 鑄釼于忠州 (鑄還刀一千). 10가

(추가) 九月廢太妃 (慶昌宮主) 柳氏爲庶人. 13가

(추가) 夏四月 置王子滋于東深寺 (滋居長以非公主出 不得立 置滋于東深寺) 寺
       在忠淸道牙州. 30가

## 13책 권12 하

(추가, 수정) (全羅道大饑 人有食其子者)를 추가하고, 목으로 수정 표시. 수정이
반영되지 않아 강으로 되어 있음. 8가


## 14책 권13 상

(추가) 潤月 禁外從兄弟婚 다음에 (高麗 自國初宮闈不避五服之婚 國人效力)을
추가 표시했으나, 반영되지 않았다. 34가
(추가) 養暠宮中 (愛之如己子) 蒙古名完澤禿. 47나
(추가) 上王 (常念江陽公 以長不得立 眷顧彌篤) 奏元主瀒傳瀋王于暠 …… 暠
瀒懷覬覦 (散財結客 令延譽於上王) 國人太半歸心. 55나


## 14책 권13 하

(수정) 五月 置除弊所監 尋罷之에서 '除弊所監'을 '辨違都監'으로 수정. 5가
(추가) 王思欲革之 (置除弊所) 下敎條例. 5가
(추가) 可以事審官及除役所 (除役所者 宮司所屬民戶 不供賦役者) 蔭戶代之. 5나
(추가) 可恃以爲安而無(意於自治至)於父子相圖 君臣相識. 10나
(추가) (上王子視暠 而王其親子也 上王遭不測之禍 鄙在西藩 王與之暠 曾不憂
念 惟事傾奪). 18나
(추가) (爲賴朝侄女之者 姓藤原氏). 47가


## 15책 권14 상

(추가) 不善伺候 (恃才傲物) 放蕩敢言. 3가
(추가) 修德之要 莫如響學 (今田淑蒙 已名爲師) 吏擇賢儒. 17가

## 15책 권14 하

(추가) (時賊扵城中 築寨拒守 諸軍不得進 寧海人朴强 下馬擔板扉以進 爲梯而
上 拔劍大呼 賊登寨者皆懼而墜 强隨下亂斫數十給 諸軍繼進開門). 37나

(추가) 金鏞矯旨 (令安祐等) 殺摠兵官平章事鄭世雲. 38나

(추가) 其及宜矣 (庚午 世運露布至行在 王遣人賜世運衣酒) 王聞變大怒. 39가

(추가) (按洪氏如何曰 乙丑破賊 己巳三元帥殺世運 庚午露布至行在 則鏞書在
捷前矣 設爲王書 王不知其成功 而令殺之 諸將以此密奏可也 且世運素忌
卿等 盍先圖之 則鏞之情盡露矣 何不置疑而便殺主將乎 萬世之下 三元帥
不得逃其誅). 39나

(추가) 且命李仁得 收拾國史 (實錄僅存 三樻十餘笥). 42가

(추가) (元主遣學士忻都 賜王衣酒). 46가

(추가) (王聞變 疑朝臣有貳扵德興者 以洪師範爲西北面體覆使 審察情僞). 49나


## 16책 권15 상

(추가) (仁澤 與千澤) 睦仁吉……. 34가

(추가) (般若竄生牟尼奴 王所言美婦在旽家幸之者也). 40가


## 16책 권15 하

(추가) 輗致馬巖 大如屋 (石吼聲如牛) 又發丁州縣輸材. 4가

(이동) 이존오(李存吾) 졸기사(공민왕 20년 5월)에 이어 이집(李集)에 관한 기
사가 다음과 같이 실려 있는데, 이 기사를 '移下 丁卯(정묘년조 아래로 옮
길 것)'라 하여 권16 하 우왕 13년 9월로 이동할 것을 표시.
'時又有李元齡者 性抗直 以文章氣節 著名 當世嘗忤旽 旽欲殺之 竊負其
父 逃竄永州 及旽誅 乃還 改名集 官至判典校 退居驪州 躬耕讀書 號遁村
李穡鄭夢周等皆敬友之善'. 16가

## 17책 권16 상

(수정) '起乙卯高麗廢王辛禑元年 盡戊辰高麗廢王昌元年'을 '起乙卯高麗前廢王禑元年 盡戊辰高麗十四年六月'로 수정. 1가

(추가) 與百官 (盟于孝思殿) 呈書北元. 4가

(추가) 下諫官李詹全伯英于獄 杖流之 (殺評理田祿生判典校寺事朴尙衷) 幷流大司成鄭夢周. 6나

(삭제, 수정) '瀋王脫脫木花卒'을 삭제하고 '流三司右司金續命'으로 수정. 9나

(추가) (倭寇西鄙 以海州須彌寺 爲日本脈 設文殊道場 禳之). 15나.

* 추가한 구절을 '目也 先書此'라 목 항목으로 먼저 서술하도록 표시, 반영.

(추가) 戰罷 餘三矢 (謂左右曰 皆射左目 驗之果然) 賊阻險積柴自固. 20가

(추가) 用兵之道 足食爲先 足食(之道) 勸農爲本. 26가

## 17책 권16 하

(추가) (於是令兩部百官議歲貢 以一遵帝旨爲言 乃置追獻盤纏色). 12나

(추가) (是時倭患日甚 朝廷無他方略 以徐師昊碑後兵革不息 水旱相仍 踣之 又設鎭兵法于中外佛寺). 13가

(추가) (崔瑩諫之 乃還至延安府 大雨雹 從者暴露 牛馬道死相望 夜還王興第 姜仁裕與妻祭松嶽 王親吹笛張樂 迎于常春亭 沉醉夜還 路逢前郎將全成吉撲殺之). 17가

(추가) 帝放還金庾等 帝(嘗疑高麗貳於北元 偶獲濟州漂流人 得囊中書紀洪武號 帝始信東國奉行正朔) 自鄭夢周陳奏以後. 18가

(추가) 溥(張溥)等亦曰 所聞異於所見 (溥問徐師昊碑 命立之) 禑乃受册. 18나

(추가) (今不我告而置諸廚 如禮何 法當誅 張子溫曰 鴻武人 不知禮也 倬乃止 簿等謁文廟 召生員 孟思誠講詩 倬求見祀典 乃書社稷籍田風雲示之 倬加以忠臣烈士孝子順孫義父夫烈婦 使幷祭之 往觀社稷壇 責其不營齋舍 欲觀

城隍 朝議不可 使登高遍瞰國都 紿以淨事色 爲城隍示之 乃醮星所也 倬

語河崙云 詔天下 於皇太子箋文 稱臣 汝國當欽儀 自是箋文 始稱臣 溥等

還 禍餞于西普通院 執厄謂倬曰 不穀權署東藩十餘年 迄未受天子明命 恒

隕越于下 今者感戴皇恩 雖死無恨 言與淚俱下 倬歎之 極歡而罷 禍贐物

幷不受 但受朝臣贈行詩而嘆曰 東方有人矣). 18나

(추가) 帝降旨曰 (朕起草萊 王顓之王三韓 始其祖弑君至四百六十七年 今善貢於

我 卽推誠以待 豈期恭愍膺弑君之愆 難逃好還之道 則弑矣 弑者欲掩己惡

殺我行人 旣後數請約束 朕皆不允正爲守分也 請之不已 朕强從之 不一二

年違約 又不三年如約 又不二年訴難 嗚呼朕觀三韓 於四海內非下下國 何

正性不常) 歲貢之說 中國豈倚此爲富. 21가

(추가) (秋七月 遣使耽羅 領星主王子高鳳禮以還.

時朝廷欲取耽羅馬 此島屢叛 故遣典醫副正李行等 領星主等還 耽羅歸順

始此). 23나

(추가, 이동) 前判典校寺事李集卒(우왕 13년 9월).

集初名元齡 性抗直能文章 有忠孝大節 與李穡李崇仁鄭夢周相友善 恭愍

朝 辛旽客姓蔡者 倚旽恣橫 集切責之 且言旽惡 蔡譖于旽 禍將不測 集與

父唐 逃禍于其友永川崔元道家 元道供接甚厚 匿三年 唐死 元道令葬於其

母瑩傍 時人稱其信義 及旽誅 乃還 改名集 後退居驪州 躬耕讀書 號遁村

及卒 夢周作詩悼之(按元道不仕 本朝以司諫徵不赴). 26나

* 이존오의 졸기사(권15하 공민왕 20년 5월)에 함께 실린 것을 이곳으로 이동. 밑
  줄 부분과 같이 공민왕 20년 5월의 기록보다는 더 많은 사실이 보충되어 있다.

(추가) (佩弓吹笛 幷轡而出 人不能辨 時禑在樓船 恣爲雜戲 按劍辟人 乘醉拔劒

刺左右 左右皆散 篙工二人猶在 禑欲刺之 劒墜地不及 後取潘福海駿馬騎

之 判書宋贇曰 福海所難馭也 禑怒殺贇 嘗獨坐不寐曰 父王夜寢被弑 吾

心戒之 其狂惑如此). 31나

(추가) (時全羅慶尙爲倭巢 而西北方虜割地 京輔交廣 困於修城 西海平壤迎候

西獵 八道騷然 民失農業 中外之怨 甚於林廉時矣). 32나

(추가) 禑日夜縱樂於大同江 (張胡樂於浮碧樓 自吹胡笛 崔瑩領軍士出入吹笛 君
臣荒淫) 百姓怨咨. 33나

(삭제) 曺敏修傳云我 太祖回軍時 請復立王氏 及禑廢 太祖 欲擇立王氏 敏修 念
李仁任薦拔之恩 立仁任外兄弟李琳女謹妃之子昌 以李穡爲時名儒 欲藉
其言 密問於穡 穡曰當立前王之子 太祖謂敏修曰 其如回軍時所言何 敏修
作色曰 元子之立 韓山君已定策 何可違也 遂立昌. 38가

* 이 기사를 '此注刪'이라 하여, 삭제 표시. 반영.


## 18책 권17 상

(추가) 幷充書筵官 (又令憲府重房史官 各一人) 更日入侍. 3가

(추가) (誅李光甫 李光甫 本市井無賴也 禑遊東江 逢迎所欲 朝夕不離側 至是下
獄杖死). 4가

(추가) 선법(選法)을 부활하는 이행(李行) 상소 내용 추가
(百僚無職事者 一切汰去 義城德泉諸倉庫錢穀 乞依豊儲料物例 復設使副
丞主簿 至如省府察院 不可不愼簡 宜遵祖宗成規 以新一代之理 於是)追
錄其勞. 11가

(추가) (夏四月 帝求良女 李穡等之還 帝宣諭 高麗有根脚好人家女孩兒 與將來
敎做親). 15나

(추가, 이동) ([綱]倭寇鐵州
[目]倭獲知州之妻 妻投水 賊援之 敬嘆不敢近 購以金贖 知州贖而避之 他
所又爲賊所掠 無金莫贖 妻不屈遇害 時權近奉使過之 作詩以悼). 15가

* 같은 책 15의 2월조의 위 기사를 《양촌집》에서 추가, 보충하고 7월 조로 이동했다.

(추가) (李子曰 其孝誠有臨死生不脫之節 則不貳心於革命之秋 可知也 趙浚一時
吹毛言 何足而浼). 17가

(추가) 連歲來朝 又何厭哉 (因命勿送處女) 權近中路開見. 18가

(추가) (按申氏曰 元天錫集聞 今月十五日定昌君立 以前王父子爲辛旽子孫 廢爲

庶人 爲題者二首曰 前王父子各分離 萬里東西天一涯 可使一身爲庶流 寸
心千古不遷移 祖王信誓應乎天 餘澤流傳二百年 分揀眞假何不早 彼蒼之
鑑昭明然). 20가

## 18책 권17 하

(추가) 親享太廟 (告卽位也 禮畢還宮 猶不南面 李穡進曰 上已告卽位 今又不南
面 無以答臣民之望 王始許之) 有司請撤禑母神主. 3가

(추가) 十二月 (廢曺敏修爲庶人) 流判門下府事李穡等. 3나

(추가) 始開經筵 王曰經筵 世子曰書筵始此 (沈德符及我太祖領經筵事 鄭夢周鄭
道傳知經筵事 以趙浚徐均衡李至姜淮伯 爲世子師傅 開書筵). 5가

(추가) 이색이 우왕을 옹립한 일을 변명한 것에 대한《성호사설》의 견해 추가 인용.
(按塞說 國初辛禑事 窃有疑焉 牧隱雖曰 言重若 果以辛氏而廢 則豈合從
其意 復立其子 其廢也 曺敏修與焉 而立昌者 又敏修何也 余謂廢也爲北
伐也 其時雖有辛氏之說 皆私相酬答 而非明正說出 故昌立而亦皆寂然 據
史可證 事勢一頃 口舌益繁 鼓煽和附 牢不可破 史家依此筆削以垂後世
不復可以識別矣 不然 當廢黜之時 何不以非劉倡作大義 明告四方 若然則
當立前王子之論 牧隱亦不敢發矣 至昌立然後 藉口而廢之何也 牧隱爲牛
繼馬之說 以圖生亦苟矣 夫當時江左諸公 未必知此 若明其他姓安在乎 憑
依舊業 當時又豈無姓 馬一人而必以是爲安也 此只以勢利爲言 其於義理
一邊擔置之矣 或者當時事有不可以明言 故托爲此說也 錢謙益明 詩註又
引胡氏說 末乃斷之曰 悠悠千載誰與辨 牛馬之是非乎定 哀多微辭東史有
焉). 8가

(수정) 아래 42자를 목으로 하여 한 줄로 기록할 것[單行書之]을 표시.
'擢以不次 無成效者 罰之 於是自京中五部 至各道牧府 置儒學 教授官金
瞻等 上疏請元子及宗室子弟入學'. 9가

(추가) (我太祖辭位 不許 教褒九功臣). 10가

(추가) 於是 稽玄寶 皆得釋 (國人大悅). 14가

(추가) 初獄起 左司議金震陽 語同僚曰 彛初事 三歲小兒亦知其誣 憲司劾以輕論
大逆 以阻正論 遂坐罷(按此事無聖旨移咨 而但出於禮部之口諭 胖等亦以
口傳無可驗之迹 固甚可疑 後來胖起林廉之獄 竟綵開國之勳 則震陽之致
疑 固然也). 14가

(추가) 又遣王之等 (稱臣奉表) 歸被擄人 仍獻土物. 15가

(수정) '有人告太祖'를 '西京人尹龜澤告太祖'로 수정. 16가

(추가) 尋流沈德符于(兎山 宗衍死獄中 後支解以徇諸道). 16가

(추가) [目]諫官 (許應等) 又言 …… (令臺諫更日入侍經筵) 王從之. 18가

(추가) (按宗親貴戚雖有罪 皆在周禮八議之中 其可不待聞而直爲鞠問乎 此時人
心 皆歸我太祖 而有宗親貴戚及潛邸舊人 猶爲王之心腹 外間事情得以內
達 故趙浚輩入政府爲此法 欲以蔽王之耳目 使不能措手足矣 季世之主 可
以鑑戒.

[綱]王幸我 太祖第.

[目]我 太祖詣闕拜謝 王慰勞甚勤 翌日幸我太祖第置酒 後五日 太祖與神
德王后享王 及夜 柳曼殊鎖門 我太宗潛白太祖請出 使金直開門乃還 明日
王怒囚金直 太祖詣王謝 王宥金直). 24가

(추가) 八月 源了俊 遣使獻方物 (歸被擄人). 25가

(추가) (澍 善山人 恭讓壬申 奉使如京師賀節 還到鴨綠江 聞我太祖開國 奇書夫
人柳氏曰 忠臣不事二君 吾渡江無所容身 仍送朝服及靴曰 夫人身後 以此
合葬 以到江還向中朝日爲忌辰 葬後勿用誌碣 遂還中國 居于荊楚 後人稱
爲籠巖先生). 39가

## 연세대 소장 필사본《동사강목》초고본의 수정 사항 통계

| | 가 | 나 | 다 | 라 | 합계 | | 가 | 나 | 다 | 라 | 합계 |
|---|---|---|---|---|---|---|---|---|---|---|---|
| 권1상 | 7 | 69 | 4 | 1 | 81 | 권11상 | 2 | 88 | 9 | 1 | 100 |
| 권1하 | 11 | 77 | 3 | 3 | 94 | 권11하 | 6 | 94 | 3 | 0 | 103 |
| 권2상 | 7 | 99 | 4 | 0 | 110 | 권12상 | 1 | 74 | 3 | 0 | 78 |
| 권2하 | 4 | 69 | 7 | 0 | 80 | 권12하 | 9 | 57 | 1 | 0 | 67 |
| 권3상 | 4 | 92 | 4 | 3 | 103 | 권13상 | 4 | 158 | 2 | 0 | 164 |
| 권3하 | 0 | 89 | 4 | 3 | 96 | 권13하 | 3 | 112 | 5 | 1 | 121 |
| 권4상 | 0 | 79 | 5 | 3 | 87 | 권14상 | 6 | 39 | 2 | 0 | 47 |
| 권4하 | 3 | 63 | 7 | 0 | 73 | 권14하 | 5 | 37 | 7 | 0 | 49 |
| 권5상 | 9 | 83 | 16 | 1 | 109 | 권15상 | 1 | 46 | 2 | 0 | 49 |
| 권5하 | 1 | 71 | 25 | 0 | 97 | 권15하 | 3 | 49 | 1 | 1 | 54 |
| 권6상 | 1 | 77 | 3 | 0 | 81 | 권16상 | 1 | 41 | 5 | 2 | 49 |
| 권6하 | 4 | 72 | 3 | 3 | 82 | 권16하 | 1 | 36 | 12 | 1 | 50 |
| 권7상 | 11 | 94 | 8 | 2 | 115 | 권17상 | 0 | 13 | 7 | 0 | 20 |
| 권7하 | 10 | 58 | 7 | 4 | 79 | 권17하 | 0 | 21 | 13 | 2 | 36 |
| 권8상 | 5 | 46 | 3 | 1 | 55 | 수권 | 0 | 4 | 9 | 10 | 23 |
| 권8하 | 6 | 144 | 7 | 0 | 157 | 부권상 | | | | | |
| 권9상 | 12 | 98 | 6 | 2 | 118 | 상 | | 106 | | | 106 |
| 권9하 | 8 | 113 | 4 | 3 | 128 | 중 | | 74 | | | 74 |
| 권10상 | 8 | 110 | 9 | 2 | 129 | 하 | | 16 | | | 16 |
| 권10하 | 7 | 116 | 11 | 1 | 135 | 부권하 | | 111 | | | 111 |
| 합계 | 118 | 1.719 | 140 | 32 | 2.009 | | 42 | 1.176 | 81 | 18 | 1.317 |
| 전체합계 | | | | | | | 160 | 2.895 | 221 | 50 | 3.326 |

- 가. 기년(年紀) 추가: 年月日, 干支를 추가한 경우
- 나. 자구(字句) 수정: 1字를 수정, 삭제한 경우
- 다. 내용 추가: 새로운 사실을 추가한 경우
- 라. 내용 수정: 사료를 수정, 이동 또는 삭제한 경우

# 찾아보기

# 동사강목의 탄생

－순암과 성호, 두 역사가의 편지로 만든 조선 최고의 역사책

박종기 지음

1판 1쇄 발행일 2017년 6월 26일

발행인 | 김학원
경영인 | 이상용
편집주간 | 김민기 위원석 황서현
기획 | 문성환 박상경 임은선 김보희 최윤영 조은화 전두현 최인영 이혜인 이보람 정민애 이효온
디자인 | 김태형 유주현 구현석 박인규 한예슬
마케팅 | 이한주 김창규 이정인 함근아
저자·독자서비스 | 조다영 윤경희 이현주(humanist@humanistbooks.com)
조판 | 홍영사
용지 | 화인페이퍼
인쇄 | 청아문화사
제본 | 정민문화사

발행처 | (주) 휴머니스트 출판그룹
출판등록 | 제313-2007-000007호(2007년 1월 5일)
주소 | (03991) 서울시 마포구 동교로23길 76(연남동)
전화 | 02-335-4422 팩스 | 02-334-3427
홈페이지 | www.humanistbooks.com

ⓒ 박종기, 2017

ISBN 979-11-6080-045-6 93910

* 이 도서의 국립중앙도서관 출판예정도서목록(CIP)은 서지정보유통지원시스템 홈페이지(http://
seoji.nl.go.kr)와 국가자료공동목록시스템(http://www.nl.go.kr/kolisnet)에서 이용하실 수 있습니다.
(CIP제어번호: CIP2017013319)

만든 사람들
편집주간 | 황서현
기획 | 최인영(iy2001@humanistbooks.com)
편집 | 조건형
디자인 | 한예슬